中国教育文化研究丛书

Zhongguo Jiaoyu Wenhua Yanjiu Congshu

杜成宪 主编

中国传统尊师风俗研究

李世宏 著

山西出版传媒集团 山西教育出版社

图书在版编目（CIP）数据

中国传统尊师风俗研究/李世宏著. ——太原：山西教育出版社，2015. 3
（中国教育文化研究丛书）
ISBN 978 - 7 - 5440 - 6842 - 0

Ⅰ. ①中… Ⅱ. ①李… Ⅲ. ①尊师爱生 - 研究 - 中国 Ⅳ. ①G456

中国版本图书馆 CIP 数据核字（2013）第 297745 号

中国传统尊师风俗研究
ZHONGGUO CHUANTONG ZUNSHI FENGSU YANJIU

责任编辑 郭志强 唐锋
复　　审 杨 文
终　　审 张沛泓
装帧设计 薛 菲
印装监制 贾永胜

出版发行 山西出版传媒集团·山西教育出版社
（太原市水西门街馒头巷 7 号 电话：0351 - 4035711 4729801 邮编：030002）
印　　装 山西新华印业有限公司
开　　本 787 × 960 1/16
印　　张 21
字　　数 210 千字
版　　次 2015 年 3 月第 1 版 2015 年 3 月山西第 1 次印刷
印　　数 1—2000 册
书　　号 ISBN 978 - 7 - 5440 - 6842 - 0
定　　价 42. 00 元

总 序

20 世纪初，适应了兴办新式学堂的需要，也深受“新史学”思潮的影响，中国教育史学科在中国诞生。教育史学科诞生之后的一段时间里，学科的价值主要体现为人才培养，即为师范学堂（学校）培养未来的教师进行专业训练。之后，出于思考和探索现实中国教育发展出路的需要，人们开始主动地反思本国的文化和教育传统，教育史学科的科学研究价值逐渐体现并为人们所重视。中国教育史学科诞生早期的这两个特点——教师训练的需要和思考中国教育出路的需要，深刻地影响了学科未来的发展。在很长的一段时间里，在宏观层面注重对中国历史上的教育制度和教育思想的研究和阐述，成为中国教育史学科发展的主旋律。

20 世纪二三十年代，对上述中国教育史研究取向的第一次冲击，来自当时不同的教育史观指导下的中国教育史研究。以陈东原为代表的实证主义教育史观，将目光投向历史事实，注重实证，更关心“教育究竟是怎样发生的”之类问题，反对脱离事实的玄想和思辨；以黄炎培为代表的实用主义教育史观，依据教育与生活、学校与社会相联系的观点审视教育的历史，主张“用全社会的眼光来看教育、讲教育”，先将教育的“大史”写成，才能去撰写教育的“小史”；以杨贤江为代表的历史唯物主义教育史观，批判以往教育历史书写中的统治阶级立场，立志以阶级斗争的线索重写教育史，并体现劳动群众的教育活动在教育史中的重要地位。这些史观在政治立场和学术旨趣上相去甚远，但共同点是试图突破反映制度化教育发展和著名教育家思想的教育史表现样式，倡导更为丰富、具体、生动、视线下移的教育史。显然，这种研究理念对固有研究模式是个突破，具有积极意义，事实上也共同促成了当时中国教育史研究的繁荣。当然，这些主张及其指导下的研究实践也存在明显的缺陷，如：泛化教育史研究对象、过分强调教育历史发展中阶级斗争的意义，等等。

1949 年中华人民共和国建立后，教育史学科的发展面临着与半个世纪前颇为类似的情形，所不同的是，在学科建设和研究中开始普遍地强调和推行历史唯物主义。在中国教育史的教学和研究中，同样是更为关注制度化的教育和教育思想。

1958 年 9 月，《红旗》杂志发表时任中共中央宣传部部长陆定一的文章《教育必须与生产劳动相结合》，提出“中国教育史有人民性的一面”的观点，认为：劳动人民有自己的文化教育活动，如果不予表现，这样的教育史就不全面；从孔子到孙中山，历史上那些有民主性、进步性的社会思想、政治思想、哲学思想都影响到对人民的教育，中国教育史都要提到他们。于是，在当时所编著的为数不多的中国教育史著述中，劳动人民的生产教育、科技教育等内容和屈原、司马迁、范缜、关汉卿、施耐庵、吴承恩、曹雪芹等历史人物的思想，也被写进了中国教育史。这样的做法既关注了向来受到忽视的劳动人民的教育、科技教育和非教育人物的教育历史价值，也表现出研究视角的下移有可肯定之处，但其指导思想却颇可商榷，同时也有泛化研究对象、模糊学科界限、造成思想混乱之弊端。

“文化大革命”结束后，中国教育史学科的拨乱反正是从重新评价孔子的教育思想开始的，由此开始了对“文化大革命”期间甚至之前年代教育史研究中诸多教育历史人物和教育史基本理论问题的重新评价。同时，1977 年恢复高考之后，全国高等师范院校教育专业的人才培养迫切需要相应的课程和教材，历史似乎又一次重演。于是我们看到，在相当长一段时期里，中国教育史研究更多地关注了学校历史、教育制度变革、教育家思想这类研究主题，学术关注的层面仍旧是“高高在上”的。然而，变化也随之发生。

20 世纪 80 年代的“文化反思热”，20 世纪 90 年代“现代化探索热”，也深刻地影响了中国教育史学科。前者，启发人们拓宽学术研究视野，去发现和开拓教育制度史和教育思想史之外的更广阔的研究领域；后者，引导人们去关注、学习乃至借鉴、运用当代西方的人文和社会科学研究理论、方法及其最新成果。于是，在世纪之交，作为对以宏观研究为特征、以制度化教育为对象的研究取向的不满，中国教育史研究中再次出现视角下移的新趋势，并在近年蔚成风气，成为学术潮流。

出现在世纪之交的中国教育史学术发展中的这一潮流，表现出与欧美国家产生于20世纪六七十年代的“新社会史”潮流颇为相似的学术特点，即：从历史认识论方面看，表现出对“总体的、社会的历史”的关注，同时也十分重视对历史进行文化和心态的考察；从方法论方面看，表现出“自下向上看的历史”的价值取向，改变了历史研究的视角，普通人和底层群体、日常生活和具体过程等格外地受到关注；从方法与技术方面看，表现出对诸多其他学科研究方法的借鉴，尤其是社会学、人类学方法的借鉴。由此，极大地拓展了教育史研究的范围、丰富了教育史研究的方法、改变了教育史研究的面貌，前所未有地展现了中国教育历史发展的丰富而生动的画面。中国教育史学科诞生以来的110年里，学术研究关注点的三次下移，折射出的却是教育史学科发展的矛盾运动。每一次下移，都带来了对学科认识的扩展和深化；每一次下移，也带来了学科发展的新的理论和实践问题。表面上看，三次下移具有相似性，而实际上，无论是从背景、原因，还是从性质、内涵和意义等方面进行考察，三次视角下移，情形各不相同，而以发生在世纪之交的这一次最可肯定。这一次的探索更多地具有学术价值，对中国教育史学科发展将会产生长远影响。

本丛书所收入的五种中国教育史著作，可以看成是世纪之交中国的中国教育史研究中“新社会史”取向的尝试，它们所关注和研究的是历史上的教育究竟是“怎么发生”的。这五种著作，分别研究了中国传统童谣、中国传统游戏、中国传统尊师风俗、中国大学教授和中国学校校训。童谣、游戏、风俗、教授、校训，这些问题在以往的教育史研究中涉及不多，甚至有些还是研究空白。选择这些研究主题并不是出于猎奇之心，也不是好走旁门左道，而是表达了我们对教育历史的理解。作一个不十分恰当的类比：如果将一部中国教育史比成一头巨大的恐龙的话，那么，以往百年里人们更多关注的教育制度和教育家教育思想的历史研究，搭建起了恐龙的骨架，而近些年来人们关注历史上教育的具体发生和实施过程的研究，则填补了恐龙的血肉，由此恐龙才可能复活。

20 世纪 90 年代，出于自己的学术兴趣和对教育史的认识，我曾经撰写过从儿童歌谣、儿童游戏和儿童题材绘画探究中国传统儿童观和教育观的论文，也曾撰写过中国历史上的城市发展与教育发展关系的论文。相比之下，现在呈现在大家面前的这五本书，比起本人当年的那些撰述，选题更加精彩了，内涵更加丰富了，认识也更加深刻了。显然，年青一代的学者正在成长起来。

我们由衷地感谢山西教育出版社的决策者支持学术出版的眼光和胸怀；由衷地感谢张荫鸿老师以她的慧眼选择了我们。这套丛书是我们的探索和尝试，新则新矣，却一定颇多不当、不周之处，如能得到方家同好赐教，将不胜欣喜和感谢！

杜成宪

于华东师范大学教育学系

目录 contents

→→

→→

绪 论

一、关于概念的说明

（一）风俗

早在周代我国就已建立了采风制度。据《礼记·王制》记载："天子五年一巡守，岁二月，东巡守，至于岱宗，柴而望祀山川，觐诸侯，问百年者就见之。命大师陈诗，以观民风。"《诗经》中的篇目就分为《风》《雅》《颂》三类，其中的《风》有十五国风，反映了西周至春秋中期这段时间内各地的民风。《汉书·艺文志》中也说："古有采诗之官，王者所以观风俗、知得失、自考正也。"

关于"风俗"一词的解释，中国历代学者均进行了探讨。

东汉的许慎所著《说文解字》一书中是这样解释的："俗，习也。"

东汉的班固在《汉书·地理志》中说："凡民函五常之性，而其刚柔缓急，音声不同，系水土之风气，故谓之风；好恶取舍，动静无常，随君上之情欲，故谓之俗。"应劭在《风俗通义·序》中就风俗作了如下解释："风者，天气有寒暖，地形有险易，水泉有美恶，

→→

草木有刚柔也；俗者，含血之类，像之而生，故言语歌讴异声，鼓舞动作殊形，或直或邪，或善或淫也。圣人作而均齐之，咸归于正；圣人废则还其本俗。”①

唐代的孔颖达则曰：“风与俗对则小别，散则义通。”② 二者既有区别又有联系。

由此可见，在古人看来，“风”是指风尚，是指由于自然条件，诸如因水土、气候、物产的不同而形成的；而“俗”则是指社会行为习惯，是由于社会生活条件不同而形成的。两者结合，就是“风俗”。

近代以来，随着风俗学研究的深入，对“风俗”这一概念的界定也有不同表述，比较具有代表性的有几种，现在引述如下：

《辞海》对“风俗”这一概念的界定：“历代相沿，积久而成的风尚、习俗。”③

《中国风俗通史》是这样界定“风俗”这一概念的：“是一个地区和民族长期形成的社会风尚和民众习惯的合称。它是人类社会普遍存在而又非常独特的一种文化现象，像一面镜子，生动而具体地反映了一个国家、一个民族、一个地区各个历史时期的社会风貌，具有地缘性、民族性、传承性、社会性和自发性的特征。”④

---

① 王利器：《风俗通义校注》，中华书局 1981 年版，第 8 页。

② 《毛诗正义》卷二一二《谷风》注引，见《十三经注疏》上册，中华书局 1980 年版，第 304 页。

③ 辞海编辑委员会编：《辞海》，上海辞书出版社 1989 年版，第 1726 页。

④ 陈高华、徐吉军主编：《中国风俗通史》，上海文艺出版社 2001 年版，序言第 2 页。

著名学者钟敬文在《民俗文化学：梗概与兴起》一书中，也对“风俗”作了界定。他认为：“所谓民俗（或风俗），主要指的是：文化比较发达的民族，它的大多数人民在行为上、语言上所表现出来的种种活动、心态。它不是属于个别人的，也不是一时偶然出现的。它是集体的、有一定时间经历的人们的行动或语言的表现。这种事象（包括语言产品），既然是集体的、传承的，它就必然要逐渐形成一种模式。换句话说，它被‘定型化’了。它绝不是一种任意的、散漫无纪的文化现象。”①

《汉族风俗史》一书对“风俗”这一概念的界定如下：“风俗是在一定社会共体中，普遍公认、积久成习的各种行为方式的总和。简言之，风俗是一定族群中人们日常生活的行为方式。”②

《中国风俗文化导论》对“风俗”概念的界定：“是长期相沿、积久成习的社会风尚，是人类社会物质生活和精神生活的形式，是一定时代、一定社会群体的心理表现。每个民族都有自己的风俗习惯。这些风俗习惯显示出不同民族的特质。”③

综上所述，本文所指的“风俗”，是指在一定社会群体中，具有自身特色的，长期相沿、积久成习的，为人们所公认的、被普遍接受的各种行为方式的总和。

---

① 钟敬文著，董晓萍编：《民俗文化学：梗概与兴起》，中华书局 1996 年版，第 48 页。

② 徐杰舜主编：《汉族风俗史》第一卷，学林出版社 2004 年版，第 5 页。

③ 韩养民、韩小晶：《中国风俗文化导论》，陕西人民出版社 2002 年版，第 2 页。

→→

（二）尊师风俗

关于“尊师风俗”，根据笔者目前所掌握的资料，大小辞书都没有明确的定义。有必要指出的是，本文所指的“师”，是指发生在教育过程中，传授文化科学知识的人，不涉及广义上的各个行业（如手工业）的“师傅”。所谓“尊师风俗”，是指在中国教育发展的历史长河中，中国教育逐步形成的具有自身特色的、为人们公认并被普遍接受的、积久成习的各种尊师行为方式的总和。

（三）风俗和民俗的联系和区别

风俗与民俗尽管都以人们生活中的风尚习俗为研究对象，但是它们之间研究的领域、方法却不尽相同。

所谓“民俗”就是民间风俗的简称，是一种悠久的历史文化传承，也是一种相沿成习的文化现象。①

民俗学的研究注重当代民间习俗，或称之为“庶民”文化。钟敬文在《民俗学入门》序言中指出：“民俗学作为一种科学，它是‘现在的’学问，而不是‘历史的’学问。这两者的不同，正像‘生物学’与‘古生物学’的不同一样。民俗学的记述和研究，是以国家民族社会生活中活生生的现象为对象的。”② 日本民俗学家后藤兴善指出：“在民俗学上，决不否定文献记录作为资料的价值，但是要把文化较低的、落后的庶民的实际生活作为研究的第一位资料，

---

① 韩养民、韩小晶：《中国风俗文化导论》，陕西人民出版社 2002 年版，第 2 页。

② 钟敬文：《钟敬文文集·民俗学卷》，安徽教育出版社 1999 年版，第 426 页。

要把采集这些资料作为民俗学的第一步活动。”①

由此可见，民俗学主要注重对当前现存的民间风俗进行研究，注重通过社会调查等研究手段进行研究，历史文献资料则只是作为研究的辅助手段。风俗则不同于民俗的研究。在研究范围上，风俗的研究既包括民间的风俗，也包括宫廷、士大夫、达官显贵等社会上层中流行的风俗。在研究时间段上，风俗的研究既包括历史上存在的各种风俗的研究，也包括现存的各种风俗的研究。在研究方法上，风俗的研究注重对历史文献资料的辑录、整理和研究，社会调查只是作为辅助的研究手段。

综上所述，风俗的研究包括了古今社会生活的各个领域，和民俗研究相比，其研究视野更宽，范围更广。

二、研究意义

在先秦，我国就已经出现了采风制度，出现了“风俗”一词。《荀子》就有“入秦，观其风俗”的记载。《荀子·乐论》曰：“移风易俗，天下皆宁，美善相乐。”汉武帝元朔元年（前128）下令公卿大夫，把“广教化、美风俗”作为职责。元鼎五年（前112）下令扩大乐府机构，派遣官吏采集民间歌谣，以“观风俗，知薄厚”。

古人对于风俗的重要性也有不少论述。

西汉的贾山说：“风行俗成，万世之基定。”②

---

① 〔日〕后藤兴善著，王汝澜译：《民俗学入门》，民间文艺出版社1984年版，第14页。

② 《汉书·贾山传》。

→→

《汉书·艺文志》："观风俗，知得失。"①

《说苑·政理》中记载孔子的话，说："圣人之举事也，可以移风易俗，而教导可施于百姓，非独适其身之行也。"②

应劭在《风俗通义·序》中论述道："为政之要，辩风正俗，最其上也。"③

此外，还有诸如"国家元气，全在风俗；风俗之本，实系纪纲"④"夫世之所谓风俗者，施于朝廷，通于天下，贯于人心，关乎气运，不可一旦而无焉者"⑤"天下之事，有视之无关于轻重，而实为安危存亡所寄者，风俗是也"⑥之类的论述。由此可见，在古人看来，风俗本身似乎就有着一种潜移默化式的"教化"作用。正因为如此，他们提倡移风易俗，强调教化和示范的作用，把风俗上升到关系国家稳定、社会发展、民族昌盛的高度上。

恩格斯在《家庭、私有制和国家的起源》中也就史前时期风俗的作用进行了论述："那时一切问题，都由当事人自己解决，在大多数情况下，历来的习俗就把一切调整好了。"⑦英国著名人类学家马

---

① 《汉书·艺文志》。

② （汉）刘向撰，向宗鲁校正：《说苑校证》，中华书局1987年版，第170页。

③ 王利器：《风俗通义校注》，中华书局1981年版，第8页。

④ （宋）楼钥：《论风俗纪纲》，转引自王利器《风俗通义校注·叙例》，中华书局1981年版，第1页。

⑤ （明）郑晓：《论风俗》，转引自王利器《风俗通义校注·叙例》，中华书局1981年版，第1页。

⑥ （清）黄中坚：《论风俗》，转引自王利器《风俗通义校注·叙例》，中华书局1981年版，第1页。

⑦ 〔德〕恩格斯：《家庭、私有制和国家的起源》，《马克思恩格斯选集》（第4卷），人民出版社1972年版，第92—93页。

林诺夫斯基曾说：风俗文化是“一种依靠传统力量而使社区分子遵守的标准化的行为方式”。[①] 由此可见，风俗是“依靠传统力量”的，这里的“传统力量”既包括这个社会群体所共同持有的价值观、伦理观、审美观、世界观、思维方式等文化心理素质，也包括这个社会群体所共有的日常生活方式和约定俗成的行为方式，它是一个社会群体区别于其他社会群体的重要标志。从这层意义上说，如果要想了解小到一个社会群体、大到一个社会对某一问题最为真实的观念和想法，那么就一定要对风俗进行研究。

作为尊师风俗来说，它在一定程度上沟通人类社会生活，反映某一社区或某一群体间所认同的教育行为方式，并通过人作为载体而传播、传承。尊师风俗具有很强的整合功能。在教育活动中，尊师风俗其实是一种不成文的习惯法，尊师风俗能规范人们的思想、行为，能为教育活动提供一个公认的明辨是非的模式、尺度，是相对于法律、政令等硬控制形式的软控制，具有巨大的约束力。

尊师风俗这一作用，至今仍然不能够忽视。日本民俗学家大藤时彦指出：“遗存文化确实是不可思议的东西，虽然它容易被当作无足轻重，没有价值的旧风俗而忽视掉，但有的时候，却又往往使人意想不到地为其潜在的巨大力量所震惊。”[②] 也就是说，尊师风俗在人们的日常社会生活中普遍存在。它是潜隐不露的一种社会文化规

---

① 〔英〕马林诺夫斯基著，费孝通等译:《文化论》，中国民间文艺出版社 1987 年版，第 30 页。

② 〔日〕大藤时彦:《日本民俗学的研究》，日本学生社 1978 年版，第 23 页。

→→

范，并且具有惊人的凝聚力和整合力。因此，对我国古代尊师风俗进行研究，对了解我国古代教育的发展、演化具有非常重要的意义。

三、研究现状

我国风俗学的研究发端较早。自司马迁的《史记》开始，到班固的《汉书·地理志》，标志着中国风俗研究的发端。自此以后，中国历代出了不少研究风俗的古籍，如东汉应劭的《风俗通义》、唐代陈元靓的《岁时广记》、宋代孟元老的《东京梦华录》等。近代以来，中国的风俗学研究尽管也经历过低潮期，但是还是取得不小的成绩，出版了一大批具有代表性和学术性的著作，如邓子琴的《中国风俗史》，陈高华、徐吉军主编的《中国风俗通史》等，在研究范围上也有所拓宽，涉及婚俗和丧俗、时令节日、衣食住行、育儿与祝寿、禁忌与避邪、社交礼仪等。令人遗憾的是，对教育领域内的风俗研究（包括尊师风俗）关注较少，至今没有专门对中国教育领域内风俗（包括尊师风俗）进行研究的著作出版，研究论文也比较少。就笔者目前掌握的资料，涉及教育领域内风俗研究的主要有以下几种专著：2001 年上海文艺出版社出版了《中国风俗通史》，共计十册，分为原始社会、夏商、两周、秦汉、魏晋南北朝、隋唐五代、宋、辽金西夏、元、明和清十一卷。在《隋唐五代卷》中，第五章“生育与养老保健风俗”中的第二节中专门论述了“教育风俗”，分为“一、竹马·捩晕·钓骆驼”“二、家教·家法·村学”“三、神童和女子文化教育”“四、私人讲学与习业山林”四部分，对当时的教育风俗进行了论述，但是没有涉及尊师风俗的研究。除此之外，《汉族风俗史》也是类似情况。值得指出的是，这几类著作基本上把风俗分成以下几种类型：生产风俗、生活风俗、礼仪风俗、岁时风俗、信仰风俗、社会风俗，基本上没有专门对教育领域的风俗（包括尊师风俗）进行研究。在论文方面则只有《浙江民俗》上缪政等的《尊师民俗琐谈》① 一文，主要从民俗的角度对尊师风俗进行了研究，范围有限，力度也还不够。除此之外，根据中国期刊网和维普中文期刊网的搜索，尚未出现关于"尊师风俗"研究的论文，这不能不说是一个缺憾。

有必要指出的是，虽然缺乏专门以尊师风俗为研究对象的专著和研究论文，但是中国记载尊师风俗的文献资料还是较多的。根据目前搜集到的资料来看，主要有六类：一类是各类官修史书，如中国官方所修的二十四史，在《礼书》、《礼志》、皇帝本纪、人物列传等篇幅中都有尊师风俗的记载；一类是各类文人墨客所撰述的笔记、小说、诗歌、戏曲文献中，也有着关于尊师风俗的记载，如段成式的《酉阳杂俎》、封演的《封氏闻见记》、王定保的《唐摭言》、吴敬梓的《儒林外史》，等等；一类是涉及流传在民间的各类神话传说、民歌、俗语、谚语等的文献材料之中，也保留着不少有关尊师风俗的记载，如著名学者顾颉刚等的《吴歌·吴歌小史》一书中就有关于尊师风俗的记载；一类是当代研究各类风俗的著作当中，也有对尊师风俗进行论述的篇幅，如杜家骥主编的《中国人际交往礼俗》一书中就有一节专门论述尊师风俗；一类是各类教育史专著，

① 缪政等：《尊师民俗琐谈》，《浙江民俗》1982 年第 2 期，第 25 页。

也涉及了对尊师风俗的研究，如陈东原的《中国教育史》、李国钧主编的《中国书院史》等著作；一类是各类学术论文，其中也涉及了尊师风俗的研究。

综上所述，从前人的研究成果上看，虽然较为缺乏专门以尊师风俗为研究对象的专著和论文，但是在官修史书、各类文化典籍、民间文学、当代研究各类风俗的专著、教育史专著以及研究论文中，还是保留了一些记载和论述尊师风俗的文献资料。从这个方面看，尊师风俗还是受到了较大的关注，但是研究较为零散，缺乏系统、深入的研究，研究的力度还不够。

四、研究内容和方法

（一）研究内容

根据笔者所掌握的资料，目前国内还没有专门论述尊师风俗的著作。论文试图通过对尊师风俗的研究来加深对中国教育的认识。

首先，本文力图从尊师风俗的本身出发，探讨尊师风俗的变迁轨迹，考察尊师风俗的形成、发展和演变过程，从而勾画出我国古代尊师风俗的流变、特点。

再次，本文将系统地分析尊师风俗与中国古代教育之间的互动关系，试图从尊师风俗的变迁轨迹考察中国古代教育的发展，同时考察尊师风俗对于我国古代教育活动的影响，从而加深我们对中国教育发展的理解。

最后，通过对尊师风俗的研究，论述尊师风俗所具有的教化作用，从而为当前我国教育事业全面、健康地发展提供借鉴。

为此，论文将分为七章，前六章以中国古代尊师风俗的流变为线索进行论述，分为春秋战国、两汉、魏晋、隋唐、两宋、元明清六章，第七章对中国古代尊师风俗的流变进行分析。

长久以来，我国教育史的研究注重对正规教育制度、重大教育事件、重要人物的教育思想进行研究，尽管取得了不小的成果，但是限制了教育史研究的范围。本文的研究则主要偏向于在充分运用传统正史的基础上，更多地借助于零散的、多种多样的资料来研究中国古代尊师风俗，诸如各类小说、笔记、野史杂记、诗歌、文学作品等材料，努力使教育史成为“活的教育史”“立体的教育史”，更加全面、立体地反映出尊师风俗的真实面貌，更好地挖掘和发扬我国教育的优良传统，使之更好地融入现代教育实践之中，从而为我国当前教育事业的发展作出贡献。

（二）研究方法

如前所述，风俗的研究主要注重文献资料和文物的搜集和考证。另一方面，尊师风俗的研究将涉及各种不同的学科，诸如教育学、历史学、社会学、心理学、文化学、语言学、民俗学、民族学、宗教学等。因此在研究方法上，将采取多种研究方法相结合的方式来进行研究，以期全面、历史、客观地反映出中国古代尊师风俗的流变以及与教育事业的互动关系，探究尊师风俗在中国教育的发展过程中起到什么样的作用，透过尊师风俗的研究了解中国古代的不同人群——既包括达官贵人、士大夫、皇亲国戚等上层阶层，也包括广大庶民阶层是如何看待教育的，对教育的期望又是如何的？回答

→→

在中国教育的发展过程之中为什么会出现“这样”或者“那样”的尊师风俗？其原因何在？本文在研究过程中坚持以辩证唯物主义和历史唯物主义为指导，在充分占有资料、挖掘资料的基础上，采取了以下具体研究方法：

1．分析法

就尊师风俗进行分析研究，研究目的在于了解研究对象的深层意义，在充分分析的基础上加以综合，得出科学、客观、全面的研究结论。在尊师风俗的研究过程之中，分析是研究的关键所在。通过对大量资料进行周密的分析，找出研究对象所包含的各部分因素，然后加以综合，以达到对事物要素联系的整体认识。

由此，本文在分析研究过程之中，努力把历史分析和逻辑分析结合起来，深入分析特定的社会条件和生产发展对尊师风俗的要求和影响，从而发现历史事件的原因，作出历史的客观判断。

2．比较法

比较的方法就在于通过比较研究各种尊师风俗表现形式在不同时期所呈现出来的特点，揭示尊师风俗流变特色，反映中国古代尊师风俗丰富多彩的一面。在具体的运用上，小到一个尊师风俗的表现形式，大到一个地区、文化圈整体尊师风俗的形态，都可以进行比较研究。

3．统计方法

统计方法主要针对整个尊师风俗的研究，在充分占有尊师风俗材料的基础上，对所搜集的尊师风俗资料进行统计分析，其角度涉及尊师风俗形成的年代、尊师风俗的事项、尊师风俗中所透露出的不同教育观念等。在研究过程中力图通过统计方法，从不同角度对中国尊师风俗的流变、发展特点有一个生动的展现。

4．历史文献法

马克思说，“研究必须充分地占有材料”，搜集资料的方法是必需的，也是重要的。在搜集资料的过程之中，尽可能搜集各类教育风俗的资料，包括文献资料以及文物资料；在充分占有资料的基础之上，认真辨析材料，这是做好研究工作的一个重要方面。当然，由于主要采取搜集文献资料的手段，因此不可避免地会产生一定的局限性，比如所搜集的资料由于是经过前人“加工”的，从而留存了这些人士的主观认识。因此，在文献资料的搜集、考证上面临不小的困难。

5．实地考察方法

中国幅员辽阔，各地区风俗各有特点。因此在论文的写作过程中，选择了具有代表性的地区，进行实地考察，搜集有关尊师风俗的资料，进行“采风”研究。研究者通过实地考察的方法，获得了第一手资料，对研究地域的尊师风俗有了一个形象的、直观的了解，同时，这也是对搜集文献资料方法的一个很好的弥补。

第一章　春秋战国时期的尊师风俗

第一节　尊师风俗的形成

一、专职“师”的形成

中国古代历史典籍中最早出现“尊师”一词的是成书于战国末期的《吕氏春秋》一书,[①] 而“一日为师，终身为父”，更体现出了中国人对于教师的尊敬。在中国古代文明的发展历程中，逐步形成了一种“尊师”之风。那么和现代意义相近的以传授文化知识为主要职责的“师”是何时形成的?

(一)“官师一体”的军事官

东汉许慎在《说文解字》中认为:“师，二千五百人为师。”段玉裁注《说文》　“师”字条：　“师，众也。……众则必有主之者。……师之言帅也。”由此可见,“师”的本意是军事官。

再让我们从“师”的文字演变进一步分析“师”的演化。从殷商时代的甲骨文中可以看出“师”字本义与教育无关。师，殷商甲骨文作“**𠂤**”，周代甲骨文及金文，师旅之师均作“**𠂤**”，职官之名则多作“师”。罗振玉、戴家祥等学者都认为“**𠂤**”乃山、丘竖写之形，有学者认为“**𠂤**”像臀尻之形，故可以表示人之坐卧止息及止息之处。值得注意的是，山丘亦可以表示人之坐卧止息之处。所以

---

① 《吕氏春秋·尊师》。

“𠂤”字是表示军队驻扎之地。“……贞，王往于**𠂤**。（乙七一八）由军队驻扎之地，引申为驻扎、歇息（于某地）。如：丙戌卜，贞。今夕**𠂤**，亡祸，宁。（前五、一八、五）”①

其后的西周金文中的记载可以作为佐证。戴家祥先生对此有过这样一段论述：

> 从西周金文中可以看到，当时周王国的直属军队一共有十四个**𠂤**，分为两个体系，其六个**𠂤**为周人军队。因为周人兴起于西方，故也称其为西六**𠂤**。其余的八**𠂤**，则系周灭殷后，将殷人的投降军队改编而成，故也称之为殷八**𠂤**。……由于殷八**𠂤**经常驻扎在成周，故也称为成周八**𠂤**……成**𠂤**为成周八**𠂤**的简称。但是由于当时相习沿用，成**𠂤**也为地名。……凡金文中地名之称某**𠂤**者，**𠂤**的上一字为原有地名。②

再稍后一些的《诗》《易》中亦有“师”的记载：

> 无念尔祖，聿修厥德；永言配命，自求多福。殷之未丧师，克配上帝；宜鉴于殷，骏命不易！③

> 《彖》曰：师，众也；贞，正也。能以众正，可以王矣。刚中而应，行险而顺，以此独天下，而民从之，吉又何咎矣。④

在这两条记载之中，“师”的意思由原本的“军队”之意引申

---

① 章小谦：《传承与嫁接：中国教育基本概念从传统到现代的转换》，华东师范大学2004届博士论文，华东师范大学图书馆，第37页。

② 戴家祥主编：《金文大字典》，学林出版社1995年版，第4103页。

③ 《诗经·大雅·文王之什》。

④ 《周易·上经》。

→→

为“师众之师”。

那“师”的职责又是什么呢？如前所述，“师”的原意与军事关系甚为密切。因而，作为“官”的“师”，其职责自然与军事关系密切。如《尚书·牧誓》中有这样的记载：“王曰：‘嗟！师氏’”，就是说周武王在灭商的牧野大战的誓师大会上，向师氏这个官发布命令，战场誓师，接受命令的一般都是军事长官。再者在《尚书·洪范》一篇中对于西周王朝官员职责的划分有了明确的记载：“八政：一曰食，二曰货，三曰祀，四曰司空，五曰司徒，六曰司寇，七曰宾，八曰师。”郑玄注：“师，掌军旅之官，若司马也。”① 这表明在周王朝官员职责的划分上，师是主管军事的官。综上所述，在西周之前，“师”是个执掌军事的官职。

（二）兼管教育的“职事官”

如前所述，“师”作为朝廷主要的官员之一，主要负责管理国家的军事事务，统帅军队，帮助君主征讨四方。然而，随着时间的推移，“师”的职责开始发生了转移，即从专门负责治理国家的军事事务转化为兼任“教胄子”的职责。

这一转化在商代已现端倪。《礼记·明堂位》：“殷人设右学为大学，左学为小学，而作乐为瞽宗。”② “瞽宗是商代大学特有的名称。当时大学的教育以乐教为重，乐教的教师也就是乐师。乐师在学中

① （清）孙星衍：《十三经清人注疏尚书今古文注疏（上、下）》，中华书局 1986 年版，第 300 页。

② 《礼记·明堂位》。

祀其先师为乐祖，学也就成为乐师的宗庙，故称瞽宗。瞽宗是当时奴隶主贵族子弟学习礼乐的学校。”[①] 由此可见，此时的乐师，在承担其本职工作的同时，也开始兼任教育贵胄弟子的工作了。这表明早在商代，乐师就已开始承担起了“教育”的责任。

到了西周时期，已经建立了较为完备的学校教育体系，包括小学教育、大学教育、乡学教育，这里不再详细论述。随着西周学校教育体系的完备，兼管教育的“师”也获得了很大的发展。《周礼·春官宗伯下》记载：“大司乐掌成均之法，以治建国之学政，而合国之子弟焉。凡有道者有德者，使教焉。”大司乐的主要职责是负责宗教祭祀与国家典礼，是国家高级的礼乐官员。他分管国学的教育事务，其属下的官员，如乐师、师氏、保氏、大师、小师等则负责国学的具体事物。西周各级乡学则是大司徒主管。大司徒负责地方民政事务，兼管地方的教育事务，其属下的官员有小司徒、乡师、乡大夫、州长、党正、父师、少师等。在西周时期，随着国学、乡学的设立，官师的级别已经比较明确，职责分工已经比较确定。如《诗经·周南·葛覃》中就有“言告师氏”的记载，这里的“师氏”已经不是原始意义上的主管军事的官了，而是一种承担教育的“师”。到了春秋时期，承担教育胄子职责的“师”“保”在各个诸侯国里面也非常普遍，如《左传·成公九年》记载：“其为大子也，师保奉之。”《左传·襄公十三年》记载：“生十年而丧先君，未及习师保之教训。”

---

① 孙培青主编：《中国教育史》，华东师范大学出版社 1992 年版，第 26 页。

→→

《礼记》一书对从事教育的“师”进行了详细记载：“大傅在前，少傅在后；入则有保，出则有师，是以教喻而德成也。师也者，教之以事而喻诸德者也；保也者，慎其身以辅翼之而归诸道者也。”①这就是说，师主要承担两个方面的职责：“教之以事”“喻诸德”。《周礼·地官司徒第二》对“师氏”这两个方面的职责进行了详细的论述：“师氏掌以媺诏王，以三德教国子，一曰，至德以为道本；二曰，敏德以为行本；三曰，孝德以知逆恶。”教三行：“一曰，孝行以亲父母；二曰，友行以尊贤良；三曰，顺行以事师长。”对“师”的职责的细化和明确已经达到了比较高的水平。这表明尽管这些官师们仍然要“帅四夷之隶，各以其兵服守王之门外”，但是他们已经是兼管教育的“官师”了。

（三）新型专职师的出现

西周时代是学在官府、官师一体的。然而，到了东周时期，王室衰落，官学也开始走下坡路了。据史料记载，春秋时期的二百多年之间，兴建官学的记载只有两起：一起是鲁僖公修建泮宫，另一起则是郑国的执政子产不毁乡校。由此可见，春秋时期官学衰落的主要原因是许多贵族子弟不愿意接受教育：

往者见周原伯鲁焉，与之语，不说学，归以语闵子马。闵子马曰：“周其乱乎？……大人患失而惑，又曰：‘可以无学，无学不害。’不害而不学，则苟而可，于是乎下陵上替，能无乱

① 《礼记·文王世子》。

乎？夫学，殖也，不学将落，原氏其亡乎！”①

可见，在春秋时代，以原伯鲁为代表的贵族子弟们不愿接受教育，并且认为不学无害。闵子马对此评论道：由于这种不学无害思想的不断扩散，造成贵族子弟、大夫们都认为可以不接受教育，人人都心怀苟且，整个社会原有的尊卑秩序就要发生变化了。接受教育可以使得人们的德才智慧得到长进，反之就会日趋堕落，并且最终灭亡。

春秋时期，由于局势动荡，许多“文化职官”失去了原有的地位，并且纷纷逃亡。《左传·昭公二十六年》记载：“召伯盈逐王子朝，王子朝及召氏之族、毛伯得、尹氏固、南宫嚚奉周之典籍以奔楚。”就是说，在周朝内乱中，王子朝带着一批人逃亡到原本是“蛮荒之地”的楚国，值得注意的是，他们是带着“周之典籍”逃到楚国的，也就把原本属于周王室的文化带到了楚国。根据《史记》《左传》等史料记载，孔子曾经学习琴瑟于师襄、问礼于老子、学官于郯子、问乐于苌弘。孔子所拜师的这四个人的身份值得引起我们注意：师襄是周朝的乐师，襄是他的名字；老子，据说是周朝的“守藏室之史”，后来流落到楚、鲁、秦等国；郯子则是郯国的国君，子是表示他的封爵；苌弘则是周朝著名的王公大臣。这表明在孔子以前，专职师并不普遍；同时也证明从春秋前期到中期这段时间，伴随着学术下移，“官师一体”的原有体制受到了重大冲击，也就出现

① 《左传·昭公十八年》。

了孔子所说“天子失官，学在四夷”① 的现象。

在这种情况下，当这些“文化职官”们从原来的官府逃亡到民间之后，为了谋生，最有可能的就是从事“教育”活动了。从这层意义上来说，这批流亡到民间的“文化职官”可能就是专门以教育为谋生手段的“专职师”的前身。另一方面，以孔子为代表的新兴专职师的出现表明“师”这一群体的进一步分化已经出现端倪。孔子只是代表人物，与孔子同时代或稍前的还有郑国的邓析（讲刑法，是法家的先驱）、鲁国的少正卯（与孔子之间有过激烈的竞争）。此后，到了战国时代更有墨子、孟子、荀子等专职师的著名代表人物，他们以教授私学为生，主要从事教育活动。此外，各家纷纷兴办私学，宣传自己的主张，后世遂称之为“百家争鸣”。

春秋战国时期的典籍记载亦反映出了这种趋势。杨伯峻先生曾经对这一时期典籍中“师”字的出现次数与意义进行过分析：诸如《左传》的成书年代在公元前403年至公元前389年之间，是十三经中除《尚书》《易经》《诗经》之外成书最早的一部经典。《左传》中师字共出现一千三百七十五次，但“师”训为“教师”“老师”的地方只有一处。② 作“学习”“以……为师”解的地方也只有一

---

① 《左传·昭公十七年》。

② 《左传·襄公十四年》：初，尹公佗学射于庾公差，庾公差学射于公孙丁。二子追公，公孙丁御公。子鱼曰：“射为背师，不射为戮，射为礼乎？”射两軥而还。尹公佗曰：“子为师，我则远矣。”乃反之。公孙丁授公辔而射之，贯臂。

处;[1] 稍后的《国语》[2] 全书中共出现“师”字一百三十八次，可作为“教师”“老师”的地方有四处，[3] 如：

> 公子过宋，与司马公孙固相善，公孙固言于襄公曰：“晋公子亡，长幼矣，而好善不厌，父事狐偃，师事赵衰，而长事贾佗。狐偃，其舅也，而惠以有谋。赵衰，其先君之戎御，赵夙之弟也，而文以忠贞。贾佗，公族也，而多识以恭敬。此三人者，实左右之。公子居则下之，动则谘焉，成幼而不倦，殆有礼矣。树于有礼，必有艾。”……

主要记载战国时代事迹的《战国策》一书，书中“师”字作“教师”或者“师法”用的情况，要远多于《左传》和《国语》。《战国策》中“师”字共出现七十八次，其中就有十二处是表示“教师”或者“学习、师法”的含义。而战国末期成书的《吕氏春秋》一书，为诸子百家集大成者。据孙星衍考证：“师”字在《吕氏春秋》中共出现一百五十二次，其中在“老师”之“师”的意义上使用的“师”字出现七十五次，几乎占到一半。这说明到了战国末年，“教师”或者“学习”“效仿”已经成为“师”字的主要义项。这反映了到战国后期私学教育日益繁盛，新型专职师群体逐步

---

① 《左传·昭公七年》：故孟懿子与南宫敬叔师事仲尼。仲尼曰：“能补过者，君子也。《诗》曰：‘君子是则是效。’孟僖子可则效已矣。”

② 《国语》所记载的时代，与《左传》略同。但《国语》为各国史料汇编，书非成于一人，具体成书年代难以确考，然其成书在《左传》之后，为战国时作品，殆无疑问。

③ 内容见《国语·晋语》。

→→

兴起的历史事实。①

综上所述，从商代开始，经过西周、春秋时代，到战国时代，师最终由原本管理军事的官转变为以从事教育活动为主的群体，从而为中国古代尊师风俗的发展准备了最为重要的前提条件。

二、“师”观念的变化

（一）春秋时期：孔门的“师无常师”观

《论语》中有多处记载了孔子对于教师的看法：“三人行，必有我师焉”，“当仁，不让于师”，“温故而知新，可以为师矣”。在孔子看来，师无常师，时时有之，事事有之。

《论语·子张》中的一段对话则明确反映了孔门的教师观：

> 卫公孙朝问于子贡曰：“仲尼焉学？”子贡曰：“文武之道，未坠于地，在人。贤者识其大者，不贤者识其小者，莫不有文武之道焉。夫子焉不学？而亦何常师之有？”

当卫国公孙朝问子贡孔子从哪里学习知识的问题时，子贡明确回答他，孔子哪处不学？又哪里有一定的老师呢？

（二）战国中期：“君师”观的出现

成书于战国早期的墨家代表作《墨子》一书，透露出了变化的端倪。墨家主张：“夫为弟子后生，其师，必修其言，法其行，力不足知弗及而后已。”② 和春秋时代孔子的“师无常师”的观点相比，

---

① 章小谦：《传承与嫁接：中国教育基本概念从传统到现代的转换》，华东师范大学2004届博士毕业论文，华东师范大学图书馆，第43页。

② 《墨子·非儒下》。

这里“师”的地位已经发生了变化，墨家要求弟子必须按照师的言行来要求自己，更要尽力履行。

《孟子》对于“师”的论述有了进一步的变化。

首先，对教师的任职标准提出了较高的要求。

《孟子·离娄上》：“人之患在好为人师。”在孟子看来，不是每个人都可以为“师”的，当老师是应当具备一定标准的。

其二，从教学的角度开始探讨对师的要求。

在《孟子》一书中并没有直接、明确地加以提出，但是却对教术多有论述。“君子之所以教者五：有如时雨化之者，有成德者，有达财者，有答问者，有私淑艾者。此五者，君子之所以教也。”① 这反映出到了战国晚期，对于师的要求，已经开始由单一的道德转向道德与技能并重了。所谓德才兼备，在孟子这里已经较为明显。

其三，开始抬高师的地位，提出“君师”一体的观点。

孟子先是说“善教者善于收民心”，对治理国家有好处，已经显现出了其后荀子公然把师和治国联系到一起的端倪。《孟子》载《书》曰“天降下民，作之君，作之师”②，这是孟子借《尚书》之口把君、师并列在一起，但是这里的师已经不是原本军事官的味道了，而是孟子借以抬高自己身份的手段，这在孟子之前是没有过的，应当引起重视。

值得指出的是，上述这些论述中的共同点在于抬高“师”的地

---

① 《孟子·尽心上》。

② 《孟子·梁惠王下》。

位，无形中给孔子那里原本充满人情味的“师”的形象加上了“高尚的道德”这一限定条件。“师”再也不是常人，“师”俨然具备了超越“凡人”的资格。

（三）战国晚期：“师道尊严”观的形成

战国晚期，值得我们重视的是《荀子》一书中的变化。荀况是战国末期的重要人物，被称为是先秦学术思想的集大成者，《荀子》一书是他思想的集中反映，对于“师”的论述，则是前所未有的集中和充分，并且产生了具有转折意义的重大变化。

变化之一：弟子要无条件服从师。

荀子认为人性是恶的，而人之所以能够为善，全是靠着后天的努力，即所谓“化性起伪”。既然如此，如何才能“化性起伪”？唯一的方法就是接受教育，而接受教育的一个重要目的就是培养人的“德”。

荀子认为，在个人道德修养上，“礼”是很重要的：

> 礼者，所以正身也；师者，所以正礼也。无礼，何以正身？无师，吾安知礼之为是也？礼然而然，则是情安礼也；师云而云，则是知若师也。情安礼，知若师，则是圣人也。故非礼，是无法也；非师，是无师也。不是师法，而好自用，譬之是犹以盲辨色，以聋辨声也，舍乱妄无为也。①

> 言而不称师谓之畔，教而不称师谓之倍。倍畔之人，明君

① 《荀子·修身》。

不内，朝士大夫遇诸途不与言。[①]

这段话透露出如下信息：礼用来正身，而师又是用来正礼的。因此，师是礼的化身，是个人道德修身所不可缺少的。更为重要的是，荀子随后提出的“师云而云，则是知若师也”“非师，是无师也”，表明荀子强调学生要对老师“无条件”地服从。如果不称师，就是“倍”“畔”。和此前孔子、墨子的主张相比，师在和弟子的关系上处于绝对的“上风”。

变化之二：对师的标准进行了明确。

> 师术有四，而博习不与焉。尊严而惮，可以为师；耆艾而信，可以为师；诵说而不陵不犯，可以为师；知微而论，可以为师。[②]

这段文字提出了为师的四条标准，具体来说就是要求教师端庄、严肃、持重、有威严，知识面要广还要精通。有必要指出的是，荀子还提出这样一个观点：“夫师以身为正仪，而贵自安者也。”[③] 老师自己应当以身作则，并且安心地这样去做。这是对老师提出的行为上的要求，表明尊师的基础在于教师用自身的道德、行为准则来感化他人，让他人主动尊师。

变化之三：公开喊出了“君子隆师”的口号。

荀子提出“故君子隆师而亲友”[④]。就是说，荀子公开、直接向

---

① 《荀子·大略》。
② 《荀子·致仕》。
③ 《荀子·修身》。
④ 《荀子·修身》。

→→

当时的“君子”们喊出了“尊师”的口号。据笔者掌握的资料，这在荀子之前似乎极其少见。

变化之四：把是否尊重教师和国家兴亡联系到了一起。

荀子明确把“师”和国家的兴亡联系到了一起：

> 国将兴，必贵师而重傅，贵师而重傅，则法度存。国将衰，必贱师而轻傅，贱师而轻傅，则人有快；人有快，则法度坏。①

荀子认为，国家兴亡和教师是否受尊重具有直接关系。当时七国纷争，弱肉强食，统治者所关心的首先是如何富国强兵，维持国家生存，而荀子之前的学者们之所以处处碰壁，就是因为没有注意或者不愿注意这个最为实际的问题。荀子因势利导地把师和国家兴亡放到了一起，还作了一番论证，冀望当政者看到这种论述，会引起他们一定的兴趣。

变化之五：以“礼”为载体，从理论的角度首次把教师和天、地、君、亲并列，这具有重要的意义。

在从个人修养和国家兴亡的角度对师的重要性进行了论述之后，荀子最终回到了理论的层面，从“礼”的角度来论述师的重要：

> 礼有三本：天地者，生之本也；先祖者，类之本也；君师者，治之本也。无天地，恶生？无先祖，恶出？无君师，恶治？三者偏亡，焉无安人。故礼，上事天，下事地，尊先祖而隆君师，是礼之三本也。②

---

① 《荀子·大略》。

② 《荀子·礼论》。

综上所述，经过荀子的一番论证，新兴的师阶层终于和“天”“地”“君”“亲”站到了一起，这是重要的转折。

由此，“师道尊严”终于获得了理论上的支持：教师自身首先要“身为正仪”，在此基础上——政治上，师关系到国运兴衰；礼上，师和天、地、君、亲并列。由此又怎能不尊师呢？总之，这是具有开创意义的提法，是中国师道尊严之风发展的一个重要源头。

从夏、商、周三代到春秋战国，这种以私学教授为主要谋生手段的“专职师”们从无到有，地位是逐步上升的：从师无常师、平常之人，到德才兼备、闻义则服，再到师道尊严、君师一体。这种理论上的论述通过私学教师们在实际生活中努力加以贯彻、实施，再加上新兴的专职师已经逐步形成了一个较有影响的群体，从而为中国尊师风俗的逐步形成准备了必要条件。

三、尊师风俗的传统渊源

中国古代尊师风俗的起源与中国古代另外一种历史悠久的风俗——敬老风俗有着密切的关系。中国上古时代有着“庠”的传说。根据学者的考证，“庠”应当是氏族储备粮食的场所，“庠”的看管人则是氏族中的老者，因而“庠”也就成为氏族中老人们的聚会之地，更成为整个氏族敬重老人，行尊老、敬老之礼，体现敬老风俗的地方。在原始社会时期，社会生产力不高，物质产品较为有限，而“庠”从字面上看“从广羊声”。所谓“广”就是房舍的意思，“羊”就是氏族部落所养的羊等家畜。也就是说，管理“庠”的老人可以享用“羊”的美味。这便是敬老风俗的一种表现。

→→

在上古时代的氏族公社之中，教育年轻一代的重任通常都是由老人来承担的，因此住在“庠”中的老人也就成为传授文化知识的“师”，从这个角度来说，敬老风俗同时也成为“尊师风俗”，或者说“尊师风俗”的起源与中国古代的敬老风俗有着密不可分的关系。

另一方面，在孔子丧后，子贡提出“丧师若丧父”，表示要按照安葬自己的父亲那样安葬自己的老师，这表明尊师风俗的起源过程与侍奉双亲的风俗（如侍父风俗）有着密切的关系。

总之，中国古代尊师风俗的形成不是孤立的，它与日常生活中的某些风俗有着密切的联系。

第二节　谦恭有礼：帝王官员的尊师风俗

《战国策·燕策一》记载了郭隗说燕昭王：

> 帝者与师处，王者与友处，霸者与臣处，亡国与役处。诎指而事之，北面而受学，则百己者至。先趋而后息，先问而后嘿，则什已者至。人趋已趋，则若已者至。冯几据杖，眄视指使，则厮役之人至。若恣睢奋击，呴藉叱咄，则徒隶之人至矣。此古服道致士之法也。①

这段话论述了帝王尊师重傅的必要，说明到了战国晚期，拜师求学已成社会风尚，尊敬自己的老师已经成为一种风气。另外，在《战国策·赵策四》中所记载的服子“谈语而不称师，是倍也”的评论，也说明了尊师已然成为一种流行的社会风气。

---

① 《战国策·燕策一》。

由此可见，到了战国晚期，尊师已俨然成为一种新兴之风。那么，帝王官员又是如何尊师的呢？或者说，帝王官员的尊师风俗具有什么样的特点呢？下面将对这一问题进行论述。

一、师不施臣子之礼

“天子入太学，祭先圣，则齿尝为师者弗臣，所以见敬学与尊师也。”[①] 这段话的意思是说天子进入太学学习前要祭祀先圣，要懂得不能以对待臣子的礼节对待曾经作为自己老师的人，以表示敬学与尊师。另外，“礼闻来学，不闻往教”[②]。就是说，学习之礼，只有去老师那里学习的，没有老师上门来教的。所谓“为其多闻也，则天子不召师，而况诸侯乎”[③] 说的也是这个道理。这些记载表明，在春秋战国时期，天子、官员对于老师是不能“召”的，要亲自拜访，要谦恭有礼。再如《礼记·祭义》载“当入学而与太子齿”，这句话的意思是说在教师面前，学生们的座次是按照年龄大小，而不是按照等级的高低来排的。即使对于周王的王太子来说，也一视同仁。这其实体现了帝王在教师面前不以王族自居，而是谦恭有礼，表现出对教师的一种尊重。

再如《史记·魏世家》中的两则记载：“子击逢文侯之师田子方于朝歌，引车避，下谒。田子方不为礼。”“文侯受子夏经艺，客段干木，过其闾，未尝不轼也。”

---

① 《吕氏春秋·尊师》。
② 《礼·曲礼上》。
③ 《孟子·万章下》。

→→

《吕氏春秋·下贤》："尧不以帝见善绻，北面而问焉。"

即使老师亡故，在陪葬品上也显现出对老师的尊重：

一九九三年在湖北荆门市沙洋区四方乡郭店村的一座战国墓葬中，出土了一批楚国文字竹简和器物，其中一件殉葬耳杯上面的铭文有"东宫之师"，表明他是楚国太子的老师。古人对于殉葬品的筛选极其严格，此耳杯或许为楚国王族所赠，说明先秦时期师的地位的确高贵。①

这些记载反映出在先秦时代帝王官员的尊师风俗的一大特点就是非常"谦恭有礼"，或者东向坐，或者北面而问，或者给老师建造宫殿，或者站直身子面见老师，或者给予厚葬，都表现出给予老师特别的尊崇。

二、亲身躬行的祭师风俗

其实不仅仅是在日常生活中，就是在祭祀、避讳等方面，帝王官员对师亦是非常"谦恭有礼"的。《礼记》载：

凡学，春官释奠于其先师，秋冬亦如之。凡始立学者，必释奠于先圣先师，及行事，必以币。凡释奠者，必有合也，有国故则否。凡大合乐，必遂养老。……始立学者，既兴器用币，然后释菜，不舞不授器，乃退。傧于东序，一献，无介语可也。……天子视学，大昕鼓徵，所以警众也。众至，然后天子

① 杜维明：《郭店楚简与先秦儒道思想的重新定位》，《中国哲学——郭店楚简研究》第二十辑，辽宁教育出版社2000年版。

至，乃命有司行事，兴秩节，祭先师先圣焉。①

“先师”具有什么样的含义呢?《周礼·春官宗伯第三》中的解释是这样的：“凡有道者，有德者，使教焉，死则以为乐祖，祭于瞽宗，此之谓先师类也。”由此可以确定“先师”起初是指从事“教”的官，死后在瞽宗接受祭祀。那“教”又是什么呢？《尚书·舜典》：“朴作教刑。”郑玄认为“朴”是以槚楚为刑具。当时的教官也是执行刑法的人，以槚楚为刑具，故称之为“教刑”。教刑是刑法中较轻的一种，对于不勤于学业的人，罚其体而警其心。《学记》说：“夏楚二物，收其威也。”就是“朴作教刑”所起的作用。《说文》：“教，上所施，下所效也。”教者，所以教人改过迁善。由此可见，这些从事“教”的先师可以称之为从事教育活动的“师”。

那释奠和释菜的目的又是什么呢？请看《礼记·学记》中的记载：“大学始教，皮弁祭菜，示敬道也。”就是说在大学开学的时候，天子或主管教育的官员，戴着鹿皮帽子，端着蔬菜芹藻之类的供品，带领师生，致祭先圣先师。

《礼记》中的这些记载表明在周代，建立学校必然要“释奠”，天子视学，也要先祭先师先圣，释奠的目的在于要祭祀先圣先师，释菜的目的在于要尊敬先圣先师，这是周代表示尊师的一种祭祀风俗，也是后世祭师风俗形成的一个重要源头。

值得一提的是，中国古代社会在避讳上有一套严格的制度，大体说来，幼要避长的讳，臣要避君的讳，民要避官的讳。然而也有

① 《礼记·文王世子》。

→→

例外的情况。如《礼记·曲礼上》："诗书不讳，临文不讳，庙中不讳"；《礼记·玉藻》："凡祭不讳，庙中不讳，教学临文不讳。"这表明了可以例外的情况，即在面对祖宗和神明进行祭祀的时候，可以不避讳。除此之外，在学习的时候，诵读《诗经》《尚书》之时也可以不必避讳，这无形中是给予教师的一种"特权"，体现了对教师的尊重。

三、护师

即使在一些特殊情况下，官员们对待自己的老师也是谦恭有礼，不伤害自己的老师。比如"护师"这种尊师风俗表现形式就具有代表性。虽然在先秦史料典籍中并没有明确记载，但是我们还是可以发现一些蛛丝马迹。

最早记载"护师"这类尊师风俗的表现形式的是《左传·襄公十四年》中的一条记载：

> 初，尹公佗学射于庾公差，庾公差学射于公孙丁。二子追公，公孙丁御公。子鱼曰："射为背师，不射为戮，射为礼乎？"射两軥而还。尹公佗曰："子为师，我则远矣。"乃反之。公孙丁授公辔而射之，贯臂。

其后的《孟子》一书也记录了类似的事件，只不过是换了个人物，但是情节更加富有戏剧性。

> 郑人使子濯孺子侵卫，卫使庾公之斯追之。子濯孺子曰："今日我疾作，不可以执弓，吾死矣夫！"问其仆曰："追我者谁也？"其仆曰："庾公之斯也。"曰："吾生矣。"其仆曰："庾公

之斯，卫之善射者也；夫子曰吾生，何谓也？”曰：“庾公之斯学射于尹公之他，尹公之他学射于我。……”庾公之斯至，曰：“夫子何为不执弓？”曰：“今日我疾作，不可以执弓。”曰：“小人学射于尹公之他，尹公之他学射于夫子，我不忍以夫子之道反害夫子。虽然，今日之事，君事也，我不敢废。”抽矢，扣轮，去其金，发乘矢而后反。①

二者相互比较，其中共同的情节是：

“主人公”都是老师、徒弟、徒孙三代。《左传》中记叙了公孙丁、庾公差、尹公佗这老师、徒弟、徒孙三代，《孟子》一书中是子濯孺子、尹公之他、庾公之斯这祖孙三代，“故事情节”都是徒孙向师祖射箭。

值得注意的是其中不同的地方：《左传》中是徒弟没有射老师，只是射了车轮，而徒孙则认为“子为师，我则远矣”，意思说，我只尊重我的老师就可以了，没必要尊重师祖，结果师祖还击，射伤了徒孙。

《孟子》中则详细叙述了子濯孺子由于疾病不能张弓，眼看就要没命，却得知追的人是庾公之斯——自己的徒孙，而喜出望外，说道：“吾生矣。”结果是徒孙面对君命和师祖，选择了中和办法，抽出箭来，在车轮上敲掉箭头，射了四箭之后返身回去了，并没有伤害师祖。

这两则记载反映出了在先秦时期，在面临非常“特殊”的情况

① 《孟子·离娄下》。

之时，官员们对自己的老师也是非常“谦恭有礼”的。即使面对君命，他们也是采取折中的办法，并未伤害老师。然而，这两则记载中的变化也反映出了从春秋到战国时期尊师风俗的变化。春秋时期，对老师的尊重可能只是局限于“师徒”这一代，到了“祖孙”这一层就要淡化了，尤其是在面对君命的时候，徒孙完全可以不顾及师祖的安危。但是到了战国晚期，这种情况就发生了改变，师的地位上升了。尊师不仅仅要尊重自己的老师，也要尊重师祖。在面对君命和师祖的同时，徒孙还是选择了折中的办法，并未伤害老师。若是和荀子不久之后提出的“天地君亲师”的论断相互佐证，就可以作出这样的推论：这种情节上的变化不是偶然的，而是反映出战国时期，师的地位正在上升。

综上所述，在帝王官员阶层的尊师风俗表现形式上，无论是在日常生活中，还是在重大的祭祀活动中，甚至在面对违抗君命的情况下，帝王官员们对待老师都是非常“谦恭有礼”的，给予老师较高的尊崇，师的地位亦是较高的。

第三节　视师如父：士阶层的尊师风俗

与帝王官员的尊师风俗不同，士阶层的尊师风俗呈现出不同的特点。如前所述，春秋战国时期，私学大师生徒众多，师生关系密切，感情真挚，尊师如同侍父。战国时期儒家提出的“君、师、父”并列一体，亦反映出春秋战国时期士人尊师风俗中这种视师如父的特征。

一、丧师如丧父

春秋战国时期尤其重视祭祀，不仅朝廷在立学、视学前要祭祀先师以示尊敬，士人阶层也正在形成类似的丧师风俗表现形式。据《礼记·檀弓》记载：“事师无犯无隐，左右就养无方，服勤至死，心丧三年。……孔子曰：‘师，吾哭诸寝。’”孔子丧后，他的弟子对如何为孔子服丧进行了讨论：

> 孔子之丧，门人疑所服。子贡曰：“昔者夫子之丧颜渊，若丧子而无服，丧子路亦然。请丧夫子若丧父而无服。”①

> 孔子葬鲁城北泗上，弟子皆服三年。三年心丧毕，相诀而去，则哭，各复尽哀；或复留。唯子贡庐于冢上，凡六年，然后去。②

这表明在春秋末期，孔子主张要“服勤至死，心丧三年”。随后孔子丧时，子贡主张，按照“若丧父而无服”来对待，开了丧师礼俗之先。子贡所提出的“若丧父”观点，实际上透露出了春秋战国时期士阶层的尊师风俗的特征。

二、称师如称父

先秦时期，中国开始形成学生继承老师学说，维护老师声誉的尊师风俗表现形式，我们姑且可以称之为“称师”，这也是先秦尊师风俗的一个重要表现形式。

《论语·子张》中有如下几篇材料，便是这类尊师风俗表现形式

---

① 《礼记·檀弓上》。

② 《史记·孔子世家》。

在日常生活中的"生动"反映：

叔孙武叔语大夫于朝曰："子贡贤于仲尼。"子服景伯以告子贡。子贡曰："譬如宫墙，赐之墙也及肩，窥见室家之好。夫子之墙数仞，不得其门而入，不见宗庙之美，百官之富。得其门者或寡矣。夫子之云，不亦宜乎！"

面对叔孙武叔夸耀自己高于孔子，子贡是"理由充分"的维护，把孔子比作"宫墙"，称赞了自己的老师。大概是叔孙武叔还不死心，他接着说孔子的"坏话"：

叔孙武叔毁仲尼。子贡曰："无以为也！仲尼不可毁也。他人之贤者，丘陵也，犹可逾也；仲尼，日月也，无得而逾焉。人虽欲自绝，其何伤于日月乎？多见其不知量也。"

面对叔孙武叔对老师的毁谤，子贡义正词严地加以驳斥，把孔子比喻成日月，极力抬高老师的形象，直接指出仲尼"不可毁"。

陈子禽也对子贡提出了孔子和子贡本人到底谁更贤德的问题：

陈子禽谓子贡曰："子为恭也，仲尼岂贤于子乎？"子贡曰："君子一言以为知，一言以为不知，言不可不慎也。夫子之不可及也，犹天之不可阶而升也。夫子之得邦家者，所谓立之斯立，道之斯行，绥之斯来，动之斯和。其生也荣，其死也哀，如之何其可及也？"

面对陈子禽的发问，子贡更是把孔子比喻成天，而且不可及，比之日月又高了许多，而且夸奖孔子的学说是治国安邦的良策。

倘若把这三条记载联系起来，我们便可以发现，面对他人对老师的质疑、贬低，子贡坚决维护老师的学说、声誉，不敢称自己已经超过老师。

如果不能够维护老师的学说、声誉，结果又如何呢？请看下面的记载：

子夏丧其子而丧其明。曾子吊之，曰："吾闻之也，朋友丧明，则哭之。"曾子哭，子夏亦哭，曰："天乎！予之无罪也。"曾子怒曰："商，女何无罪也？吾与女事夫子于洙泗之间，退而老于西河之上，使西河之民疑女于夫子，尔罪一也……"子夏投其杖而拜，曰："吾过矣！吾过矣！"①

在这段记载中，曾子指责子夏没有继承、发扬孔子的学说，而且让西河之民误会了孔子，这是子夏三罪中的一大罪。面对曾子的指责，子夏最后也不得不认错。

《孟子》中也有一条类似的记录：

陈良，楚产也，悦周公、仲尼之道，北学于中国，北方之学者，未能或之先也。……子之兄弟事之数十年，师死而遂倍之。……孟子曰："他日，子夏子张子游以有若似圣人，欲以所事孔子事之，强曾子。曾子曰：'不可，江汉以濯之，秋阳以暴之，皜皜乎不可尚已。'今也南蛮鴃舌之人，非先王之道，子倍子之师而学之，亦异于曾子矣！"②

孟子在此借赞扬曾子阻止子夏、子张、子游背弃师说的行为，

---

① 《礼记·檀弓上》。

② 《孟子·滕文公上》。

→→

指责学生背叛老师陈良，并在老师去世后改投他师的“倍师”举动。

综上所述，在春秋战国时期，已经逐步形成称师之风，如果谁要违背，就会受到谴责。这和《荀子》中“言而不称师谓之畔，教而不称师谓之倍。倍畔之人，明君不内，朝士大夫遇诸途不与言”①，《吕氏春秋》中所记载“君子之学也，说义必称师以论道，听从必尽力以光明。听从不尽力，命之曰背；说义不称师，命之曰叛。背叛之人，贤主弗内之于朝，君子不与交友”② 的观点可以相互佐证。

从先秦的典籍来看，无论是子贡、曾子，还是孟子对陈良学生的指责，都充满“激情”，如同子贡所说的“若丧父”那样，把自己的老师当成自己的父亲那样维护，其情真切可叹。

三、侍师如侍父

在《礼记·礼运》篇中，有“人其父生而师教之”的记载，把“师”“父”定位于同一个标准，显示出在春秋战国时期，“师”和“父”是居于同等地位的，这其实亦透露出春秋战国士阶层尊师风俗的另一个特征：侍师如侍父。

《礼记·曲礼》中就记载了侍师如侍父的尊师风俗表现形式：“父召无诺，先生召无诺，唯而起。”就是说父亲召唤、老师召唤的时候，回答不能用“诺”，而是要用“唯”来回答，并且立即起立，以表示恭敬。这就是说，侍奉老师要如同对待父亲那样恭敬。对学生来说，不仅仅是老师召唤的时候要尊敬，日常生活中在行走、语

---

① 《荀子·大略》。

② 《吕氏春秋·尊师》。

言、称呼、座位等方面都要像对待父亲那样侍奉自己的老师：

从于先生，不越路而与人言。遭先生于道，趋而进，正立拱手。先生与之言则对，不与之言则趋而退。

先生书策、琴瑟在前，坐而迁之，戒勿越。

侍坐于先生，先生问焉，终则对。请业则起，请益则起。①

跟随老师出行，只能尾随于老师之后，不可越过老师与他人搭话；在路上碰见老师，要快步向前，先站正身体，再向老师拱手致意；老师问话就答，不问就迅速退往一侧；在座谈和筵席之间，倘若前面有老师的琴瑟和书籍，切不可抬脚跨过；陪老师闲坐，老师问话要等老师说完再回答；向老师请教或者要求老师增加讲解的时候要起立。

在这方面的记载中，最为著名、为后世所知的就是《管子·弟子职》。现引部分如下：

摄衣共盥，先生乃作。沃盥彻盥，汎拚正席，先生乃作。出入恭敬，如见宾客。危坐乡师，颜色毋怍。

……反坐复业。若有所疑，捧手问之。师出皆起。

至于食时，先生将食，弟子馔馈。……

昏将举火，执烛隅坐。错总之法，横于坐所。栉之远近，乃承厥火。居句如矩，蒸间容蒸。然者处下，捧碗以为绪。右手执烛，左手正栉。有堕代烛，交坐毋倍尊者。乃取厥栉，遂出是去。

① 《礼记·曲礼上》。

→→

先生将息，弟子皆起，敬奉枕席，问所何趾，俶衽则请，有常有否。先生既息，各就其友。相切相磋，各长其仪。周则复始，是谓弟子之纪。

这里详细描述了弟子的“尊师风俗”，或者说是如何尊师的问题，包括问业、饮食、休息等日常生活的多个方面。

诸如在起居上：早上弟子要拿着衣服供奉盥洗之器，侍候先生起床；待先生洗漱完毕，撤去盥器，要负责打扫教室；如果先生这时走过来，就要暂时停下来，等先生走过去；黄昏的时候点起火把照明，注意火把的摆放位置，不要背对着先生；先生要休息，弟子问安，然后离去。

再如在教学上：洒扫空屋，摆好讲席，服侍先生入座讲习；出入要恭敬；听讲的时候要面向教师正襟危坐，不可随便改变脸色；如果有宾客来到，弟子要迅速起身接待；学习中如果有疑难问题，要拱手向先生请教；先生上完课，走出的时候，弟子要一律起立。

最后在饮食上：饮食的时候，先生吩咐了，才能进食；要按照规矩来摆放菜蔬；在吃饭的时候要随时注意先生的饭碗，如果先生没饭了，就要帮助先生盛饭。

由此可见，按照《管子·弟子职》中的记载，在学生尊敬老师方面，先秦时期可谓是无微不至，其范围涉及日常生活中吃、穿、住、行等多个方面，就如同对待自己的父亲那样，亦是侍师如侍父尊师风俗的一种表现。

第四节　春秋战国时期的尊师风俗与教育

春秋战国时期的尊师风俗在表现形式上，以礼俗层面上的表现为重，诸如祭祀、侍奉、丧葬、口敬、身敬。这一时期的尊师风俗，更多的还是处于精神层面而非物质层面，从礼仪形式而非其他形式加以表现的，主要是社会中上层人员参与其中，而非下层的“野人”。尊师风俗所反映出的政治意味较为浓厚，这种倾向对于我国古代教育的发展产生了深远的影响，是中国古代教育的特色、变化在尊师风俗上的反映。这主要表现在以下几个方面：

其一，反映出了春秋战国教育“百家争鸣”的时代特征。

值得注意的是，先秦时期的尊师风俗事迹中被尊的“主角”——“师”可以说是来自于“各家各派”，如孔子、孟子、荀子、邹衍、田子方、段干木、壶丘陵子等。另一方面，对于师的论述，如何尊师也是“百家争鸣”。如前文所述，有孔子、孟子、荀子、墨子、《管子》《晏子春秋》《吕氏春秋》等。各家各派的“师”们都在极力阐述本学派的尊师理论。比如儒家的孟子、荀子，他们一方面极力构筑尊师的理论基础（孟子、荀子），不时获得“尊重”；另一方面，却经常受到各种非难，弄得非常“狼狈”，或如“丧家之犬”，或如“迂腐的老夫子”。这说明，春秋战国时期的尊师尽管“正在”成为一种“风俗”，但是远远没有达到后世那种“全民行动”“非尊不可”的地步，“师”能否受到尊重完全是凭着自己的“个人魅力”，或是自己渊博的学识（荀子）、或者凭借自己

→→

的政治学说（田子方、段干木）、浩然之气（孟子）、高超的教学方法（孔子）等来获得尊重。一旦这种“个人魅力”消失，他们所受的“尊”也就立刻消失了。这种凭借“个人魅力”的状况，也使得“师道”可以得到维护，可以傲视王公大臣。

由此可见，春秋战国所尊的“师”，是“百家师”，只要具有“个人魅力”，就可以成为尊师风俗事迹中的“主角”，这也折射出当时的中国教育正处于“百家争鸣”时代。尽管荀子已经提出了“师道尊严”“天地君亲师”等一系列尊师“理论”，但是在春秋战国时期儒家教育并没有能够取得“独尊”地位。荀子的理论要直到西汉时期才能发挥效力，而尊师风俗的表现形式也将有新的变化。

其二，这是春秋战国时期新兴的师阶层的地位逐步变化的反映。

如前所述，战国晚期关于师的论述开始出现了重大的转折，如荀子所提出的“天地君亲师”的说法。《礼记·学记》则按照教化是治国之本，而教之本（道之本）在师的逻辑进行了更为充分的论证，抬高了教师的地位：“古之王者，建国君民，教学为先。”“君子如欲化民成俗，其必由学乎!”“师严然后道尊”，把“师”和“道”联系在了一起。既然教、道如此之重要，从事“教”的“先师”或者“师”们必然要受到尊重。这种师地位的改变在尊师风俗的反映上就是“在王族官员面前”可以“不行臣子之礼”“天子不召师”的尊师风俗的表现形式，并且为了维护老师的生命，由从君命到采取折中的方式来解决问题。这说明到战国晚期，“师”的地位和先前相比，已经有了很大的改观，达到了一个新的高度。那么师的地位为何会得到上升呢？其原因何在呢？这就要从尊师风俗的事迹中来分析。一方面从尊师风俗事迹中的主要人物来看，包括天子、国君、王公、大臣、官员加上教师本身，可以说都是“政治人物”；另一方面，从尊师事迹发生事件的场景来看，基本上都离不开政治（或是战争、教授富国之术、宣扬老师的治国之术）；最后再从尊师事迹的目的来看，基本上也都是为政治服务（拜师为了治理国家，祭祀先师是因为师是道的代行者，而道是治理国家不可缺少的）。尊师风俗的背后所表达的不仅仅是单纯的“尊师”，更重要的是在于尊师背后的深刻含义：对于天子、国君、官员来说，尊师是为了治理国家，富国强兵；对于学生来说，尊师是为了维护老师的声誉、宣扬老师的学说，从而有利于自己的政治“生命”。在这种态势下，“师”逐渐开始成为一种政治意味甚浓的“符号”，人们尊师关注的不再是“师”的本身，而是“师”背后的东西，这就使得“师”所承担的职责远远超过了他的本职。这种倾向对于中国古代教育的发展产生了深远的影响。

其三，反映出尊师风俗的起源和我国古代教育事业的发展有着密切的联系。

如果把尊师风俗逐步形成的年代和我国古代著名教育家的生卒、著名教育著作的著述年代相对应比较，会发现这其中存在着一个“巧合”：随着教育事业的发展，史料中关于尊师之风的记载也日益增多、频繁，如史料佐证的最早一条尊师风俗事迹是《左传》中的

"不射师"①，其时代在春秋末期。其后至战国，尊师风俗事迹的记载逐渐增多。另外从史料中有关尊师风俗的记载来看，春秋时期非常少见，到了战国时期就非常之多，这里不详细列举。② 这种变化实际上反映出先秦尊师风俗的起源实际上伴随着我国古代教育事业的逐步发展，若没有教育事业的发展，也不会有尊师风俗的逐步形成。

再从中国古代教育内容来看，根据先秦典籍的记载，先秦时期"礼"的教育内容非常丰富。西周时期的"六艺教育"中排在首位的就是"礼"，可见"礼"教地位之重要。"礼"成为个人修养、治国安邦不可缺少的要素之一。而"礼"也是"事师"的一个重要要求。《礼记·曲礼》中有"宦学事师，非礼不亲"的说法。也就是说，要事师，非要礼不可。由此也就不难理解，为何先秦时期的尊师风俗主要表现在"礼"的层面，这正是先秦时期重视"礼"教育，"礼"教育发达的一种表现。正因为"礼"教育的发达、重要，而事师又要"非礼不亲"，才会逐步形成一系列的尊师礼仪、尊师风俗（礼俗）。比如上文所提到的天子祭奠先师的释奠、释菜、丧师礼俗、侍师礼俗，就是这种重视"礼"教育的观念、"礼"教育相对发达的教育状况在尊师风俗表现形式上的反映。

---

① 参见《左传·襄公十四年》。

② 可见上一节的论述。

第二章　师道尊严：两汉尊师风俗的发展

公元前 221 年，秦始皇灭六国，一统天下。秦朝以法家为指导思想，在文教上实行“以法为教，以吏为师”，兹不详述。随之而建立的西汉采取了不同的文教政策，允许开办私学，也通过求贤诏、征召贤良文学等方式，吸收一批学者进入朝廷，给予他们施展宏图的机会。在汉初，实行的是黄老之学。其后，汉代著名学者董仲舒在对策中提出独尊儒术，为汉武帝所接受，并且付诸实施。

公元前 136 年，汉武帝正式“置五经博士”，这是迈出独尊儒术的第一步。公元前 124 年正式开设了汉代的官学——太学。丞相公孙弘为博士弟子制度拟订了一套办法，开始“为博士官置弟子五十人”。这标志着从战国时期就开始设置的博士，到了西汉中期终于由一种咨询、顾问之官开始向以教授为主要职能的学官转变。

汉代的私学也非常兴盛，涌现出了许多著名的私学大师，如董仲舒、王充、马融、郑玄等人，而马融、郑玄等人都拥有上千名弟子，采取以次相授的教学方法，在当时都非常有影响。

两汉时期，实行“罢黜百家，独尊儒术”的文教政策，无论是官学教育还是私学教育与春秋战国相比都有了较大的发展。在这种条件下，两汉的尊师风俗表现形式亦有了新的变化：其一，在帝王官员阶层，注重以身示范，站在尊师的第一线，如皇帝尊师、祭祀先师孔子、追封孔子等尊师风俗表现形式；其二，在士阶层的尊师

→→

风俗表现形式上，体现出“视师为道”的特征，把师当作“道”的代言人，表现形式丰富多彩，不仅仅是在礼俗方面，在教育、学术领域也开始出现了尊师风俗的表现形式——师法、家法，表明尊师风俗的影响在扩大。下面就对此分别进行论述。

第一节　以身示范：帝王官员的尊师风俗

一、政治色彩浓厚的皇帝尊师之风

两汉时期，重视移风易俗，力图通过自上而下的方式树立良好的典范作用。而作为大一统封建王朝的最高统治者，皇帝则处于尊师“第一线”，以身示范，成为尊师风俗中的“主角”。

在这方面比较典型的有：

> 汉昭帝时，光禄大夫给事中蔡义以《韩诗》进授帝数岁，拜为少府，迁御史大夫，代杨敞为丞相，封阳平侯。
>
> 又韦贤为博士给师中，以诗进授帝。稍迁光禄大夫詹事至大鸿胪，宣帝即位，以先帝师甚见尊重。①

就是说，在西汉中期，以帝师作为丞相，给皇帝的老师升官，以表示对皇帝老师的尊重。

汉元帝时，匡衡以“御史征之，以补百石属，荐为郎，而补博士，拜为太子少傅，而事孝元帝。孝元好《诗》，而迁为光禄勋，居殿中为师，授教左右，而县官坐其旁听，甚善之，日以尊贵”②。

---

① 《册府元龟》卷三十八《尊师》。

② 《史记·张丞相列传》。

这段记载表明，在匡衡成为孝元帝的老师之后，孝元帝非常赏识他，从而日渐尊贵，受到皇帝、官员的尊重，并加官晋爵。

同样是在西汉后期的汉元帝时代，在继承前代皇帝尊师风俗表现形式的基础上，又有了新的变化：

元帝为太子时，孔霸以大中大夫以选授皇太子经……帝即位，征霸，以师赐爵关内侯，食邑八百户，号褒成君、给事中，加赐黄金二百斤，第一区徒名数于长安，及薨，帝素服临吊者再，至赐东园秘器钱帛策，赠以列侯礼，谥曰“烈君”。①

对于孔霸，汉元帝不仅仅加官封侯，还给予较为丰厚的物质赏赐，在礼节上给予列侯礼，并且亲自吊病问丧，较之西汉前期有了很大的提高。这标志着皇帝对于帝师的尊崇达到了一个新的高度。

汉元帝的尊师行为被其儿子汉成帝很好地继承。前将军萧望之，因为担任成帝的教师八年之久，成帝即位后，立即“赐望之爵关内侯，食邑六百户，给事中、朝朔望坐次将军”。而周堪“初为太子少傅，及帝即位，堪为光禄大夫，与萧望之并领尚书事。欧阳地余初为元帝太子中庶子授经，后为博士，论石渠，及帝即位，侍中贵幸至少府”②。

最为突出的是汉成帝对于张禹、郑宽中两位帝师的尊崇，据《册府元龟·尊师》记载：

成帝为太子时，张禹、郑宽中，皆授经于帝。及即位，以

① 《册府元龟》卷三十八《尊师》。
② 《册府元龟》卷三十八《尊师》。

师赐爵关内侯。宽中食邑八百户，禹六百户，拜为诸吏光禄大夫，秩中二千石，给事中，领尚书事。

鸿嘉中，张禹老病乞骸骨，帝加优再三，乃听许，赐安车驷马黄金百斤，罢就第，以列侯朝朔望，位特进，见礼如丞相，置从事史五人，益封四百户，天子数加赏赐，前后数千万。禹虽家居，以特进为天子师，国家每有大政，必与定议，大将军王根害禹宠，数毁恶之。天子愈益敬厚。禹每病，辄以起居闻。车驾自临问之，帝亲拜禹床下。①

可见，汉成帝对于帝师的尊重，在汉元帝时代的基础上又有了新的发展：专门委派官吏照顾老师的生活，物质赏赐达到“数十万”，即使大将军王根不满加以诋毁，成帝也不为所动。老师退位，但是有国家大事，皇帝仍然咨询老师的意见。老师生病，成帝不仅仅亲自探望，甚至是“亲拜禹床下”。

东汉前期的几位皇帝都非常尊重自己的老师，汉明帝可谓是中国皇帝尊师的典范。汉明帝为太子时，桓荣以少傅授太子经学，因此：

显宗即位，尊以师礼，甚见亲重，拜二子为郎。荣年逾八十，自以衰老，数上书乞身，辄加赏赐。乘舆尝幸太常府，令荣坐东面，设几杖，会百官、骠骑将军、东平王苍以下及荣门生数百人，天子亲自执业，每言辄曰：“太师在是。”既罢，悉以大官供具赐太常家。其恩礼若此。

---

① 《册府元龟》卷三十八《尊师》。

永平二年，三雍初成，拜荣为五更。每大射养老礼毕，帝辄引荣及弟子升堂，执经自为下说。乃封荣为关内侯，食邑五千户。

荣每疾病，帝辄遣使者存问，大官、太医相望于道。及笃，上疏谢恩，让还爵士。帝幸其家问起居，入街下车，拥经而前，抚荣垂涕，赐以床茵、帷帐、刀剑、衣被，良久乃去。自是诸侯、将军、大夫问疾者不敢复乘车到门，皆拜床下。荣卒，帝亲自变服，临丧送葬，赐冢茔于首山之阳。除兄子二人补四百石，都讲生八人补二百石，其余门徒多至公卿。子郁嗣。[①]

对待另一个老师包咸，汉明帝也是非常尊重的：

帝即位，每进见，赐以几杖，入朝不趋，赞事不名。经传有疑，辄遣小黄门就舍即问。帝以咸有师傅恩，而素清苦，尝特赏赐珍玩、束帛、俸禄增于诸卿。咸皆散与诸生之贫者。病笃，帝亲辇驾临视。[②]

在继承西汉皇帝尊师风俗表现形式的基础上，汉明帝时代又有了新的变化。其一，皇帝不再是老师生病、病危时候来亲自拜见老师，而是在日常生活中也前往老师府邸登门求教，所谓“尝幸太常府，令荣坐东面”，更加注重在日常生活中体现出对老师的尊重，而非西汉时期更加注重“象征性”的在老师病危时候才去看望。其二，在尊师礼仪上，更加完备，如“令荣坐东面，设几杖，会百官、骠

① 《后汉书·桓荣传》。
② 《册府元龟》卷三十八《尊师》。

→→

骑将军、东平王苍以下及荣门生数百人，天子亲自执业，每言辄曰‘太师在是’”，这也是西汉时期较为少见的。其三，封赏老师的亲属、门生，比之西汉仅仅赏赐老师，范围有了扩大。

总之，皇帝尊师应当说是两汉时期所出现的尊师风俗的一种新型表现形式。汉代独尊儒术，儒家学说成为官方所提倡的一种学说，也为皇帝尊师风俗的形成创造了条件。两汉时期的皇帝尊师风俗表现形式由给老师升官到给予丰厚的物质待遇、赐爵封侯、吊病问丧、咨询国策，再到上门求教、封赏老师的亲属、门生，对于帝师的尊崇可谓是直线上升，较偏重于从物质、礼仪上来表现对老师的尊重。这种尊师风俗的表现形式也为汉以后的历代继承，成为皇帝尊师这种尊师风俗表现形式的直接源头。

二、捍卫师道——师与臣子之礼

两汉时期，在尊师风俗表现形式上继承了春秋战国时期“师”在君主、官员面前不施臣子之礼的尊师风俗表现形式，但同时也产生了微妙的变化。这种尊师风俗渐渐成为一种需要“师”自身通过努力来加以维护的一种尊师风俗表现形式，这在春秋战国时期是很少见的。

在汉代贾谊编著的《新书·官人》篇中有过如下的记载：“取师之礼，黜位而朝之……师至，则清朝而侍，小事不进。”就是说，面对老师，即使是君王，也要从君主的宝座上下来，朝拜老师，老师到了，要停朝罢事，恭敬地迎接老师，以表示对老师的尊重。

除了理论上的论述，在实际生活中，汉代尊师事迹并不少见。

汉初的大将军韩信打败赵国后，以千金悬赏捉拿赵国的谋士广武君，待抓到广武君后，拜他为老师，“东乡坐，师事之”①。

曹参为齐相，乃避堂。舍盖公而师之，齐果大治。②

于公定国，少学法于父……为廷尉，定国乃迎师学《春秋》，身执经，北面备弟子礼。③

如前所述，在春秋战国时期，这种尊师风俗表现形式的参与者——君王、官员们在心态上基本是出于“主动”的。但是在西汉时期，随着以博士为代表的官师阶层的崛起，使得这种尊师风俗在表现形式上产生了微妙的变化。尤其是这些官师们具有双重身份，他们既是老师，又是官员，使得他们往往难以协调为官和师道之间的平衡。从史书的记载来看，许多博士都是“被征辟”。或许从为官的意义上来说这是正常的现象，但是从尊师风俗的角度来说，这种做法无疑破坏了从春秋战国流传下来的“天子不召师”“礼有来学，义无往教”的尊师风俗表现形式。从西汉中期开始，有些王公大臣们，倚仗着自己的地位、权势，开始“召师”，或是“郡守不迎师”。面对这种情况，有的学者仍然本着“礼有来学，无有往教”的原则，捍卫“师”的尊严。

比较典型的是《通志》的记载：

孙宝……以明经为郡吏。御史大夫张忠辟宝为属，欲令授

---

① 《资治通鉴·汉纪二》。
② 《太平御览》卷四百四。
③ 《汉书·于定国传》。

子经，更为除舍设储偫。宝自劾去，忠固还之，心内不平。后署宝主簿，宝徙入舍，祭灶请比邻。忠阴察，怪之，使所亲问宝："前大夫为君设除大舍，子自劾去者，欲为高节也。今两府高士俗不为主簿，子既为之，徙舍甚悦，何前后不相副也？"宝曰："高士不为主簿，而大夫君以宝为可，一府莫言非，士安得独自高？前日君男欲学文，而移宝自近。礼有来学，义无往教，道不可诎。身诎何伤？且不遭者可无不为，况主簿乎？"忠闻之，甚惭，上书荐宝经明质直，宜备近臣。①

可见，张忠倚仗着自己是御史大夫的高贵身份，安排孙宝为自己的下属，真实的目的在于让孙宝教授自己的孩子。但是孙宝本着师道原则，从言行上拒绝了张忠的做法，让张忠觉得很是惭愧。

到了西汉末年的王莽时期，王莽以王公的身份招呼王仲子，王仲子以"王公至重，不敢违之"为理由欲往，遭到学生郭宪的反对："礼有来学，无有往教之义。今君贱道畏贵，窃所不取。"② 王仲子听后，便没有立即前往，而是先授业，以示尊师道。值得注意的是，王仲子已经公开提出了"王公贵重，不敢违之"的话，可见在西汉末年，面对王公的"贵重"，如何保持老师的尊严正在逐渐成为一件困难的事情。

由此可见，两汉时期，尊师风俗出现了一种令人奇怪的相互矛盾的现象，即一方面皇帝带头尊师，社会形成尊师之风；另一方面，

---

① 《通志》卷一百一。

② 《后汉书·郭宪传》。

却又出现了王公、官员们召师的现象。这说明在两汉时期，在官师角色的定位上出现了转化，即由“师”向“官”转化，这也就不难理解为何王莽、张禹会召师了，王仲子所说的“王公至重，不敢违之”就是这种心态的反映。但是这种看法并没有被普遍接受，孙宝、郭宪等本着“礼有来学，义无往教”的原则，对这种“不尊师”的现象加以抗拒，捍卫“师”的尊严。

三、“追封后人”——尊孔之风的发端

皇帝亲赴孔子故里祭拜孔子，修葺孔庙，追封孔子后裔，以表示尊崇，也是两汉时期所出现的一种新的尊师风俗表现形式。

汉高祖刘邦即位不久，就前往曲阜，祭拜了孔子，并且“修其祠”，成为中国皇帝祭孔第一人。

然而，直到汉武帝独尊儒术之时，孔子在常人眼中仍然不过是“长十尺，大九围，坐如蹲龙，立如牵牛，就之如昴，望之如斗”①。在盐铁会议上，大夫们更是公开斥责孔子“夫知时不用犹说，强也；知困而不能已，贪也；不知见欺而往，愚也；困辱不能死，耻也”②。直到汉元帝时，才有了一系列追封的举动。

汉元帝时，孔霸以帝师赐爵褒成君，奉孔子后。梅福上书，要求追封孔子后裔，但是“上以其言不经，遂见寝”。汉成帝即位后，梅福复言，因此，在汉成帝绥和元年，封殷商后裔孔子嫡孙孔吉嫡子孔何齐为殷绍嘉侯，食邑千六百七十户，后六月晋爵为公，地满

① 《太平御览》卷三百七十七引《春秋演孔图》。

② 《盐铁论·大论》。

→→

百里；平帝元始初追谥孔子曰“褒成宣尼公”，追封孔均为——“褒成侯”。① 这意味着到西汉末年，官方终于给予孔子褒扬的谥号，标志着先师孔子的地位有了很大的提高，其子孙被封为公爵，给以封地百里，更是一种尊崇的表示，以此开了中国封建王朝追封孔子及其后裔的先例。

东汉开国皇帝汉光武帝刘秀在建武五年“幸鲁，使大司空祠孔子，封殷后孔安为殷绍嘉公”②。他亲自前往孔子故里，让大司空祭拜了孔子，并且封孔子后裔。到建武十三年又封均子志为褒成侯。

汉明帝于“永平二年，养三老五更于辟雍，郡县行乡饮酒礼于学校，皆祀圣师周公孔子，牲以犬十”③。这是官方首次规定学校要祭祀圣师“周公、孔子”，标志着孔子的地位有了实质性的提高，开了中国教育机构祭祀孔子的先例。汉明帝更是亲自祭拜孔子：“十五年三月，幸孔子宅，祠仲尼及七十二弟子，亲御讲堂，命皇太子诸王说经。”④

其子汉章帝也亲自祭拜孔子，“以太牢祠孔子及七十二人，作六代之乐，大会孔氏男子二十以上者六十三人，命儒者讲《论语》”⑤。由此可见，在祭祀过程中给予孔子及其弟子七十二人以“太牢”的祭品，进一步提高了给以孔子的礼遇。大会孔氏家族，更体现了皇

---

① 《文献通考》卷四十三《学校考四》。
② 《文献通考》卷四十三《学校考四》。
③ 《文献通考》卷四十三《学校考四》。
④ 《文献通考》卷四十三《学校考四》。
⑤ 《文献通考》卷四十三《学校考四》。

帝对于“先师”后人的尊重。其间还发生了这样一段对话：

帝谓孔僖曰：“今日之会于卿宗有光荣乎？”对曰：“臣闻明王圣主莫不尊师贵道，今陛下亲屈万乘，辱临敝里，此乃崇礼先师，增辉圣德，至于光荣，非所敢承。”帝笑曰：“非圣者子孙，焉有斯言乎？”①

这里孔僖说出了“明王圣主莫不尊师贵道，今陛下亲屈万乘，辱临敝里，此乃崇礼先师，增辉圣德”，从而明确揭示了皇帝祭拜孔子的缘由、目的，即尊师贵道是明王圣王应当做的，而皇帝祭拜先师孔子，就是这种尊师贵道的表现，而章帝对于孔僖的回答很是满意，“遂拜僖郎中，赐褒成侯损及孔氏男女钱帛”②。

汉安帝也亲自祭拜孔子，并且赏赐孔子后人。史载：“延光三年，幸泰山，祀孔子及七十二弟子于阙里。自鲁相令丞尉及孔氏亲属妇女诸生悉会，赐褒成侯以下帛各有差。”③

两汉时期，官方开始给予孔子谥号，追封、赏赐孔子后人。皇帝更是多次派遣官员或是亲自去孔子故里祭拜，其目的是“明王圣主莫不尊师贵道，此乃崇礼先师，增辉圣德”，并且要求天下学校祭拜圣师周公、孔子，开了后世教育机构祭拜孔子的先例。这些在尊师风俗的表现形式上都具有开创意味，成为后世的源头。

综上所述，在两汉时期，秉承着“师道尊严”的理论，“风俗治

---

① 《文献通考》卷四十三《学校考四》。
② 《文献通考》卷四十三《学校考四》。
③ 《文献通考》卷四十三《学校考四》。

国”的治国方略，皇帝官员们非常注重站在尊师第一线，成为了尊师风俗中的“主角”，无论是皇帝尊师，尊孔祭孔，还是给予师不施臣子之礼的尊崇，都是力图通过以身示范，达到上行下效，形成儒家所构想的那种“淳美风俗”，从而稳定统治。

第二节　视师如“道”：士阶层的尊师风俗

随着“罢黜百家，独尊儒术”政策在西汉中期开始得到贯彻，春秋战国时期儒家所提出的“师道尊严”的观念亦开始发挥“效力”。尤其是在士阶层，“师”成为“道”的代言人，因此其地位抬高，视“师”如“道”便成为两汉时期士阶层尊师风俗的一大特征。由此也使得两汉时期士阶层的尊师风俗表现形式更加丰富多彩，形成了具有守“道”、殉“道”、称“道”、丧“道”、侍“道”等色彩的尊师风俗表现形式。

一、守“道”——“师法”“家法”

在两汉时期，“师法”“家法”是较为流行的一种尊师风俗表现形式，并且得到了官方的提倡。“师法”“家法”虽然有所区别，但是都尊崇先师传下来的经文和经说，严禁个人对经籍的阐述和发挥。“师法”“家法”的目的在于保持学说的延续性，体现了对于先师的尊重，也体现了对知识的尊重。

“师”“法”联用源自于《荀子》：“有师法者，人之大宝也；无师法者，人之大殃也。”① “师法”这种尊师风俗表现形式的产生与

① 《荀子·儒效》。

当时教育发展的实际情况有关。一方面儒家典籍都是古籍，不是老师自己的著作，要证明其所依据经文的真实性和经说的权威性，必须要依靠老师的亲身传授，也就是以师承关系为依据。另一方面，西汉时期，书籍主要是写在竹简上或是帛上，要么携带不便，要么太贵，所以书籍较难得到。如匡衡年少好学，“邑人大姓文不识，家富多书，衡乃与其佣作而不求偿。主人怪问衡，衡曰：‘愿得主人书遍读之。’主人感叹，资给以书，遂成大学”[①]。在当时的情况下，得到一本书都很难，更别提自学了，因而要想有所学术，就要依靠师传。在这两种因素共同作用之下，“师法”在西汉逐步形成了一种风气和不成文的制度。如若不遵守“师法”，便要受到惩罚。

在《资治通鉴》中有这样的记载：“国师嘉信公秀，颠倒《五经》，毁师法，令学士疑惑。”[②] 不遵从“师法”足可以成为一大罪状，足以证明“师法”之严厉。

再如西汉孟喜“从田王孙受《易》。喜好自称誉，得《易》家候阴阳灾变书，诈言师田生且死时枕喜膝，独传喜，诸儒以此耀之。同门梁丘贺疏通证明之，曰：‘田生绝于施雠手中，时喜归东海，安得此事？’又蜀人赵宾好小数书，后为《易》，饰《易》文，以为‘箕子明夷，阴阳气亡（无）箕子；箕子者，万物方荄兹也’。宾持论巧慧，《易》家不能难，皆曰‘非古法也’。云受孟喜，喜为名之。后宾死，莫能持其说。喜因不肯仞（认），以此不见信。喜举孝

① 《西京杂记》卷二。

② 《资治通鉴·汉纪三十》。

→→

廉为郎，曲台署长，病免，为丞相掾。博士缺，众人荐喜，上闻喜改师法，遂不用喜”①。这说明，若是不遵守“师法”，杜撰师传关系，就会极其严重地影响到自身的信誉，可见“师法”的核心在于辨明师传关系。东汉张玄混淆家法，虽然以试策第一拜为博士，然而“居数日，诸生上言玄兼说严氏、冥氏，不宜专为颜氏博士。光武且令还署，未及迁而卒”②。这些都是不遵从“师法”必然会受到惩罚的明证。

汉代著名大儒董仲舒就曾在汉武帝的对策中表示自己是“承学之臣”。匡衡等人在向皇帝上奏的时候，必然先说“臣闻之于师”，而后再转入正题。这种论述方式颇有点八股文的味道，但却不是明文规定，而是这些学者自发的举动。

到了东汉之时，博士之官任职的一个重要标准就是“师承渊源”，即“师法”。其实早在西汉末年，这种迹象就已经显现出来了。萧望之在举荐匡衡的理由中阐述道：“经学精习，说有师道，可观览”③；举荐张禹，则说：“经学精习，有师法，可试事。”④ 到了东汉时期，不仅仅是博士任职要看“师法”“家法”，在选举孝廉之时也要看“师法”“家法”。左雄就建议选举孝廉时要“诸生试家法”。

二、丧“道”——弟子会葬与“心丧三年”

在两汉时期，无论是距离多远，还是身兼何职，学生都要为老

---

① 《汉书·儒林列传》。
② 《后汉书·儒林列传》。
③ 《汉书·匡衡传》。
④ 《汉书·张禹传》。

师奔丧，人数少的有几个人、几十人，人数多的有数百人、上千人，从而形成了壮观的弟子会葬之风。对此种尊师风俗表现形式，史料多有记载，如“桓荣少习欧阳尚书，事博士朱普，至王莽篡位，乃归。会朱普卒，荣奔丧九江，负土成坟”①。

东汉末年大儒郑玄“遗令薄葬，自郡守以下尝受业者，缞绖赴会千余人”②。

还有学生因为没有来得及参加老师的葬礼，而“致尸于师”：

> 任末，字叔本，蜀郡繁人也，少习《齐诗》。……后奔师丧，于道物故。临命，敕兄子造曰：“必致我尸于师门，使死而有知，魂灵不惭。如其无知，得土而已。”造从之。③

任末没能在生前参加老师的葬礼，但是要求侄子在他死后把他的尸体送到师门，所谓“致尸于师”。

前文已有论述，春秋战国时期，形成了丧师后要为老师服“心丧”三年的丧师礼俗，这在西汉时期得到继承，比如扬雄“年七十一，天凤五年卒，侯芭为起坟，丧之三年”④。

扬雄是西汉著名的学者，他的学生侯芭在扬雄死后，秉承丧师礼俗，为老师“起坟”，服“三年心丧”。

三、称“道”——宣传老师人品、学说之风

如有的门人宣传老师的名望。这是承自先秦称师、继师这种尊

---

① 《册府元龟》卷六百《师道》。

② 《后汉书·郑玄传》。

③ 《后汉书·儒林列传》。

④ 《汉书·扬雄传》。

师风俗的表现形式：

扬雄，字子云，蜀郡成都人，为郎久，次转为大夫。雄少从严君平游学，成而仕，京师显名，数为朝廷在位贤者称君平德。①

扬雄在进入仕途后，多次在朝廷大员面前，称赞自己老师严君平的德行，和先秦子贡称赞孔子的事迹同属于称师的类型。

东汉的桓荣为明帝老师，深受明帝的尊重，然而，他之所以能够成为皇帝的老师，也要归功于自己学生的称赞和推荐：

荣门徒尝四百余人，何汤为高弟。明帝始立为皇太子，选求明经，乃擢荣弟子豫章何汤为虎贲中郎将，以《尚书》授太子。光武从容问汤，本师为谁？汤对曰："事沛国桓荣。"帝即召桓荣，令说《尚书》，甚善之，拜为议郎……荣尝言曰："此何仲弓之力也。"②

连桓荣自己都称，他能够成为皇帝的老师是何汤的推荐。

再如钟兴，光武帝赐爵不敢受，曰："臣师丁恭。"于是复封恭，而兴固辞不受爵。③

也有的学生在老师过世后，通过刻石碑，撰写书籍，来宣传老师的学说，如姜肱"博通五经，兼明星纬"，死后"弟子陈留刘操追慕肱德，共刊石颂之"④。

① 《册府元龟》卷六百《师道》。
② 《册府元龟》卷六百《师道》。
③ 《册府元龟》卷六百《师道》。
④ 《册府元龟》卷六百《师道》。

李固遇害后，“弟子赵承等闻之悲叹不已，乃共论固言迹，以为《德行》一篇”①。郑玄“门人相与撰玄答诸弟子问五经，依《论语》作《郑志》八篇”②。

综上所述，在两汉时期，春秋战国时期所形成的“称师”这种尊师风俗的表现形式得到继承。

四、侍“道”——确立师权威的侍师风俗

两汉时期流行的“张良得《黄石公书》”的传说，反映了两汉时期的侍师风俗：

> 张子房，名良，韩国人也……童幼时，过下邳圯桥，风雪方甚，遇一老叟，着乌巾，黄单衣，坠履于桥下。目子房曰：“孺子为我取之。”子房无倦色，下桥取履以进，老叟引足以纳之。子房神意愈恭。叟笑曰：“孺子可教也。明旦来此，当有所教。”子房昧爽至，叟已在矣。曰：“期而后至，未可传道。”如是者三，子房先至，亦无倦怠，老叟喜，以书授之曰：“读此当为帝王师。若复求吾，乃谷城山下黄石也。”③

在这则传说中，老师处于绝对权威地位，还有点不近人情。老师的要求，学生必须无条件遵守，甚至学生要帮老师拿鞋子，这样才能得到老师的赏识。

其实不仅仅在传说中，而且在两汉的实际生活中，也的确如此。

---

① 《册府元龟》卷六百《师道》。

② 《册府元龟》卷六百《师道》。

③ 尹德新主编：《历代教育笔记资料》（魏晋），中国劳动出版社 1991 年版，第 71 页。

两汉时期，在侍师上师生等级更为严格，老师对学生更是绝对的权威。

首先，在教授上，师生等级更为严格。由于两汉一些经学大师学生众多，并不是每个学生都能见到老师本人的。在两汉著名的私学教师教授过程中，尤为盛行一种礼俗，所谓“汉师教授，必居帐中”。如董仲舒“为博士，下帷讲诵，弟子传以久次相授业，或莫见其面”①。再如经学大师马融“才高博洽，为世通儒，教养诸生，常有千数……常坐高堂，施绛纱帐，前授生徒，后列女乐，弟子以次相传，鲜有入其室者”②。两汉时期，在一些著名的私学大师讲授过程中，这是一种流行的尊师风俗表现形式。

其次，学生要负责照顾老师的日常生活。这是对春秋战国时期侍师风俗的继承，但是老师显得更具权威性。请看下面的记载：

> 李固，郃之子，少好学，常改易姓名，杖策驱驴，负笈从师，不远千里。③

即李固跟随老师左右，侍奉老师。

再如魏昭：

> 陈国童子魏昭请于泰曰：“经师易遇，人师难遭，愿在左右，供给洒扫。”泰许之。泰尝不佳，命昭作粥，粥成，进泰，泰呵之曰：“为长者作粥，不加意敬，使不可食！”以杯掷地。

① 《汉书·董仲舒传》。
② 《后汉书·马融传》。
③ 《资治通鉴·汉纪四十三》。

昭更为粥重进，泰复呵之。如此者三，昭姿容无变。泰乃曰：“吾始见子之面，而今而后，知卿心耳！”遂友而善之。①

这里的郭泰显得更加不近人情，而魏昭的尽心侍奉，体现出两汉时期在侍师风俗上，老师对于学生的绝对权威。

五、殉“道”——护师之风

这是两汉时期尊师风俗的一大特色。尤其是在老师下狱后，学生不顾生命危险，营救老师，这种事例非常之多，足见当时之流行。

如东汉学生营救欧阳歙的事迹：

> 欧阳歙，字正思，传伏生《尚书》，为汝南太守，在郡教数百人，征为司徒，作赃千万下狱。汝南高获，字敬公，与光武有素旧，师事歙，歙下狱当断。获冠铁冠带鈇锧，诣阙请歙。又诸生守阙为歙求哀者千余人。至有自髡剔者。平原震礼年十七，闻狱当断，驰之京师，行到河内获嘉县，自系上书，求代歙死，书奏而歙已死。②

为了营救欧阳歙，共有千余弟子为其喊冤；有的弟子愿意为老师代罪“至有自髡剔者”，甚至年仅 17 岁的震礼“求代歙死”。然而，最终还是没有成功，欧阳歙依然被处死。

也有学生成功营救老师的：

> 杨政，字子行，京兆人，从博士范升受《易》。光武时，升尝为出妇所告，坐系狱。政乃肉袒，以箭贯耳，抱升子，潜伏

---

① 《资治通鉴·汉纪四十七》。

② 《册府元龟》卷六百《师道》。

→→

道旁，候车驾而持章叩头，大言……引弓射之，尤不肯去旄头，又以戟义政，伤胸，政犹不退，哀泣辞请，有感帝心。诏曰：乞生师，即尺一出升，政繇是显名。①

杨政为营救老师，不顾生命危险，虽然被伤胸部，仍然不退，最终感动汉光武帝，救出老师范升。

东汉李固遇害后：

汝南郭亮年始成童，游学洛阳，乃左提章钺，右秉铁锧，诣阙上书，乞收固尸，不许，因往临哭。陈辞于前，遂守丧不去……（董班）闻固死，乃星行奔赴，哭泣尽哀，遂守尸，积十日不去。②

在两汉时期，学生不仅维护老师的生命安全，甚至不顾生命危险为营救老师、收葬老师对抗官方的禁令，以致受到伤害也不退缩。

六、初成气候的束脩之风

《论语》中曾有记载，说孔子教学的条件是只要给他十条干肉他就愿意收为弟子。但是自《论语》后，束脩这种尊师风俗的表现形式较少见到。就目前所搜集到的资料，学生给老师送束脩的记载出现在两汉时期：

贾逵门徒来学，不远万里，或襁负子孙，舍于门侧，皆口授经文，赠献者积粟盈仓……世所谓舌耕也。③

① 《册府元龟》卷六百《师道》。

② 《册府元龟》卷六百《师道》。

③ 《拾遗纪》。转引自尚秉和《历代社会风俗事物考》，上海文艺出版社 1989 版，第 215 页。

这段记述表明，在汉末，向老师赠送束脩，以表示对老师的尊敬，这种尊师风俗表现形式开始出现了实例，并初步流行。

综上所述，在两汉时期，士阶层的尊师风俗表现形式丰富多彩、涵盖范围较广，具有鲜明的“视师如道”的特色。学生为了尊师要谨遵师道，侍奉老师，为老师发丧，甚至不惜生命，这是两汉尊师风俗的一大特色。至于其中原因，我们将在下节中进行详细分析。

第三节　两汉尊师风俗与儒学教育的独尊

两汉时期的尊师风俗表现形式的流变透露出一个重要信息：荀子所提出的“师道尊严”的儒家尊师理论开始发挥效力。教育开始与政治紧密结合在一起，其中的重要一环就是“师道尊严”的尊师风俗：“师”象征了“道”，而“道”又关系着国家的安危、社会的稳定，由此“师”必须要尊，“师”已然成为一种政治符号，成为儒家伦理政治文化的“楷模”，这是中国尊师风俗内涵的一次重大转变。这与儒家教育获得“独尊”地位有着密切的关系。

一、两汉尊师风俗与儒学教育独尊的基础

（一）帝王官员的尊师风俗与儒学教育独尊的政治基础

如前所述，两汉时代，帝王官员尊师风俗表现形式的特征是“以身示范”，其原因就在于汉代重视风俗在治理国家中的作用，并且通过采纳儒家的“风俗治国”主张，重视通过移风易俗来治理国家，这就离不开教育。由此形成良好的教育风俗便成为两汉官方所

→→

关注的问题，而尊师风俗更是教育风俗中重要的一环。两汉时期强调通过自上而下的“示范”行为，来达到化民成俗的目的。为了形成淳厚的尊师风俗，两汉官方便站到了尊师的第一线，而皇帝更是站在“前台”，注重通过自身的示范来引导百姓，形成尊师之风。由此，我们也就不难理解，为何两汉时期会形成皇帝尊师的尊师风俗表现形式，包括尊崇自己的老师，或者派遣官员或者亲自赴孔子故里祭祀先师孔子，给予孔子谥号，封赐孔子的后代。因此从本质上来说，皇帝尊师风俗的逐步形成其实是汉代治国方针在教育上的一种反映，是一种政治的延伸。在官方的大力支持之下，儒学教育最终获得了独尊的地位。也就是说，这种“以身示范”的帝王官员尊师风俗表现形式，反映了两汉儒学教育的“独尊”获得了官方的实际支持，因而具有坚实的政治基础。

（二）两汉尊师风俗与儒学教育独尊的思想基础

两汉时期，一方面皇帝官员“以身示范”，尊崇老师；另一方面，士阶层的尊师风俗表现形式丰富多彩，其中最明显的特征就在于士阶层的“视师如道”。那么他们所尊的“道”又是什么呢？如果我们仔细分析两汉尊师事迹中的“主角”——师，就会发现许多人出身很卑微，如匡衡“父世农夫”，“家贫，佣作以供资用”；萧望之“家世以田为业”；桓荣受业太学，“贫窭无资，常客佣以自给”。可见，这些著名帝师的出身并不高贵。一旦成为官师之后，许多老师本身品行也不佳。《汉书》中记载了大量著名老师（学者）品行不佳的事迹：匡衡“专地盗土以自益”；张禹“及富贵，多买田至四百顷，皆泾、渭溉灌，极膏腴上贾，它财物称是”，引得大将军王根在汉成帝面前加以“诋毁”；欧阳歙任汝南太守，“贪赃千余万”；马融“为梁冀草奏李固，又作《大将军西第颂》，以此颇为正直所羞”。然而，皇帝、学生还要尊崇、救护他们，而其中缘由早在董仲舒时代就已经作了明确的解答：在对人的道德教育上，居于首位的是“王道之三纲”——君为臣纲，父为子纲，夫为妻纲；“王道三纲，可求于天”。[①] 在这种情况下，评判一个人的道德标准首先是在于能否遵从“三纲”。

由此也就不难理解为何会出现前文所描述的那种矛盾的现象了。在皇帝、学生看来，尽管他们的老师有前文所描述的问题，但是由于他们是坚守三纲的“楷模”，因此并不妨碍他们成为尊崇礼遇、拼死保护的对象，而史书上通常对于此类尊师事迹的评价都是诸如“世人称焉”“世人异之”“由此显名”“深愧之”这类道德价值判断的用语。这表明，在两汉时期，人们对于这类尊师行为，更多的是从道德层面来加以评判。由此可见，两汉时期，皇帝们之所以“以身示范”，士人们之所以“视师如道”，尊崇这些“品行不佳”的“师”们，关键就在于他们代表了“道”，而这个“道”便是儒家大师董仲舒综合前代学者学说所提出的“王道之三纲”，而“王道之三纲”便是“师道尊严”中“师”所代表的“道”。由此，我们也就不难理解，在两汉时期，儒学教育之所以能够获得独尊的地位，除去官方大力支持之外，其所代表的“王道之三纲”的“师道尊严”，

① 《春秋繁露·基义》。

更是重要的思想基础。

二、两汉尊师风俗与儒学教育独尊的影响

（一）儒学教育独尊对教师群体的影响

在当时的条件下，从帝王官员的尊师风俗表现形式看，两汉时期皇帝尊师的对象主要是官师，或者更加确切地说是“皇家官师”，即是教授皇帝的老师。[①] 对于皇家官师，皇帝可谓是尊崇有加，诸如给以丰厚的物质待遇、赐爵封侯、吊丧问疾、咨询国策、上门求教、封赏老师的亲属和门生，从而给予这些皇家官师们以无限的荣耀，也使得他们的地位得到很大的提高。但是，这无形之中也造成了中国古代教师阶层的分化，即一些有实力、有名望的教师都愿意成为官师，在官学中任教，并且最好是给皇帝任教，这样就能得到更好的礼遇和尊崇。相比之下，在民间教授的私学教师就显得不那么引人注目了。两汉期间较有名望的教师基本都有在官学，或者有给皇帝当过教师的经历，如郑玄、马融等人。两汉史料当中所记载的尊师事迹，绝大部分的尊崇对象都是官师，也是这种价值取向的反映。

由此可见，这种皇帝尊师的尊师风俗表现形式所惠及的对象是有限的，并不是“完全意义”上的尊师，其所尊的师只是“官师”或者说是“皇家官师”。这种“自上而下”的示范效应逐渐使得社会对于教师的看法开始发生了转变：官师越来越受到尊重，官师的地位有了很大的提高。这种价值导向和评价的偏差对于中国古代教师的地位的养成产生了深远的影响。

① 对此问题，本章前一节有所论述。

（二）儒学教育独尊对教育学术氛围、师生关系的影响

如前所述，两汉儒学教育独尊的一个重要根基在于“师道尊严”。由此，随着儒学教育独尊地位的确立，在教育学术氛围上也日益以“道”为标准。在这种背景下，“师法”“家法”之风得到了官方的大力提倡，成为两汉尊师风俗独具特色的一个环节。“师法”“家法”之风从本质上来说在于表示对于先师的尊重，从而确保知识的传承，并且适应了两汉时期教育发展的要求和社会文化事业的实际状况，因而得以流行。

“师法”“家法”之风的流行，在教育上抬高了老师的地位、权威，有利于学术的承继，但是也阻碍了各家学术的相互交流，禁锢了学术思想。由此兴起的章句之学更是耗费了弟子的大量时间，以至于有的学生死在学习过程中，如博士弟子郭路就是因为过于勤奋，而“死于烛下”。这种状况使得先秦时期那种“百家争鸣”的活跃氛围，在两汉时期已经成为一种奢望，造成两汉的教育氛围更趋僵化。

然而，“师法”“家法”在表达了对先师尊重的同时，却也造成了师生关系产生变化：师生之间的联系更为紧密，逐渐发展成为类似于父子关系的状态。如前所述，在丧师风俗上，老师去世，弟子门生无论身在何方，位居何职，都要奔丧和服丧，这就是“丧师如丧父”观念的体现。更为重要的是这种在学术上的承继关系，进一步发展到了政治上的依附关系，如博士职务要按照“师法”“家法”的继承关系来任命，再如汉代的叔孙通、桓荣、贾逵等人得志后，

→→

其弟子均受到擢拔。或者弟子的才学受到赏识，老师也常常得到重视，如何汤推荐桓荣就是这方面的明证。然而，教师一旦获罪，弟子也一样要受到株连。如王莽杀吴章，禁锢其弟子。最为极端的就是东汉末年的党锢之祸："更考党人门生故吏父子兄弟，其在位者，免官禁锢，爰及五属。"① 由此可见，师生之间相互依附，祸福相依，荣辱与共。这种缘起于"师法""家法"之风而逐步形成的师生之间相互依附的关系，也造成有些官员通过招收弟子来发展个人势力。对于拜师的弟子来说，也有寻求靠山、寻求更大发展的意图。东汉徐干曾经批评说："有策名于朝，而称门生于富贵之家者，比屋有之。为之师而无以教，弟子亦不受业。然其于事也，至乎怀丈夫之容而袭婢妾之态，或奉货而行赂以自固结，求志属托，规图仕进。"②

当教育和政治紧密联系在一起，成为教化的手段后，教育可能因受政治的影响而发生异化现象，即不再为原本教育目的服务，而是成为政治的工具。而两汉时期儒家所大力提倡的"天地君亲师"一体，使得"师法""家法"从仅仅在教育意义上的一种尊师、治学之风，成为一种师生相互依附的政治集团的象征。由此，教育成为政治的"牺牲品"。这种源自于中国儒家教育政治化的倾向是造成此类矛盾现象的根本原因。

如前所述，两汉尊师风俗的流行和丰富多彩，正是当时儒学教育取得独尊地位的一种反映。然而，随着"师"所代表的儒家伦理

① 《后汉书·党锢列传》。

② （汉）徐干：《中论·谴交》。

政治文化在魏晋南北朝时期受到严重的冲击，教师的地位开始受到挑战，儒学教育走向衰微，尊师风俗的流变也开始呈现出新的特点，这便是我们下一章中要讨论的问题。

→→

第三章　师道动摇：魏晋尊师风俗的弱化

魏晋时期，战乱不断，政权更迭频繁，给教育的发展造成了很大的影响。这一时期，相对官学的兴废无常，私学还是有一定的发展的。如北魏后期，社会相对较为安定，“学业大盛，燕、齐、赵、魏之间，教授者不可胜数。弟子著录者多千余人，少者数百人，州举茂异，郡贡孝廉，每年逾众”①。

值得一提的是，早在东汉时，佛教就已经传入中国，汇集了儒学、道家学说（其后又融入了佛学的成分）的玄学开始兴起。在这种背景之下，原有的儒学教育受到了冲击。

在这种情况下，魏晋尊师风俗呈现出如下的特点：在帝王官员的尊师风俗表现形式上，帝王官员是“尊而降之”，即尊师的同时开始降低教师所受尊崇的等级，限制教师的地位。在士阶层的尊师风俗上，教师作为“道”的代言人的光环开始褪去。在民间，则弥漫一股不尊师之风，老师成为趋炎附势、死读书本的“无用之人”。下面逐一加以分析。

第一节　尊而降之：帝王官员的尊师风俗

两汉时期，帝王官员尊师风俗表现形式的重要特征在于“以身示范”，而魏晋时期帝王官员的尊师风俗则出现了变化：在尊师的同

---

① 《资治通鉴·梁纪一》。

时，开始“降低”师的地位，“尊而降之”成为魏晋时期帝王官员尊师风俗的一大特征。

一、尊“先师”——尊孔之风的延续

面对儒学教育衰微的局面，尊崇先师孔子对于维护“师道尊严”来说更是不可缺少的一环。魏晋南北朝时期秉承两汉做法，继续封孔子后代，修葺孔庙，祭祀孔子于辟雍，以示对先师的尊崇。

三国魏文帝黄初二年诏曰：

> 昔仲尼资大圣之才，怀帝王之器，当衰周之末，无受命之运，在鲁卫之朝，教化乎洙、泗之上……可谓命世之大圣，亿载之师表者也。遭天下大乱，百祀堕坏旧居之庙，毁而不修；褒成之后，绝而莫继。阙里不闻讲诵之声，四时不睹烝尝之位，斯岂所谓崇礼报功，盛德百世，必祀者哉！其以议郎孔羡为宗圣侯，邑百户，奉孔子祀。令鲁郡修起旧庙，置百户吏卒以守卫之；又于其外，广为室屋，以居学者。①

这段诏书除了封孔子后代，修葺孔子旧庙外，还就孔子的经历大致作了叙述，透露出孔子已被看作“命世之大圣，亿载之师表者”，即孔子已经成为了教师的代表性人物。在对孔子经历的描述上，没有如《盐铁论》中那样贬低孔子于辟雍，而是较为适当的“褒扬”了孔子。其后在魏齐王曹芳正始年间，“以太牢祀孔子于辟雍，以颜渊配”。②

---

① 《文献通考》卷四十三《学校考四》。

② 《文献通考》卷四十三《学校考四》。

→→

在北朝方面，到了北魏中期，“丙申，诏鲁郡修孔子庙及学舍，蠲墓侧‘五户课役’以供洒扫”①。

魏孝文帝延兴二年二月乙巳（472）诏云：“尼父禀达圣之姿，体生知之量，穷理尽性，道光四海。顷者淮徐未宾，庙隔非所，致令祠典寝顿，礼章殄灭，遂使女巫妖觋，淫进非礼，杀生鼓舞，倡优媟狎。岂所以尊明神敬圣道者也！自今已后，有祭孔子庙，制用酒脯而已，不听妇女合杂，以祈非望之福。犯者以违制论。其公家有事，自如常礼。牺牲粢盛，务尽丰洁。临事致敬，令肃如也。牧司之官，明纠不法，使禁令必行。”② 魏孝文帝太和十九年（495），“如鲁城，亲祠孔子，辛酉，拜孔氏四人，颜氏二人为官；作选诸孔宗子一人封崇圣侯，奉孔子祀，命兖州修孔子墓，更建碑铭”③。

到了北周，孔子后裔所封之爵位获得上升。北周武帝灭齐后，改封孔子后为邹国公。④

这表明，在北朝末年，孔子后裔所封之爵位已经由侯爵升到了公爵，显示对孔子尊崇的抬高。

二、“释奠”——限定“上公礼”

（一）释奠先师

从三国魏时期开始，释奠先师这种流于文字记载的尊师风俗表现形式得以流行。魏晋时期的史书对此多有记载：

---

① 《资治通鉴·宋纪六》。

② 《魏书·高祖纪上》。

③ 《资治通鉴·齐纪六》。

④ 《文献通考》卷四十三《学校考四》。

魏齐王正始中，每讲经偏辄使太常释奠于辟雍……晋武帝泰始七年，惠帝元康三年二释奠皆于大学。[1]

东晋时期，晋元帝大兴二年皇太子讲经，行释奠礼于太学，成、穆、孝武三帝皆以讲经亲释奠。

（南朝）宋文帝元嘉二十二年，太子释奠采晋故事。[2]

其后南齐、南梁都继承了释奠先师这种尊师风俗的表现形式。北朝方面，北齐、北周时期也都有释奠先师的记载，在此不作详述。

（二）官方对释奠风俗的讨论和提倡

南朝宋颜延之、齐萧子良与王俭、梁任昉与沈约均有皇太子释奠诗，晋傅咸、潘尼有皇太子释奠颂。但是对释奠的礼仪等级，魏晋南北朝时期曾经有过激烈的争论，这种争论直接反映了“先师”地位的变化，具有非常重要的意义。比如南齐朝廷关于释奠先师用何种等级的“礼”就有过激烈的争论。“尚书令王俭议：《周礼》‘春入学释菜合舞’；《记》云‘始教皮弁祭菜，示敬道也’，又云‘始入学，必释奠先圣、先师’。中朝以来，释菜礼废，今之所行，释奠而已，金石俎豆，皆无明文。方之七庙则轻，比之五祀则重。陆纳、车允谓：‘宣尼庙宜依亭侯之爵。’范宁欲依周公之庙，用王者仪。范宣谓当其为师则不臣之，释奠日宜备帝王礼乐。此则车、陆失于过轻，二范伤于太重。喻希云，若王者自设礼乐，则肆赏于致敬之所；若欲嘉美先圣则须所况非备，细寻此说，守附情理。皇

① 《通典》卷五十三《礼十三》。

② 《通典》卷五十三《礼十三》。

→→

朝屈尊弘教，推以师资，引同上公，即事惟允。元嘉立学裴松之议，应舞六佾以郊乐……”① 为此，“齐武帝永明三年，有司奏宋元嘉旧事，学生到先释奠先圣、先师，礼又有释菜未详，今当行何礼？用何乐及礼器？时从喻希议，用元嘉故事，设轩悬之乐，六佾之舞，牲牢器用悉依上公”。②

由此可见，南齐所采用的“释奠用上公礼”其实是一种折中的办法。所谓“此则车、陆失于过轻，二范伤于太重”。然而重要的是并未采取二范的“用王者仪”“当其为师则不臣之，释奠日宜备帝王礼乐”的主张。这反映出在南朝时期，孔子尽管具有很高的地位，但仍然只是“上公”，其位在帝王之下，这是毫无疑问的。更确切地说，师虽然与天、地、君、亲并列，但是在中国人极其重视的祭祀活动中，却已位居“君”之下了。“当其为师，则不臣之”的这种尊崇是有条件的，即不能触犯君主的权威。

北齐时期，释奠先师这一尊师风俗表现形式有了进一步的完善与具体化措施：

> 北齐将讲于天子。讲毕，以一太牢释奠孔宣父，配以颜回。列轩悬乐，六佾舞。皇太子每通一经及新立学，必释奠礼先圣、先师，每岁春、秋二仲，常行其礼。每月朔，制：祭酒领博士以下及国子诸学生以上，太学、四门博士升堂，助教以下、太学诸生阶下，拜孔圣，揖颜回，日出行事。其郡学则于坊内立

① 《五礼通考》卷一百十七《吉礼一百十七》。
② 《文献通考》卷四十三《学校考四》。

孔、颜庙，博士以下亦每月朝。[①]

这表明在北齐，春、秋二仲祭奠先师已经成为得到官方支持的尊师风俗表现形式。不仅仅中央官学要祭奠先师，在郡学等地方学校内也要求立孔庙，并且要求“博士以下亦每月朝”，这是个重要的变化，开了在各级学校内普遍设立孔庙的先河。

此外，东晋时期张凭对“释奠先师”的议论也值得注意：

> 不拜颜子者，按学堂旧有圣贤之象，既备礼尽敬，奉尼父以为师，而未详颜子拜揖之仪。臣以圣者，君道也；师者，贤臣道也。[②]

从表面上看，这是在解释为何要拜孔子而揖颜回，然而更为重要的是透露出了南北朝时期对于君、师关系的看法，“臣以圣者，君道也；师者，贤臣道也”。说得很明白，君是圣人，师只能是贤臣，师在地位上是低于君的。在处理孔、颜关系上，用君、臣关系相比，期望在师生关系上也建立一种“君臣”式的关系。这就是说，君高于师，师高于弟子，他们之间的关系其实就是君臣关系。

三、尊帝师——皇帝尊师之风的延续

魏晋南北朝时期，皇帝仍然以身示范，带头尊师。

宋孝武帝登基后加封颜延之“以为金紫光禄大夫，领湘东王师”[③]。

---

① 《文献通考》卷四十三《学校考四》。

② 《文献通考》卷四十三《学校考四》。

③ 《宋书·颜延之列传》。

→→

北魏明帝："在藩邸时，梁越以上大夫授诸皇子经书。及即初祚，以师傅之恩，赐爵祝阿侯。"①

由此可见，尽管皇帝以身示范，尊敬老师，但是与前代相比，却有意或无意地降低对老师的尊崇。

值得指出的是，自汉以来，博士置官都以儒生充任，其职务是讲授儒经，而且博士官的学问、德行都有严格的要求。"博士"是一种对教师表示尊敬的称谓，即所谓"口敬"。然而，在魏晋南北朝时期，这种情况发生了变化：

> （徐邈）授太子经，帝谓邈曰："虽未敕以师礼相待，然不以博士相遇也。"古之帝王，受经必敬，自魏晋以来，多使微人教授，号为博士，不复尊以为师，故帝有云。②

由此可见，在魏晋南北朝时期，"博士"这一原本用于表示对学官尊敬的称谓，意义发生了转化，成为一般儒生学究，特别是指设馆授徒的儒生，并且还有轻慢意味的称谓。

四、师"引以为荣"：师不施臣子之礼的变化

伴随儒学独尊地位的动摇，作为"道"的代言人的"师"，其地位也受到了很大的冲击。这一点在魏晋南北朝时期尊师风俗表现形式的变化中亦有所体现。一方面，不施臣子之礼这种尊师风俗表现形式仍然得以延续，对此史书多有记载：

三国魏时期："魏高贵乡公甘露二年，天子亲帅群司行养老之礼

① 《册府元龟》卷三十八《尊师》。
② 《晋书·徐邈传》。

于太学，命王祥为三老，郑同为五更。祥南面几杖，以师道自居，天子北面，乞言。”①

东晋时期，王导为皇帝老师，因而“于时论者以王导帝之师傅，名位隆重，百僚宜为降礼”②。

魏晋时期，师不施臣子之礼的尊师风俗产生了一定的变化，值得我们注意的是下面两条记载：

> 梁张充武帝时为国子祭酒，长于义理，登堂讲说。皇太子以下皆至。时王侯多在学，执经以拜。充朝服而立，不敢当也。③

> 天和三年，周武帝以征经有师法，诏令授皇诸子。宣帝时为鲁公，与诸皇子等咸服青衿，行束脩之礼，受业于征，仍并呼征为夫子。儒者荣之。④

在继承两汉师不施臣子之礼这种尊师风俗表现形式的同时，却也产生了微妙的变化。上面两条史料中出现了“不敢当也”“儒者荣之”等记载，表明从春秋战国时期“礼有来学，义无往教”“天子不召师”的完全由“师”占主动地位，到两汉时期需要“师”自身“努力”加以维护，再到魏晋时期“不敢当之”“儒者荣之”，官师在师不施臣子之礼这一尊师风俗的表现形式上完全丧失了维护师道、捍卫师地位的勇气，变成了完全的被动者，“师不施臣子之礼”成为

① 《文献通考》卷四十五《学校考六》。
② 《晋书·孝友传》。
③ 《册府元龟》卷六百《师道》。
④ 《北史·斛斯征传》。

→→

皇帝、官员对教师的“施舍”。这种变化反映出到了魏晋南北朝时期，师尤其是官师的地位已经下降，师道受到了冲击。

由此可见，魏晋时期的帝王官员尊师风俗呈现出“尊而降之”的特色：一方面继承了两汉“以身示范”的特色，如尊孔、释奠先师、尊帝师之风的延续；另一方面，在释奠先师、师不施臣子之礼等尊师风俗的表现形式上，开始降低、限制师的地位，如释奠限定用“上公礼”，师不施臣子之礼已经变成了“师引以为荣”，“博士”原本表示尊称之意，但是在皇帝、官员的口中却变成了带有贬义的称呼。

第二节　视师如常人：士阶层的尊师风俗

魏晋时期，随着师道动摇，师作为“道”的代言人的地位开始受到削弱，士也开始以“平常”的眼光看待“师”，士阶层的尊师风俗表现形式也发生了变化。

一、丧师风俗的延续

魏晋南北朝时期，丧师风俗得到了传承，主要表现出以下两种形式。

（一）为老师服丧三年

如晋朝的郭瑀师事郭荷，郭荷死后，瑀以为：

> 父生之，师成之，君爵之，而五服之制，师不服重，盖圣人谦也，遂服斩衰，庐墓三年。①

① 《晋书·郭瑀传》。

晋朝的许孜：

年二十，师事豫章太守会稽孔冲……学竟，还乡里。冲在郡丧亡，孜闻问尽哀，负担奔赴，送丧还会稽，蔬食执役，制服三年。①

（二）为老师会葬

王肃，字子雍，为中领军、散骑常侍，薨，门生缞绖至者以百数。②

也有为奔丧而弃官不做的：

王朗……拜郎中，除菑丘长，师太尉杨赐，赐薨，弃官行服。③

梁代严植之丧后，由于贫困无法下葬，“生徒为市宅，得成丧焉”④。

二、负笈从师的侍师风俗

魏晋南北朝时期，学生要跟随师的左右。这一时期的许多诗文亦有反映：

宋鲍照诗：“从师入远岳，结友事仙灵。”⑤

梁任昉诗：“践境谒师臣，临政钦益友。”⑥

北齐邢邵所作太尉韩公墓志铭云：“……负笈追陪，结友从师，

① 《晋书·许孜传》。
② 《册府元龟》卷六百《师道》。
③ 《册府元龟》卷六百《师道》。
④ 《册府元龟》卷六百《师道》。
⑤ 《古今图书集成·师弟部》。
⑥ 《古今图书集成·师弟部》。

先难后易，身佚功倍。”①

这里提到要“负笈追陪”“从师入远岳”，反映出魏晋南北朝时期学生通常都伴随老师左右，负责照顾老师的日常起居生活。此种情况，史书中亦有记载：

晋朝的董景道，“字文博，弘农人也。少而好学，千里追师”②。

魏朝的李业兴，“业兴少耿介，志学精力，负帙从师，不惮勤苦”③。

北齐张雕武，“好学，精力绝人，负卷从师，不远千里”④。

三、日益流行的束脩之风

魏晋南北朝时期，束脩这种尊师风俗的表现形式进一步流行。对此《三国志·魏志·邴原传》有所记载，现引述如下：

> 原十一而丧父，家贫，早孤。邻有书舍，原过其旁而泣。师问曰：“童子何悲？”原曰：“孤者易伤，贫者易感。夫书者，必皆具有父兄者。一则羡其不孤，二则羡其得学，心中恻然，而为涕零也。”师亦哀原之言而为之泣。曰：“欲书可耳？”答曰：“无钱资。”师曰：“童子苟有志，我徒相教，不求资也。”于是遂就书。一冬之间，诵《孝经》《论语》。⑤

由上可知，在三国时期的魏朝，乡间的私学教师要向学生收取

---

① 《古今图书集成·师弟部》。
② 《晋书·董景道传》。
③ 《魏书·李业兴传》。
④ 《永乐大典》卷九百二十二。
⑤ 《三国志·魏志·邴原传》。

束脩。

北魏贾思伯的遭遇则更具有戏剧性：

初，思伯与弟思同师事北海阴凤，业竟，无资酬之，凤遂质其衣物。时人为之语曰："阴生读书不免痴，不识双凤脱人衣。"及思伯之部送缣百匹遗凤，因具车马迎之。凤惭不往。时人称叹焉。①

由此可见，在魏晋南北朝时期，束脩之风开始流行。对私学老师来说，束脩变得极其重要，这不仅是一种表示尊师的形式，也可能是他们的生活来源。

四、称师、护师之风的延续

两汉时期曾经流行"家法""师法"这种尊师风俗表现形式。魏晋南北朝时期，"师法""家法"之风开始衰落。综观魏晋南北朝时期的典籍，已很少能找到类似两汉时期严格遵循"师法""家法"之风的记载，这亦是魏晋南北朝时期儒学独尊地位受到冲击，师道动摇历史事实的反映。在这种情况下，魏晋南北朝时期更多的是继承春秋战国时期的称师之风。

（一）立碑赞师

唐彬年少之时，师事东海阎德。"及彬官成，而德已卒。乃为之立碑。"② 或是老师遇害后，为老师上书求得褒扬，以宣传老师的美德、维护老师的名誉。如北魏李业兴为其师徐遵明乞褒谥、封爵就

① 《北史·贾思伯传》。
② 《晋书·唐彬传》。

很典型：

遵明讲学于外二十余年，海内莫不宗仰……（后遵明）为乱兵所害，时年五十五。永熙二年，遵明弟子通直散骑常侍李业兴表曰："臣闻行道树德，非求利于当年，服义履仁，岂邀恩于没世……特乞加以显谥，追以好爵，仰申朝廷尚德之风，下示学徒稽古之利。"①

（二）杀人护师

夏侯惇……年十四就师学，人有辱其师者，惇杀之，由是以烈气闻。②

为了维护老师的名声，竟然把别人杀了，这在前代并不多见。

第三节 "无用之人"：民间不尊师之风

在魏晋南北朝时期，民间对于老师形象的描绘却有点另类：或是只知道死记书本，或是为学生所害，或是趋炎附势之徒。现在留存下来的魏晋时期的史料对这种民间不尊师之风多有记载。

魏晋时期一些笔记小说资料中所出现的一系列对"师"形象的描写，就反映了民间这种不尊师之风：

北齐高祖尝宴近臣为乐……又常集儒生会讲，酬难非一。动筩后来，谓众士曰："先生知天何姓？"博士："天子姓高。"动筩曰："天子姓高，天必姓高，此乃学他蜀臣秦密，本非新

① 《魏书·徐遵明传》。

② 《三国志·魏志·夏侯惇传》。

义。正经之上，自有天姓，先生可引正文，不须假托旧事。”博士云：“不知何经，得有天姓？”动筩云：“先生全不读书，《孝经》亦似天本姓也。先生可不见《孝经》云：‘父子之道，天姓（性）也。’岂不是天姓？”高祖大笑。（以上据明钞本补）动筩又尝于国学中看博士论云：“孔子弟子，达者七十二人。”动筩因问曰：“达者七十二人，几人已著冠？几人未著冠？”博士曰：“经传无文。”动筩曰：“先生读书，岂合不解？孔子弟子，已著冠有三十人，未著冠有四十二人。”博士曰：“据何文以辩之？”曰：“《论语》云‘冠者五六人’，五六三十人也；‘童子六七人’，六七四十二人也；岂非七十二人？”坐中皆大悦，博士无以复之。①

这段记载表面上是争论一些儒家经典问题，实际上却透露出魏晋时期民间对师的讥讽和不尊。

其一，博士说出“天子姓高”，是因为当今天子姓高（指齐高祖高洋），颇有讨好当朝统治者的味道，动筩则用儒家经典加以反驳，认为儒家的道德标准“父子之道”才是“天姓”。这种表象背后更深层次的争论在于到底君主就是天道，还是秉承儒家道德标准作为天道。身为博士，理所当然应当捍卫儒家经典，然而这里所呈现出的博士形象，却是迫不及待地讨君主的好处，早已丧失了作为师的师道尊严了。以动筩为代表的一批儒生则是期望捍卫儒家经典的正

① （隋）侯白：《启颜录》。转引自尹德新主编《历代教育笔记资料》（魏晋），中国劳动出版社1991年版，第30页。

→→

统地位，力争保持师道尊严的地位，由此也引出动箭看似全无道理的“狡辩”。

其二，关于孔子弟子年龄的讨论，反映了当时博士学术不精的状况。尽管动箭的理论依据看似全无道理，然而伴随着动箭的每次发问，博士们都非常被动，只能以“经传无文”“据何文以辩之”来加以应对。动箭更是指责“先生读书，岂合不解”，最后博士“无以复之”而“坐中大悦”，这场论辩以动箭获得全胜而告终。这是借动箭之口对当时博士们学术不精，只会理解章句之义的状况进行了鞭挞。

其三，作为儒生的动箭，敢于当着众人的面与博士展开论辩，不仅因为“常集儒生会讲，酬难非一”，更反映博士地位的下降。在两汉时期，这种情况是不可想象的。但是到了魏晋末期，这却成为北齐朝廷的一种风气。不仅仅是北齐，同时期的陈朝也是如此。这种相互辩难的形式在活跃教学氛围的同时，却使得博士从高高在上的位置上“摔”了下来。

不仅仅是博士的为人、学问遭到嘲讽，民间的私学老师也面临同样的问题，甚至有人为学生所害，丢掉了性命。《太平广记》中有这样一条记载：

> 会稽孔基勤学有志操，族人孔敞使其二子从基为师。而敞子并凶狠，趋向不轨，基屡言于敞，此儿常有忿志。敞寻丧亡，服制既除，基以宿旧，乃赍羊酒往看二子。二子犹怀宿怨，潜

遣奴路侧杀基。①

这段笔记的记载反映出相对官学老师受到责难，丢了面子，有些私学老师的处境就更不容乐观，因为管教学生，而遭到学生嫉恨，并为其所害。这和先秦时期孔门学生和孔子共渡难关，两汉时期魏昭师事郭泰的事迹相比，反差较大。

再如《颜氏家训》中的一段记载：

邺下谚云："博士买驴，书券三纸，未有驴字。"使汝以此为师，令人气塞。②

荇菜……河北俗人多不识之，博士皆以参差者是苋菜，呼人苋为人荇，亦可笑之甚。③

所称博士，皆谓老师，亦轻忽之词。可见，北朝末年，在邺地的民谣中"师"已经成为了死记硬背、迂腐无知的代名词，这反映出民间不尊师之风的流行。

第四节　魏晋尊师风俗与儒学教育的衰微

面对玄学兴起的社会背景，魏晋南北朝的尊师风俗开始弱化，这反映出一系列教育问题，其中一个重要方面就是自两汉以来的"师道尊严"受到了挑战。这种师道动摇局面的连锁反应就是儒学教育开始衰微，其独尊地位亦受到了冲击。

---

① 《太平广记》卷第一百一十九《报应十八》。

② 《颜氏家训·勉学》。

③ 《颜氏家训·书证》。

→→

一、魏晋尊师风俗与儒学教育的衰微

（一）帝王官员的“尊而降之”对儒学教育的影响

魏晋时期帝王官员尊师风俗表现形式的特征就是“尊而降之”，即在给予尊崇的同时采取“措施”降低师所受的尊崇等级，如尽管口口声声称呼“博士”，却是表示贬低的意味，所谓“博士都是微人”。再如在释奠先师上，尽管皇帝以身示范，但是在释奠礼上经过激烈的辩论，却最终给予“上公礼”的限制。除此之外，最能体现“尊而降之”特色的是“师不施臣子之礼”的变化。两汉时期凭借教师的努力，仍然可以维持原有的“师不施臣子之礼”的尊师风俗表现形式。然而魏晋南北朝时期，一方面经常出现“师不施臣子之礼”的尊师风俗表现形式；另一方面，官师们却不敢当，或者“以之为荣”。这种原本“师”应当受到的尊崇，却逐渐成为了王公、官员给予教师的“尊崇”。这种看似矛盾的现象其实反映出魏晋南北朝时期，教师，尤其是官师的地位和身份的变化。尊师风俗表现形式上出现的这种变化体现出师道动摇，教师作为“道”代言人的地位受到了很大挑战，连两汉时期以身示范的皇帝、官员们都开始降低教师所受的尊崇等级了。帝王官员在尊师风俗中所表现出的“尊而降之”，其实就是师道动摇，儒学教育失去独尊地位，走向衰微局面的反映。

（二）士、民间不尊师之风与儒学教育的衰微

魏晋时期，教师的生活状况尤其是私学教师的生活状况开始下滑。前文曾经论述过阴凤扣衣取束脩的故事，这反映出在魏晋南北

朝时期，对部分私学教师来说，束脩除去对自己表示尊崇之外，还关系到自己的生计问题。在这种双重因素之下，阴凤才会采取“扣取衣服”这种遭人嘲笑的策略来获得束脩。再如晋代的刘兆“博学洽闻，温笃善诱，从受业者数千人。武帝时五辟公府，三征博士，皆不就。安贫乐道，潜心著述，不出门庭数十年”。[①] 南梁的严植之是个有名的私学教师，由于穷困，死后竟然连下葬的资金都没有，要靠着弟子卖掉房屋，家人才能将其下葬。由此可见，部分民间的私学教师在物质生活上面临着很大的困难。这种教师生活状况的下滑其实是魏晋时期民间不尊师之风开始形成的一种反映，而这种不尊师之风背后所反映的就是魏晋时期师道动摇，儒学教育的衰微。

二、儒学教育衰微对尊师风俗的影响

如前所述，两汉时期，从尊师风俗表现形式上看，对教师进行评价的一个重要方面在于他能否忠实履行王道三纲的儒家道德标准。然而魏晋南北朝时期，师道动摇，师作为“道”代言人的地位受到挑战，因而从尊师风俗的表现形式上看，我们发现对教师的评价标准产生了影响：只要师有才能，他的学生能够进入仕途，成为官员，这样的师也可以成为尊崇的对象，也可以得到称赞。在这方面，北魏的索敞等就是这方面的典型：

> 魏主以索敞为中书博士。时魏朝方尚武功，贵游子弟不以讲学为意。敞为博士十余年，勤于诱导，肃而有礼，贵游皆严惮之，多所成立，前后显达至尚书、牧守者数十人。常爽置馆

---

① 《晋书·刘兆传》。

→→

于温水之右，教授七百余人；爽立赏罚之科，弟子事之如严君。由是魏之儒风始振。高允每称爽训厉有方，曰："文翁柔胜，先生刚克，立教虽殊，成人一也。"①

这段记载表明了魏晋南北朝时期由于儒学教育走向衰微，儒学教育所承载的"道"不再如两汉时期受到重视，师并非一定要成为"道"的代言人，如果师具有出色的"教术"，也是可以被尊崇的。由此，对教师评价标准、任职要求也产生了变化：由两汉时期的德才兼备、以德为主转变为魏晋南北朝时期的德才分家。这种转变对后代教师的养成、地位、评价产生了深远的影响，而造成这种变化的一个重要原因就在于魏晋南北朝时期儒学教育的衰微。

综上所述，魏晋南北朝时期，出现了师道动摇、儒学教育衰微的局面，尊师风俗开始弱化，从而对隋唐时期尊师风俗表现形式的流变产生了重要的影响。

---

① 《资治通鉴·宋纪五》。

第四章　师道日衰：隋唐尊师风俗的淡化

隋唐时期，官方为了稳定自己的统治，制定了以儒为主干，佛、道为两翼的文教政策。① 隋唐时期是中国教育事业发展的一个“黄金期”，尤其是唐代的学校教育事业有了很大的发展。唐玄宗时，从中央到地方都建立了相应的学校教育机构，里有里学，乡有乡学，如“窦相易直，幼时名秘。家贫，受业村学”②。府、州、县分别有府学、州学、县学，中央有中央官学，还允许私人办学。然而，“安史之乱”后，社会动乱，学校教育事业受到极大影响，逐渐衰败。世风大变，人们耻于为师，教师的地位开始下降。为了应对这种师道沦丧的现象，许多名流学者一方面居官理事，一方面招徒讲学，从事教育活动。比如韩愈提倡师道，并且身体力行，既为国子祭酒，又在家中广纳生徒，辅导学业；再如柳宗元，贬官至柳州，“江岭间为进士者，不远千里随宗元师法，凡经其门，必为名士”③。

在这种情况下，隋唐时期的尊师风俗在继承前代的基础上，又有了新的变化：其一，在帝王官员的尊师风俗表现形式上，一方面通过尊孔、尊帝师、制定束脩礼等尊师风俗表现形式尊师；另一方面却又存在着召师、限制尊师礼、鄙视师道的行为，如给予师不臣

---

① 孙培青主编：《中国教育史》，华东师范大学出版社 1991 年版，第 263 页。

② （唐）赵麟：《因话录》第六，上海古籍出版社编《唐五代笔记小说大观》，上海古籍出版社 2000 年版，第 870 页。

③ 《旧唐书·柳宗元传》。

→→

之礼这种尊师风俗的表现形式已经完全成为一种君主给予官师的尊崇，从而形成了“尊崇与鄙视”相互纠缠的态势。其二，在士阶层的尊师风俗表现形式上，尤其是安史之乱后的中唐时期，随着科举制度的实施，学校教育事业的衰败，开始弥漫耻于为师、不相师的作风，韩愈的《师说》就反映了这种状况。在尊师风俗表现形式上尽管对前代尊师风俗有传承，但是却开始走向没落。其三，民间的尊师风俗则显现出娱乐与实用并重的情况，体现出民间和官方、士大夫在尊师风俗上的不同文化观。

第一节　尊崇与鄙视的纠缠：帝王官员的尊师风俗

如前所述，魏晋时期，帝王官员们在尊师上以身示范，但是又开始降低教师所受尊崇的等级，比如释奠只准用“上公礼”，师不施臣子之礼成为师们引以为荣的尊师风俗形式。到了隋唐时期，帝王官员的尊师风俗表现形式又有了新的变化，形成了尊崇与鄙视相互纠缠的特点。

一、“施舍”的师不施臣子之礼

师不施臣子之礼这种尊师风俗表现形式在隋唐时期得到了传承，并有所体现。如隋朝末年李密身为义军统帅，徐文远“为李密所得，密使文远南向坐，备弟子礼拜之”①。

此外一些地方官吏亦有尊师表现：

唐李栖筠，字正一，为浙西观察使，增学庐，表宿儒，超

① 《新唐书·儒学列传》。

拜学官为之师。身执经问义。远迩趋慕，至徒数百人。[①]

广再拜，愿执屦锡为门弟子。[②]

然而，这并不能掩盖与之同行的“鄙视”：

贞观十七年，太宗谓司徒长孙无忌、司空房玄龄曰：“三师以德道人者也。若师体卑，太子无所取则。”于是诏令撰太子接三师仪注：太子出殿门迎，先拜三师，三师答拜，每门让三师。三师坐，太子乃坐。与三师书，前名惶恐，后名惶恐再拜。[③]

唐太宗要求皇太子在见“三师”的时候，要给予三师不臣之礼的尊崇。然而这种做法并非出于对老师本人的尊重，而在于“若师体卑，太子无所取则”，其真正目的在于让皇太子有所获取。在唐太宗时期，也的确是按照这样的要求尊重老师的，史料多有记载：

贞观三年，太子少师李纲有脚疾，不堪践履，太宗赐步舆，令三卫舆入东宫，诏皇太子引上殿，亲拜之，大见崇重。

贞观十一年，以礼部尚书王珪兼为魏王师。太宗谓尚书左仆射房玄龄曰：“古来帝子，生于深宫，及其成人，无不骄逸，是以倾覆相踵，少能自济。我今严教子弟，欲皆得安全……卿宜语泰：每对王珪，如见我面，宜加尊敬，不得懈怠。”珪亦以师道自处，时议善之也。[④]

---

① 《永乐大典》卷九百二十二。

② （唐）陆泽：《宣室志》，《唐五代笔记小说大观》，上海古籍出版社 2000 年版，第 1059 页。

③ 《贞观政要》卷四《尊敬师傅》。

④ 《贞观政要》卷四《尊敬师傅》。

→→

更值得我们注意的是下面一段记载：

张后胤，字嗣宗，苏州昆山人。祖僧绍，梁零陵太守。父冲，陈国子博士，入隋为汉王谅并州博士。后胤甫冠，以学行禅其家。高祖镇太原，引为客，以经授秦王。义宁初，为齐王文学，封新野县公。武德中，擢员外散骑侍郎，赐宅一区。太宗即位，进燕王谘议，从王入朝，召见。初，帝在太原，尝问："隋运将终，得天下者何姓？"答曰："公家德业，天下系心，若顺天而动，自河以北，指挥可定。然后长驱关右，帝业可成。"至是自陈所言，帝曰："是事未始忘之。"乃赐燕月池。帝从容曰："今日弟子何如？"后胤曰："昔孔子门人三千，达者无子男之位。臣翼赞一人，乃王天下，计臣之功，过于先圣。"帝为之笑，令群臣以《春秋》酬难。帝曰："朕昔受大谊于君，今尚记之。"后胤顿首谢曰："陛下乃生知，臣叨天功为己力，罪也。"帝大悦，迁燕王府司马。出为睦州刺史，乞骸骨，帝见其强力，问欲何官，因陈谢不敢。帝曰："朕从卿受经，卿从朕求官，何所疑？"后胤顿首，愿得国子祭酒，授之。迁散骑常侍。永徽中致仕，加金紫光禄大夫，朝朔望，禄赐防阁如旧。卒，年八十三，赠礼部尚书，谥曰康，陪葬昭陵。①

先看张后胤的升迁，他本为陈朝的国子博士，后来成为隋朝汉王杨谅的博士，但是杨谅没有给予他任何尊崇。从隋末到唐高祖即位建立唐朝前，张后胤先后成为秦王（即后来的唐太宗）、齐王（四

① 《新唐书·儒学上》。

子李元吉）的老师，获得了“新野县公”的封爵。唐高祖即位后，又升为“员外散骑侍郎，赐宅一区”，既给予官职，又给予物质赏赐。唐太宗即位后，再次成为其子燕王的谘议，因答问太宗颇受满意，“迁燕王府司马，出为睦州刺史”，再次获得委任官职。其后，张后胤要求“乞骸骨”，太宗则任命他为国子祭酒，即国家官学的最高长官，又迁散骑常侍。到了唐高宗时，“永徽中致仕，加金紫光禄大夫，朝朔望，禄赐防阁如旧。卒，年八十三，赠礼部尚书，谥曰康，陪葬昭陵”。虽然他不再做官，但是还是给予俸禄、房宅、金紫光禄大夫等优待，死后又获得了褒扬的谥号，并且获得陪葬太宗的恩宠。

由此可见，张后胤在唐代既获得了封爵，又被授予官职，官职的品阶是逐步抬升的，而且在物质赏赐、丧礼上都给予了充分的礼遇，以示尊崇。

再看身为老师的张后胤是如何获得这些礼遇和尊崇的。根据《新唐书·儒学上》的记载，“太宗即位，进燕王谘议，从王入朝，召见”，太宗“召见”了张后胤，仅就这一点就违背了先秦时期“天子不召师”的尊师风俗。其后，张后胤又非常“聪明”[①] 地逢迎了太宗，使得太宗“大悦”而获得赏赐。值得我们注意的是，其中有这样一段话：“朕从卿授经，卿从朕求官，何所疑？”经唐太宗这么一说，便明确了一个重要观点：老师教授学生（皇帝）经术，皇

① 宋代的《太平广记》一书中将这则事迹纳入到“俊辩”一类中，可见，在宋人眼中，张后胤的这段话反映了他具有“聪明”的头脑，懂得如何与皇帝对话。

帝给予老师官职这是天经地义的事情，没有什么可以疑惑的，授予官职成为尊崇老师的最好表示。然而，张后胤多次“叩首”“顿首”，早已失去了教师的尊严。可见，张后胤虽然获得了皇帝的种种尊崇——给予官职、爵位，物质赏赐，但这是以丧失教师自身尊严为代价的。

隋唐时期，尽管给予老师不施臣子之礼这种尊师风俗的表现形式得到了传承，然而其内涵正在发生变化。尤其是对于皇族来说，其意义不在于尊敬老师本身而在于要向施行者服务。这是个有趣的变化，反映出在给予师不施臣子之礼上，已经完全成为皇族们对于老师的“施舍”。从另一个层面上来说，这无疑是对师群体的一种“鄙视”。

二、“北面而揖”的存与废

隋唐时期，秉承前代释奠先师的尊师风俗表现形式，从中央到地方都形成了完备的释奠先师的祭师风俗。根据《文献通考》的记载：“隋制国子寺每岁四仲月上丁，释奠于先圣、先师，年别一行乡饮酒礼，州县学则以春、秋仲月释奠，亦每年于学行乡饮酒礼。”①唐代文教事业繁荣，释奠先师这种尊师风俗的表现形式更为官方所提倡，如唐高祖武德七年、唐太宗贞观十四年均是亲幸国子学观释奠。

然而，隋唐时期在继承前代“遗产”的基础上，释奠先师在具体表现形式上又有所变化。在释奠先师的对象上，孔子一跃取代了

① 《文献通考》卷四十三《学校考四》。

周公的地位，成为了“先圣”。

唐高祖武德年间规定“释奠于太学，以周公为先圣，孔子配享”。到了唐太宗贞观年间“玄龄等建议停祭周公，以孔子为先圣，颜回配飨”。

在尊师的同时，亦产生了一些反对意见。史料记载，唐代释奠先师给予先师先圣以“北面而揖”的尊崇，但是却遭到了一些大臣的反对：

（唐德宗建中）十五年，膳部郎中归崇敬奏，时议每年春秋释奠，祝版御署讫北面而揖。臣以为其礼太重，按《大戴礼》，师尚父授周武王丹书，武王东面受之。请参酌轻重，庶得其宜?①

这种论调其实反映了君权至上、师道其下的主张。不仅仅在现实生活中，而且在祭祀上，君权高于师道，师的地位也要低于君主。这其实是魏晋时期，释奠限定用“上公礼”，降低师的地位，限制老师所受尊崇等级做法的延续。

三、尊帝师之风的延续

隋唐时期传承了前代尊崇帝师的风俗，皇帝对于自己的老师或是加官晋爵、给予礼遇，或是给予厚葬，或是即位后向老师讨教。

如唐玄宗为太子之时，褚无量、马怀素二人为侍读，向唐玄宗传授儒家经典。到唐玄宗即位后，立即提升褚无量为右散骑常侍，在上朝途中也给予非凡的礼遇，“每次合门则令乘肩舆以进，上居别

① 《文献通考》卷四十三《学校考四》。

馆，以路远则命宫中乘马或亲自送迎，以申师资之礼”①。

马怀素、褚无量死后，唐玄宗下令给予厚葬、赏赐、追赠：

开元六年，怀素卒，帝为之举哀，废朝一日，赠润州刺史，物三百段，米粟一百石，丧事所需并官给。八年，褚无量卒，帝震悼久之。谓宰相宋璟、苏颋等曰：“无量硕儒，且有德业，朕早所师习，每用尊崇，三史九经，前言往行有可以裨益时政，规正朕躯，未尝不造膝切论，所闻其属纩之时，难以修书为仪，永念其逝，实轸予怀，庶事宜皆优厚。”②

张涉为唐德宗当太子时候的老师，德宗即位后“召涉入宫，庶政大小皆咨之，恩礼甚崇，多所弘益”③，即皇帝向张涉咨询大小政务，又给予多种尊崇、赏赐。

在唐代，皇帝不仅仅给予自己的老师以一定的物质赏赐，还利用视学的机会对博士等学官给予一定的物质赏赐，以视尊重。

四、束脩之风的变化

束脩这一古老的尊师风俗表现形式在唐代产生了重要的变化。

其一，官方正式规定官学学生要向官学教师缴纳束脩，大力提倡束脩尊师之风。

龙朔二年九月，敕学生在学，各以长幼为序。初入学，皆行束脩之礼，各绢三匹；四门学生，各绢二匹；隽士及律、书、

① 《册府元龟》卷三八《尊师》。
② 《册府元龟》卷三八《尊师》。
③ 《册府元龟》卷三八《尊师》。

算学、州县学，各绢一匹。皆有酒脯。其分束脩，三分入博士，二分助教。[①]

束脩之风历经两汉、魏晋南北朝到唐代成为一种非常重要的尊师风俗表现形式。如前所述，束脩是许多老师尤其是私学教师的重要生活来源，官学老师由于有朝廷的俸禄，一般不是很看重束脩。但是唐代这种情况发生了变化，官方规定学生必须向官学教师缴纳束脩，以示尊崇。

其二，制定了中国首部完备的皇太子束脩礼。

唐代不仅仅规定官学学生要向官学教师缴纳一定的束脩，还为皇太子制定了一套非常详细的束脩尊师礼仪，这是中国第一部较为完备的官方束脩礼典。根据《通典》的记载，皇太子束脩的数量是：束帛一篚，五匹；酒一壶，二斗；修一案，五脡[②]。一般来说是天刚刚亮的时候，皇太子就穿着学生的衣服由引导人员引导来到学堂东阶下，并且带着束脩前来拜见老师，然后通过引导人员请求老师接受自己的束脩礼品，经过博士与皇太子之间的相互谦让之后，博士出来接受皇太子的束脩礼品，整个束脩尊师的仪式结束。

这种皇太子的束脩礼此前没有这样完备过，唐代制定此种礼仪，根本目的在于通过自上而下的示范作用，形成一种尊师的风气。

---

① （五代）王定保著，姜汉椿校：《唐摭言》卷一，上海社会科学出版社 2003 年版，第 15 页。

② 《通典》卷一百十七《礼七十七》。

五、尊孔之风的变化：文宣王的“诞生”

（一）“文宣王”的诞生

在隋唐时期，尤其是唐代，在继承前代尊孔、封孔的基础上，更大力抬高孔子的封爵，由侯、公爵位上升到了文宣王，封孔子后代爵位，委任官职。

唐高祖武德二年，诏“国子学立周公、孔子庙各一所，四时致祭。仍博求其后，具以名闻，详考所宜，当加爵土”。唐太宗贞观十一年封孔子后裔德伦为褒圣侯，修宣尼庙于兖州，给户二十充享祀。唐高宗时期对于孔子的尊崇又有了提高。高宗乾封元年，追赠孔子为太师，武则天天授元年封孔子为隆道公。① 由此可见，孔子所受到的追赠官位获得了提高，所得到的封爵提高到了公爵。

唐玄宗开元二十七年八月，追赠先圣夫子为王，谥曰“文宣”，并颁布诏书：

> 二十七年诏曰……夫子既称先圣，可追谥为文宣王，令三公持节册命，其后嗣褒圣侯改封嗣文宣王。昔周公南面，夫子西坐，今位既有殊，岂宜依旧，宜补其坠典，永作成式，其两京国子监及天下诸州，夫子南面坐，十哲等东西行列侍。②

孔子及其后代一跃而获得了“文宣王”的封号，并且获得“南面坐”的尊崇。这表明唐代中期对于孔子的尊崇达到了一个新的高度。为何要给予孔子如此之高的地位呢？“美政教，移风俗”是一个

① 《文献通考》卷四十三《学校考四》。

② 《文献通考》卷四十三《学校考四》。

原因，而更深层次的原因则在于以孔子为代表的儒家所主张的“君君臣臣父父子子”的“王道三纲”深得历代统治者的垂青，而师以载“道”，作为“师”代表的孔子，自然就成为尊崇的对象。不过此时所尊崇的孔子已经不是春秋时代的孔子，他已经被神圣化、偶像化了。此时以唐玄宗为代表的历代统治者已然不是春秋时代的子贡、子路，他们所尊崇的是孔子背后的“王道三纲”。

其后的五代时期，尽管政权更迭频繁，战乱不断，但是各政权仍然封赏孔子后代。官方除给予爵位外，更重视给予官职，如：

（后唐明宗）长兴元年正月，以文宣王四十三代孙陵庙主仁玉为曲阜县主簿……三年五月甲申……为兖州龚丘县令、袭封文宣公。

（后）晋高祖天福五年四月辛酉，以文宣王四十三代孙袭文宣公，孔仁玉为兖州曲阜县令。[①]

（二）皇帝亲临祭孔

唐高宗乾封元年正月，“帝东封次曲阜县，幸孔子庙，追赠孔子为太师，其庙宇制度卑陋宜加修造，仍以少牢致祭”[②]。皇帝要求改建孔子庙宇，并且给予少牢祭祀之礼的尊崇。

唐玄宗开元十三年十一月封东岳礼毕，幸孔子宅，亲设奠祭，诏曰：

孔宣父诞圣自天，垂范百代，作王者之师表，开生人之耳

① 《册府元龟》卷五零《崇儒术第二》。

② 《册府元龟》卷五零《崇儒术第二》。

→→

目。朕增封岱岳，回銮泗滨，思阙里之风，想雩坛之咏，逖矣遗烈，慨然永怀。式遵祀典，用申诚敬。宜令礼部尚书苏颋以太牢致祭。仍令州县以时祀享，复近墓五户，长供扫除。①

皇帝在大力褒奖孔子的同时，对于孔子的祭祀礼由少牢上升到了太牢。

五代后周时期，后周太祖在戎马倥偬之际，仍然亲自前往曲阜祭拜孔子。

周太祖广顺二年五月亲往兖州，辛未，遣端明殿学士颜行往曲阜祀文宣王庙。六月……谒孔子祠……即拜奠於祠前，其所奠金器银炉十数，事留于祠，所以备享献，遂幸孔林拜孔子墓。②

自唐代中叶后，藩镇割据，战乱连年，所以“二百余年间绝东封之礼，洙泗之上无复銮和之音”③，对后周太祖这种亲赴曲阜祭拜孔子的举动，史书不由称赞“帝以武功之余，枉车致敬，尊师重道不亦优乎?”④

需要特别指出的是，唐太宗贞观二年，诏停祭周公。贞观四年，诏令州县学皆立孔子庙，这是自北齐要求郡学立孔庙后，地方学校建立孔子庙的又一重要发展。唐高宗总章三年又敕天下州县置孔子庙，由此孔子庙在全国建立起来，这开了由官方规定在全国各地兴

① 《册府元龟》卷五零《崇儒术第二》。
② 《册府元龟》卷五零《崇儒术第二》。
③ 《册府元龟》卷五零《崇儒术第二》。
④ 《册府元龟》卷五零《崇儒术第二》。

建孔子庙的先河。

（三）皇族学生祭孔

（唐玄宗）开元五年九月诏曰："古有宾献之礼，登于天府，扬于王庭，重学尊师，兴贤进士，能美风俗，成教化，盖先王之由焉……其诸州乡贡、明经、进士，见迄，宜令引就国子监谒先师。学官为之开讲，质问其义。"①

由此可见，在唐代，官方规定，学生在接受教育前必须要祭拜先师孔子，以示对老师的尊重。

总之，隋唐时期帝王官员尊师风俗显现出尊崇与鄙视纠缠的特征，尽管官方通过制定束脩礼，尊孔、尊帝师、释奠先师等尊师风俗表现形式来尊师，然而在某些尊师风俗表现形式上，尤其是师不施臣子之礼这一表现形式上，师是以牺牲师道作为"代价"的，皇帝、官员完全成为"施舍"者，教师只有匍匐在地、诚惶诚恐、引以为荣地接受，这无疑是对教师的一种鄙视。

第二节　走向没落：上阶层的尊师风俗

到了中唐时期，在士人阶层弥漫着一股耻于为师的风气，对此韩愈的《师说》有所记载，现引述如下：

……巫医乐师百工之人，不耻相师；士大夫之族，曰师曰弟子云者，则群聚而笑之。问之，则曰：彼与彼年相若也，道

① （五代）王定保著，姜汉椿校：《唐摭言》卷一，上海社会科学院出版社 2003 年版，第 22 页。

→→

相似也。位卑则足羞，官盛则近谀。呜呼，师道之不复可知矣！巫医乐师百工之人，君子不齿，今其智乃反不能及，其可怪也欤！圣人无常师。孔子师郯子、苌弘、师襄、老聃。郯子之徒，其贤不及孔子。孔子曰："三人行，则必有我师。"是故弟子不必不如师，师不必贤于弟子。闻道有先后，术业有专攻，如是而已……①

这说明在唐代中期，由于科举制度的完善，学校教育的衰落，士人之间的尊师之风日渐衰落，形成了耻于为师的风气。对此，韩愈大声疾呼，力图重振师道。从现存的资料来看，士阶层的尊师风俗表现形式开始走向没落，尊师事迹有所减少，尊师风俗表现形式也不及前代丰富。

一、侍师风俗的延续

侍师风俗主要表现在私学教师群体。私学教师对学生仍然占据着绝对"权威"地位。《南唐近事》中记载了朱巩童蒙时期接受私学教育的经历：

朱巩侍郎童蒙日，在广陵入学。其师甚严，每朝午归餐，指景为约。其时不至，当行夏楚。朱虽秉师之命，然常为里巷中一恶犬当道，过辄嗥吠。巩乃整衣望犬再拜祈之曰："幸无啮我，早入学中，免为夫子笞责。"精诚所至，涕泗交流。犬亦狂

① （唐）韩愈：《师说》。

吠不顾，是夕，犬暴卒于家。[1]

这段记载生动地描绘了广陵地区一个私学教师的严厉程度。如果没有按时回到学校，便要接受责罚，以致朱巩为了能够准时回到私塾，竟然对着狗下跪，痛哭流涕，这在现代人看来是不可理喻的事情。然而这正反映了中国古代私塾中老师对于学生的绝对权威，由于尊师风俗，学生不能够违背老师的命令，否则就是不尊师。

不仅仅对当前老师的言语表示尊敬，就是对于“先师”之言，也要表示尊敬。

《太平广记》中记载了萧德言尊敬“先师之言”的故事：

唐萧德言笃志于学，每开五经，必盥濯束带，危坐对之。妻子谓曰：“终日如是，无乃劳乎？”德言曰：“敬先师之言，岂惮于此乎！”[2]

他的这种做法在他的妻子看来似乎是无用功，但在萧德言看来，却是一种尊师的表现形式。

无论是朱巩对着狗痛哭流涕，还是萧德言“每开五经，必盥濯束带”，这些看起来很奇怪的行为，都是和两汉、魏晋时期老师尤其是私学教师对于学生的权威地位极其相似的。由此可见，隋唐时期，这种尊师风俗的表现形式得到了传承。

---

① （宋）郑文宝：《南唐近事》，《宋元笔记小说大观》，上海古籍出版社 2001 年版，第 269 页。

② 《太平广记》卷二零二《儒行》。

→→

二、丧师之风的衰落

隋唐时期，秉承前代丧师风俗，主要表现为老师丧后，学生为其下葬或者守丧三年，史料亦有记载，如：

……（隋包恺）兄愉明五经，恺传其业。又从王仲通受《史记》《汉书》，尤称精究。大业中，为国子助教……聚徒教授著录者数千人，卒，门人为起坟立碣焉。①

唐王义方，泗州涟水人，博通五经，为侍御史，坐弹中书侍郎李义府，左迁莱州司户，秩满家于昌乐，聚徒教授。母终，遂不复求仕，及卒，门人何彦先、员半千制师服三年丧毕而去。②

在丧师风俗上，虽然隋唐时期对前代的“遗产”多有继承，但是比之两汉、魏晋时期那种学生为了给教师送葬而不惜牺牲生命、弃官不做的尊师行为，显然要“逊色”多了。

第三节　娱乐与实用：民间尊师风俗

在隋唐时期，尽管官方尊孔，把孔子视为圣人，但是在民间仍然存在多种“戏孔之流俗”。如唐文宗时，“（太和六年二月）己丑，寒食节，上宴群臣于麟德殿，是日，杂戏人‘弄孔子’，帝曰：‘孔子古今之师，安得侮渎?’亟命驱出”③。由此可见，孔子成为了杂

---

① 《册府元龟》卷六百《师道》。

② 《册府元龟》卷六百《师道》。

③ 《旧唐书·文宗本纪》。

戏中所“戏”的对象。再如“流俗，妇人多于孔庙祈子，殊为亵慢，有露形登夫子之榻者。后魏孝文诏：‘孔子庙不听妇人合杂，祈非望之福。’然则聋俗所为，有自来矣”[①]。这是从北魏时期开始流行的一种尊孔风俗，到隋唐时代仍然流行。在这类风俗中，孔子俨然成为具有赐子功能的“神仙”了。虽然历代屡次禁止这类“流俗”，然而却屡禁不止。《太平广记》中还记载了这样一则故事：

> 唐代宗朝，京兆尹黎干以久旱，祈雨于朱雀门街，造土龙，悉召城中巫觋，舞于龙所。干与巫觋更舞，观者骇笑。弥月不雨，又请祷于文宣王庙。上闻之曰：“丘之祷久矣。”命毁土龙，罢祈雨，减膳节用，以听天命。及是甘泽乃足。[②]

这是一则笑话，除了反映出京兆尹黎干的不学无术之外，也反映出在民间，孔子还具备了赐雨的法力。

综上所述，隋唐时期民间的尊师风俗既注重实用，比如拜孔子以祈子，拜孔子以求雨；又注重娱乐，比如把孔子拉进了戏曲之中。但是在官方看来，孔子这些法力的扩大，形象的改变，都是一种不尊重孔子的流俗，应当加以禁止。官方认为，孔子的形象是偶像化、神圣化的，他是先师的代表，提出了百代帝王之术，应当高高在上，因而对待先师孔子岂能如此？然而，随着官方大力抬高孔子的地位，进一步偶像化、神圣化孔子的形象，越来越多的民众开始注意到了孔子，“孔子大圣，途之人尤知之”，这就是说，连普通的路途之人

---

① 《封氏闻见记·儒教》。

② 《太平广记》卷二百六十《嗤鄙三》。

→→

都已经知道孔子了。一旦到了民间，孔子的形象，便不再是官方那种刻意塑造的完美无瑕的形象了。在他们看来，既然孔子如此伟大、神圣，为何不能承担起赐子、赐雨的“责任”呢？而之所以出现“戏孔”，可能与唐中叶之后教师素质的下降，尊师之风受到严峻挑战有关。值得注意的是，唐宪宗时，时任夔州刺史的刘禹锡的上疏：

> ……今室庐圮废，生徒衰少，非学官不振，病无赀以给也。凡学官春、秋释奠于先师，斯止辟雍、泮宫，非及天下。今州县咸以春、秋上丁有事孔子庙，其礼不应古，甚非孔子意。……今夔四县岁释奠费十六万，举天下州县岁凡费四千万……于学无补也。请下礼官、博士议，罢天下州县牲牢衣币，春秋祭如开元时。籍其资，半畀所隶州，使增学校，举半归太学，犹不下万计。可以营学室，具器用，丰馔食，增掌故，以备使令。儒官各加稍食，州县进士皆立程督，则贞观之风粲然可复。当时不用其言。①

在刘禹锡看来，实际生活中提倡尊孔这种尊师风俗的表现形式反而给地方官学教育的发展带来了严重的负面影响，释奠先师使得各地每年耗费大量的资金，从而让学校缺乏经费，无法正常从事教学工作，他要求改变释奠先师的祭品，以便节约经费，用于教育。这反映出在唐中期以后，释奠先师已经成为各地严重的财政负担，尊敬先师非但未能给教育带来好处，反而使得地方学校无法维持，可谓南辕北辙。这自然可能引起学校教育的衰败，教师素质的下降，

---

① 《新唐书·刘禹锡传》。

从而又引起民众对教师的不满，而前文所述的民间杂戏中“戏孔子”的表现可能就是民间这种不满情绪的一种反映。

第四节 隋唐尊师风俗与儒学教育转变的滥觞

隋唐时期，本着前代“风俗治国”的主张，采取儒、佛、道三家并存的文教政策，重视发展教育事业，在这种较为有利的条件下，儒学教育取得很大的发展。然而随着“安史之乱”的爆发，唐朝的教育事业走向衰败，教师的地位再次下降。自中唐时期，开始弥漫耻于为师的风气，师道日衰，师从代表儒家道统的圣人神坛上跌落下来，常人已不再迷信、崇拜师，尊师风俗开始淡化，而造成这种现象的一个不可忽视的原因就在于隋唐时期科举制度的发展、完善。换句话说，隋唐尊师风俗的淡化体现的正是儒学教育转变的滥觞。

一、“施舍”的师不施臣子之礼与儒学教育转变的滥觞

如前所述，在帝王官员尊师风俗的表现形式上，官师更多的表现是叩首、再叩首，师道已经完全丧失，尤其是在皇帝面前，师道更是彻底丧失了。其实从五代后周太祖亲自祭拜孔子时，其臣子的一番建议，就可以发现一些端倪：

> 时车驾亲征，兖州既平，遂幸曲阜，谒孔子祠。既奠，将致敬，左右曰：“仲尼，人臣也，无致敬之礼。”帝曰：“文宣为百代帝王师，得无拜之！”即拜于祠前。①

一旦孔子得到官方的尊崇，就成为官师，也就成为人臣，继而

① 《钦定续通志》卷一百十四《礼略》。

→→

也就没有“致敬”的必要了。这反映出隋唐时期，官师的地位或者官师能否受到应有的尊崇，其主动权已掌握在统治者手中了。为了更清楚地证明这一论断，请看下面的引述：

> 徐旷，字文远，以字行……性方正，举动纯重，窦威、杨玄感、李密、王世充皆从受学。隋开皇中，累迁太学博士，诏与汉王谅授经。会谅反，除名为民。大业初，礼部侍郎许善心荐文远及包恺、褚徽、陆德明、鲁达为学官，擢国子博士，恺等为太学博士……越王侗署国子祭酒。时洛阳饥，文远自出城樵拾，为李密所得。密使文远南向坐，备弟子礼拜之，文远谢曰：“前日以先王之道授将军，今将军拥兵百万，威震四海，犹能屈体老夫，此盛德也，安敢不尽?”……密败，复入东都。世充给稍异等，而文远见辄先拜。或问：“君踞见李密而下王公，何邪?”答曰：“密‘君子’能受郦生之揖，世充‘小人’无容故人，义相时而动可也。”世充僭号，以为国子博士。子士会奔长安，世充怒，绝其禀，文远饿几死，数矣。身出樵，为罗士信所获，送京师，仍为国子博士。①

从上面这段材料我们可以发现，官师的个人荣辱是和所侍奉的王公、官员的命运紧密联系的。隋朝时期，徐文远虽然是“性方正，举动纯重”，但是并没有受到多大的尊崇，倒是因为汉王谋反而被除名。其后虽然仍为国子博士，然而政局不稳，饥荒之时，却要亲自樵采为生，可见其生活之窘迫，其后分别为自己的学生李密、王世

① 《新唐书·儒学上》。

充所得。李密尊师，王世充则差点将他饿死。面对两个学生的不同对待，徐文远一方面称李密的举动是“盛德”，另一方面又以“义相时而动可也”为理由应对王世充。这两种态度其实都反映出官师在隋唐时期早已经丧失了维护“礼有来学，义无往教”师道的勇气。李密所为本是学生尊师的举动，但是到了徐文远嘴里就成了“盛德”。对于王世充的不尊师，徐文远却以“义相时而动”来搪塞，丝毫不敢抗议，甚至还接受王世充的官职，以致差点被饿死。

这种尊师风俗的变化反映出自魏晋以来，“师”作为“道”的代言人的地位日益衰微。到了隋唐时期，这种状况更为严重，甚至连师群体自身也丧失了维护师道的勇气。由此，由教师所代言的儒学教育独尊地位进一步受到挑战，尤其是随着科举制度的建立和逐步完善，使得隋唐时期的儒学教育开始发生转变。而帝王官员在尊师风俗中所表现出的“尊崇与鄙视的纠缠”其实反映了隋唐儒学教育发生转变的情况。

一、士阶层尊师风俗的没落与儒学教育价值观的转变

隋唐时期，儒学教育价值观开始发生变化，即由追求儒学之“道”开始转向追求“功名”。韩愈在《师说》中明确提出教师的首要职责在于传道，但是在尊师风俗表现形式的记载中，却多次出现了老师表示以学生获得官职、成为帝王为荣，如张后胤、徐文远等人。在他们看来，自己的学生获得仕途上的成功，是自己的荣耀。如前所述，自中唐时期开始，士阶层的尊师风俗走向没落，而耻于为师的风气却愈演愈烈，虽经韩愈、柳宗元等人大力提倡尊师，却

→→

仍然未能根本扭转。当时的士人大多不愿意成为官师。如代宗永泰二年的兴学诏书就提到“委中书门下，即简择行业堪为师范者充学生员数”；敬宗宝历元年，制曰：“天下诸色人等能精通一经堪为师法者，委国子祭酒访择具名闻天下，州县各委刺史县令招延儒学明加训诲。”① 这些都反映出官师素质急剧下降的状况。换句话说，士人都耻于为师，不愿意当老师。为什么会出现这种现象呢？究其原因，在于有一种“新的因素”起到了重要的作用。

众所周知，隋唐时期是我国古代科举制度起步、完善的阶段，科举制度的实施给隋唐社会带来了深远的影响。科举制度使得更多的读书人看到了步入仕途，改变自身命运的希望，从而使科举成为他们最为热衷的事情。然而这种热衷对于教师来说其影响可谓深远，一方面使得对于教师的要求上更注重“才”，即能够帮助学生参加科举考试，由此甚至产生了“座师和门生”这种完全由科举产生出来的“师生关系”；另一方面却使得教师的地位越发不如科举的地位，因为获得功名并非一定要接受教师的教育。这类问题在唐玄宗时期已经非常严重，以至唐玄宗不得不下发诏书试图挽救。

玄宗开元二年四月下《令举实才诏》曰：

古之学士，始入小学见小节，入大学见大节，知父子长幼之序，君臣上下之位，然后师逸功倍，化人成俗，莫不由之。子不云乎：“远而有光者饰也。近而逾明者学也。”故道行於上，禄在其中，所谓贵於速成，不唯於迟达。自顷州里所荐，公卿

① 《册府元龟》卷五零《崇儒术第二》。

之绪，门人众矣。孰嗣子音，国胄颙然，未臻吾道，至使钻仰之地，寂寥厥风。贵於责实，务於求仕，将去圣滋远，尚讼浇薄，为敦儒未弘，不行劝沮。朕承百王之末，居四海之尊，惟怀永图，思革前弊。何以发后生之智虑，垂先王之法则，朕甚惧之，敢忘於是。天下有业擅专门，学优重席，堪师授者，所在具以名闻。自今以后，贡举人等，宜加勖勉，须获实才。如有义疏未详，习读未遍，辄充举送，以希侥幸，所由官并寘彝宪，有司更申明条例，称朕意焉。①

由此可见，唐朝官方规定参加科举必须要经过学校教育，由此把科举和教育紧密联系起来，期望通过这项措施挽救学校荒废的局面，同时也挽救教师地位下降的局面，然而其目的并没有达到。请看下面的这条记载：

方干师徐凝，干尝刺凝曰："把得新诗草里论。"反语曰。村里老李频师方干，后频及第，诗僧清越赠干诗云："弟子已得桂，先生犹灌园。"②

可见，学生如果先及第，老师也不会有师道尊严了。在唐代科举功名的取得会使得读书人获得社会的尊重，并带来名利、荣耀。在科举的光环下，师道已经黯然失色。这表明科举的重要、功名的重要早已经超出了师道的重要。

科举制度的完善在给人们带来希望的同时，也使得科举功名的

① 《册府元龟》卷五零《崇儒术第二》。

② 《唐摭言》卷四。

→→

光环掩盖了师道的尊严，人们开始注重科举功名的取得，并且开始把科举功名的获得视为一种自身社会地位、身份的象征。这种现象反映出在隋唐时期，随着科举制度的建立和完善，儒学教育的价值观开始发生转变，追求功名而非儒学之“道”，正成为士人阶层接受儒学教育的主要目的。

第五章　师道重构：两宋尊师风俗的流行

宋代建国后，在统治策略上作出了根本的转变，即由最初的“尚武”转变为强调“文治”。宋太宗说得十分明白：“王者虽以武功克定，终须用文德致治。”① 在文教政策上，宋朝奉行的是“兴文教，抑武事”的国策。为此宋代重视科举，任用文人做官，并且进行了“三次兴学”，促进了宋代教育事业的发展。宋代秉承隋唐时期儒、佛、道三家思想并用的国策。一方面，尊孔崇儒。有宋一代，尊孔事迹不断，并竭力提高儒学地位。宋太宗即位之后，就明确规定，选用人才“须通经义，遵周孔之礼”。宋真宗还撰写了《至圣文宣王传》，称赞儒学是“帝道之纲”。宋代在唐代的基础上，又完成了四部儒家经典的注疏，最终完成了《十三经正义》，成为学校的法定教材。另一方面，宋朝统治者也大力提倡开办寺院、道观等佛、道设施。宋代的三种思想文化的相互交流、融合，最终孕育出了“以儒家思想为主体，糅合佛、道思想而成的新的思想体系——理学思想”②，对中国古代的教育产生了深远的影响。

综上所述，两宋时期，秉承着前代治国的主张，官方采取了重视文教的政策，大力发展教育事业。为此两宋时期的尊师风俗体现出以下特点：其一，在帝王官员阶层的尊师风俗上呈现出明尊实贬

① 《续资治通鉴长编》卷二十三。

② 孙培青主编：《中国教育史》，华东师范大学出版社1991年版，第338页。

→→

的特征。其二，在士阶层的尊师风俗上呈现出求“名”与求“利”的状况，比如“一字师”“座师”之风，在侍师等尊师风俗表现形式上亦有体现。其三，在民间尊师风俗表现形式上，则注重实用性。

第一节　明尊实贬：帝王官员的尊师风俗

两宋时期，帝王官员的尊师风俗体现出“明尊实贬”的特征，即从表面上看帝王官员比之唐代在尊师上更为积极，给予老师的尊崇也较为突出。然而这种尊崇是以丢弃师道，降低师的地位，不危害君主、官员的权威为代价的。因此，这种尊崇实际上意味着对师的“贬低”。

一、师的自贬——不施臣子之礼

宋吴曾所撰的《能改斋漫录》记载了这样一则故事：

尝闻陈莹中初任颍昌教授官，时韩持国为守，开宴用乐语，左右以旧例必教授为之，公因命陈，陈曰：“朝廷师儒之官，不当撰俳优之文。”持国遂荐诸朝，不以为忤。①

宋洪迈所撰的《容斋随笔》中则记载了这样一则故事：

邹忠公为颍昌教授，府守范忠宣公属撰兴龙节致语，辞不为。范公曰：“翰林学士亦作此。”忠公曰：“翰林学士则可，祭酒、司业则不可。”范公敬谢之。前辈风节，可畏可仰如此。②

---

① 尹德新主编：《历代教育笔记资料》（宋辽金元），中国劳动出版社 1991 年版，第 111 页。

② 尹德新主编：《历代教育笔记资料》（宋辽金元），中国劳动出版社 1991 年版，第 111 页。

这两则记载均反映了共同的问题，即陈莹中、邹忠公二人身为教官，以朝廷的规章回绝了太守韩持国、范仲淹的违规要求。韩持国、范仲淹不但不生气，而且还将他们推荐到朝廷中任职。身为学官能够有理有据地顶住上司的压力，自隋唐以来实在可贵。再请看下面一段记载：

吴氏《能改斋漫录》曰："政和四年，臣僚上言：'欲望应见任教授不得为人撰书启、简牍、乐语之类。庶几日力有余，办举职事，以副陛下责任师儒之意。'奉圣旨依。"①

到了宋徽宗时期，朝廷下旨对学官的上述行为给予支持。而有了朝廷的旨意撑腰，教官们的腰杆子也终于硬了起来，敢于维护师道，拒绝"为人撰书启、简牍、乐语之类"的活动。

然而，师不施臣子之礼这一尊师风俗表现形式一直存在较为明显的"内外矛盾"。在宋代以前，历经先秦、两汉、魏晋南北朝、隋唐，这一尊师风俗表现形式的内涵也在发生变化（详见前文论述）。两宋时期虽然有新的变化，教师敢于主动去践行，但这是在有着朝廷明文条款支持的基础上，倘若失去了朝廷的支持，就会遇到极大的压力。尤其是当师面对皇帝的时候，他又该如何呢？请看下面这段记载：

太宗端拱元年，幸国子监，谒文宣王毕，升辇将出西门，顾见讲座，左右言学官李觉方聚徒讲书，即召觉，令对御讲说。觉曰："陛下六飞在御，臣何敢辄升高座。"帝为降辇，令有司

① 《文献通考》卷四十六《学校考七》。

→→

张帝幕，设别座，诏觉讲《易》之《泰卦》。从臣皆列坐。觉因述天地感通、君臣相应之旨，帝甚悦，特赐帛百疋。①

正如文中李觉对宋太宗所说“陛下六飞在御，臣何敢辄升高座。”尽管宋太宗为之降辇，给予了皇帝尊师的尊崇，但是李觉的这段话清楚表明了自己的“谦虚”，或者说是“不情愿”“不敢”在皇帝面前践行“不施臣子之礼”这种应当享受的尊师之礼。对于童蒙老师，面对今日已经成为中央或者地方高级官员的昔日启蒙弟子，他们的态度又是如何呢？宋龚明之所撰写的《中吴纪闻》中记载了丁谓（晋公）为官后回乡拜见自己启蒙老师的经过：

祥符中，丁晋公自参知政事拜平江军节度使、知升州。时建节钺者，出入必陈其仪度。既还本镇，乡人为之改观。公在童龆时，尝从老郁先生学。先生居光荡巷，师孟之父，户部师淳之伯父，予尝从师孟学。至是，首入陋巷，诣先生之居，以两朱衣掖之，拜于其下。②

虽然丁谓（晋公）已经成为地方大员，但是在自己启蒙老师的面前还是要亲身拜见，以表示尊敬的。然而，在他要向自己的启蒙老师行跪拜礼以示尊崇之时，他的启蒙老师却没有安然受之，反而做出了如下的举动：

先生惶惧，大声呼之曰：“拜杀老夫矣。”既坐，话旧极款

① 《文献通考》卷四十五《学校考六》。

② 尹德新主编：《历代教育笔记资料》（宋辽金元），中国劳动出版社 1991 年版，第 107 页。

密，且云："小年狭劣，荷先生教诲，痛加夏楚，使某得成立者，皆先生之赐也。"先生愈不自安，不数月果卒。[①]

在老师眼里丁谓已经不是自己的学生了，却成为朝廷的高官，接受高官的拜见，岂不是折煞了自己，于是在情急之下，喊出了"拜杀老夫矣"。根据文献记载，正是因为这次拜见，使得老先生"愈不自安"，最终竟然丧了命。这很可能是一种后人的附会，但是却反映出到了宋代，师不仅对皇帝不能保持"不臣之礼"，就是对官员（即使他曾经是自己的学生），师也不敢，或者不愿意去践行这种应当享受的尊重了。这其实反映出一旦失去了朝廷的支持，师维护师道的勇气似乎立即丧失了，就是学生自己如此主动，师也是惶惶不安。两宋时期，官方征召教师的记载比比皆是，教师们也都以此为荣，那种"礼有来学，义无往教"的师道已然消失了。

这实际上透露出自魏晋以来，直至宋代，尽管帝王官员们一再给予师不臣之礼的尊崇，然而实际上这是以教师自贬，或者说是以丢弃师道作为代价的。换句话说，到了两宋时期，师不施臣子之礼这种尊师风俗表现形式，所体现的便是"明尊实贬"的特征。

二、授官爵赏金而弃"道"——皇帝尊师之风

两宋时期，延续了前代皇帝亲自前往教师家中吊丧问疾、问候老师这种表示尊师的行为。但是和前代相比，皇帝更注重给予老师丰厚的物质赏赐，通过这种方式表示对老师的尊重，但是在给予官

---

① 尹德新主编：《历代教育笔记资料》（宋辽金元），中国劳动出版社1991年版，第107页。

职的晋升上，却表现出稳中有降的趋势。

太宗幸国子监，召奭讲书。……赐五品服。[①]

仁宗天圣二年，幸国子监，谒文宣王，召从臣升讲堂，令直讲马龟符说《论语》一篇，赐三品服。[②]

高宗绍兴十四年，己巳，帝幸太学，祗谒先圣，止辇于大成殿门外，步趋升降。退，御敦化堂，命礼部侍郎秦熺执经，国子司业高闶讲《易·泰卦》，权侍郎、正刺史已上并与坐。讲毕，赐诸生席于庑下，啜茶而退，遂幸养正、持志二斋，观诸生肄业之所。赐闶三品服，熺与学官皆迁官，诸生授官、免解、赐帛如故事。[③]

值得一提的是，不仅汉族主政的政权，即使是少数民族当权，在儒家文化的影响下，也有类似的尊师作为：

完颜匡，本名苏色……事豳王允成，为其府教读。大定十九年……命择日使皇孙行师弟子礼，七月丁亥，宣宗、章宗皆就学，显宗曰，每日先教汉字，至申时汉字课毕，教女直小字，习国语。因赐酒及彩币。[④]

这段记载的是号称“中兴之主”的金世宗完颜雍为皇太孙选择教师的过程，里面有两点值得我们注意：一是命令皇太孙行师弟子礼，以表示对老师完颜匡的尊重；二是赏赐彩币（布帛、金钱），这

① 《宋史·孙奭传》。
② 《五礼通考》卷一百七十二。
③ 《建炎以来系年要录》卷一百五十一。
④ 《金史·完颜匡传》。

是给予物质赏赐。由此可见，即使女真贵族所统治的金朝，也已经形成了尊师的风气。

两宋时期皇帝尊师这种尊师风俗的表现形式亦有新的特点。

其一，与前代相比，两宋皇帝仍然注重给予老师丰厚的物质赏赐。如果我们把宋代皇帝给予老师的物质赏赐和前代皇帝所给予老师物质赏赐的种类、数量进行整理，就可以发现一个有趣的走向：从两汉时期，经历魏晋、隋唐直到两宋时代，皇帝给予老师的物质赏赐一直是较为丰厚的，涉及诸如黄金、白银、米、粟、彩帛、布匹等不同的物品，可谓是“丰富多彩”。

其二，在官职的晋升上，表现出稳中有降的趋势。两汉时期所晋升的官职多为中央大员，魏晋、隋唐时期所晋升的官职除去冷官——学官是中央级别的官员外，已经逐步降为地方、州县一级，宋代代之以给予“升格官品级”（赐五品服、三品服）这些更加具有象征意义的尊崇，授官职的范围也日益局限在学官范围内。

由此可见，在皇帝尊师这种尊师风俗的表现形式上，自两汉以来，走的是一条由重视物质赏赐、加官晋爵、精神安慰并举逐步转化为更重视物质赏赐，但是却给予虚名，限制教师活动范围的尊崇方式，具体表现出物质赏赐在不断上升，但是在官爵封赏上却大不如从前。

这反映出皇帝尊师之风亦是明尊实贬。众所周知，“师”作为“道”的代言人，其首要职责便在于“传道”，尊师的最好表现便是“尊道”“守道”，并且能够以身示范。然而宋代皇帝的尊师之风变成了注重给予物质赏赐、授予官职等表达尊师的方式，在这种情况下，无形之中把“道”的地位降低了，实际上也就是降低了“师”作为“道”代言人的地位，师道因而也就受到严重挑战。即使从表面上看皇帝一再给师加官晋爵、物质赏赐，但并不能代替最为根本的“尊道”。这种试图通过加官晋爵、物质赏赐来代替“尊道”的做法，实际上是贬低师道的行为，也就是“明尊实贬”。

三、明尊实贬——尊孔之风的流变

两宋时期，在继承前代的基础上，抬高孔子的地位，给予更高等级的祭祀礼制，谥号、追封、追谥的范围在扩大。但是在封赏孔子后代的同时，开始限制其活动范围，官方的介入力度明显增强。

（一）皇帝、官员祭孔、赞孔

两宋时期释奠先师已成为一种尊师之风，颇为流行。史料多有记载：

> 如两宋有乾道皇太子释奠仪，淳熙释奠制度图，绍兴十年七月诏释奠。祥符封孔子弟子二十一贤明道，七十二贤图政和孟子庙配享从祀；元祐行释奠礼、文宣王庙在京为大祀，州县为中祀，淳熙六年四月十八日，知常德府李焘乞颁下释奠仪注及绘画尊爵制度图本。①

有所变化的是，与两宋之前的历代王朝相比，朝廷给予孔子更高的尊礼，不仅祭拜孔子本人，更祭拜孔子的弟子、父母，在为孔

---

① 《玉海》卷一百十三《学校》。

子写赞文的同时，不再直呼其名，以示尊崇。

值得注意的是，除去释奠先师这种尊师风俗之外，皇帝还不时地利用视察国学的机会，拜谒孔子。尤其是宋代诸皇帝，出于重文教的国策，更是身为表率。太祖时代多次为孔子作赞文，如宋太祖建隆三年六月，“亲撰文宣王、兖公二赞”。

皇帝还借着视察国子监的机会，拜谒孔子。宋太祖“建隆四年四月丁亥，幸国子监，谒文宣王庙”；宋太宗“端拱元年八月庚辰，车驾幸国子监，谒文宣王庙”，宋真宗“咸平二年七月甲辰，幸国子监谒先圣”。[①]

宋真宗时期还利用封禅的机会，亲自前往曲阜祭祀、拜谒孔子：

> 大中祥符元年十一月朔幸曲阜县，备礼射谒仍付所司详定所言，车驾谒文宣王庙，内外设黄麾仗衮，文宣公伯叔兄弟并许陪位从之。十一月一日戊午，幸曲阜县，谒文宣王庙，庙内外设黄麾仗，帝服靴袍，行酌献之礼，又幸叔梁纥堂，命刑部尚书温仲舒分奠七十二弟子、先儒，暨叔梁纥、颜氏。初有司定仪，肃揖而已，帝特展拜（以表严师尊儒之意，封叔梁纥齐国公），又亲制赞，示从臣，刻石庙中。[②]

宋真宗是孔子的忠实崇拜者，在继承前代尊孔之风的前提下，又有新的变化。其一，抬高了尊师礼的等级，由“肃揖”变成了“展拜”，用以表示皇帝对于孔子的特别尊崇。其二，不仅仅祭拜孔

---

① 《玉海》卷一百十三《学校》。

② 《玉海》卷一百十三《学校》。

子本人，还祭奠了孔子的七十二弟子、孔子的父母。

南宋的开国皇帝宋高宗赵构则把对孔子的尊崇又抬高了一步：

南宋高宗绍兴十四年二月戊子，司业高闶等上表请车驾幸太学……三月十八日车驾幸太学，祗谒先圣……乙亥，上制文宣王赞，其后又制七十二子赞，并刊石太学。上曰："唐明皇作赞，斥先圣先师之名，非尊儒重道之意。"①

宋高宗在继承北宋诸帝给予孔子特殊尊礼、亲自撰写孔子赞文的同时，又有了新的创新。其一，不仅仅为孔子本人作赞文，更是亲自为孔子的七十二弟子作赞文，以体现对孔门和孔子本人的尊重。其二，指责唐玄宗直接用了孔子的名字，不能表示尊师、尊儒、重道的意义，因而不再直接称呼孔子的名字，以表现对孔子的尊重。

（二）孔子庙的兴盛

宋初期不断修葺各地孔庙。太祖即位不久就多次下令在国子监修建孔庙，完善设施，并且下令修葺曲阜孔庙以示尊崇：

建隆元年二月，太祖幸国子监，诏加饰祠宇及塑绘先圣先贤先儒之像。建隆三年六月，诏修饰祠宇及塑绘先圣先贤先儒之像，立戟十六；八年诏修曲阜庙。

孔道辅知仙源县，主祠事，言庙制鄙陋，请加修崇。诏可。②

在宋真宗之时，孔庙有了新的变化：在修葺孔庙的同时，更为

---

① 《玉海》卷一百十三《学校》。

② 《玉海》卷一百十三《学校》。

重视规范孔庙的礼制，总体来说是抬高了孔庙的礼仪等级，为孔庙增加了藏书楼，完善了祭器等物品，同时赐予皇帝的御用书籍，提高孔庙内祭器的用品等级，增加维护孔庙的人手。宋真宗至道三年九月戊寅，“庙有书楼而无典籍，于是赐经书”。大中祥符元年：“若庙制未合典礼者改正之，给十户奉茔庙，丁卯赐王庙九经书、疏释文、三史及太宗御制御书百五十卷……三月二十五日庚辰，诏文宣王庙木圭易以玉，赐植圭一。”①

到了宋神宗、宋徽宗之时，进一步抬高了孔庙的礼制等级，用天子之制，达到了一个登峰造极的地步：

> 熙宁八年七月，国子监言唐开元中，尊孔子为文宣王，内出衮冕之服以衣之，宜用天子之制。礼院言宜依官品衣服，令用九旒。……崇宁二年八月，改用冕十二旒，服九章。②

宋哲宗时，孔庙的编制发生了重大的变化。“元祐四年诏密州文宣王庙置教授一员。”③ 至于为何会给孔庙增加教授（学官），其原因必须结合其他尊孔措施加以分析。这将在下文中进行深入分析，现在姑且不提。

值得指出的是，到了宋代，孔子庙已经成为对孔子、先师表示尊崇的重要象征。请看下面一段宋人对于北宋末年孔庙遭到金兵焚毁的记载：

---

① 《玉海》卷一百十三《学校》。

② 《玉海》卷八十二《车服》。

③ 《续资治通鉴长编》卷四百二十五。

→→

自古兵乱，郡邑被焚毁者有之。虽盗贼残暴，必赖室庐以处，故须有存者。靖康之后，金虏侵凌中国，露居异俗，凡所经过，尽皆焚爇。如曲阜先圣旧宅，自鲁共王之后，但有增葺。莽、卓、巢、温之徒，犹假崇儒，未尝敢犯。至金寇，遂为烟尘，指其像而诟曰："尔是言夷狄之有君者！"中原之祸，自书契以来，未之有也。①

这段记载当中，淋漓尽致地表达了宋人对金人南下之时焚毁孔庙，辱骂孔子行径的痛恨和愤怒："中原之祸，自书契以来，未之有也。"由此可见，迟至北宋末年，孔庙不仅是官方尊孔的场所，而且在人们心目中修葺、维护孔庙更是成为儒家文化的象征，成为尊师的标志之一。

（三）学子拜谒先师

唐代为了表达对先师（孔子）的尊崇，官方规定各地学子必须前往国子监谒拜先师。宋代，这一尊师风俗表现形式得以延续。太祖即位之初，就令礼部制定了相关的礼仪："国初，诏诸州贡举人员群见讫，就国子监谒先师，讫今行之，循唐制也。"② 所谓"其春、秋二丁及仲冬上丁，贡举人谒先圣、先师，命官行释奠之礼，皆如旧典"③。在谒见时间上，规定是三次，即春秋二丁、仲冬上丁，其

---

① 尹德新主编：《历代教育笔记资料》（宋辽金元），中国劳动出版社 1991 年版，第 98 页。

② （宋）王辟之：《渑水燕谈录》卷九，《宋元笔记小说大观》，上海古籍出版社 2001 年版，第 1269 页。

③ 《文献通考》卷四十三《学校考四》。

目的在于通过学子谒见先师以表示对于先师的尊敬。

到了宋神宗时期，有所变化，根据国子监的建议，对拜谒先师的时间进行了改变。熙宁五年，国子监言："旧例遇贡举岁，礼部贡院集诸州府所贡第一人谒奠先圣，如春秋释奠仪。况春秋自有释奠礼，请罢贡举人谒奠。"①

宋徽宗大观年间，对释菜、释奠的日期再次进行了更改：大观初，大司成强渊明言："考之礼经，士始入学，有释菜之仪。请自今每岁贡士始入辟雍，并以元日释菜于先圣。"②

（四）追封孔子及其后人

两宋时期，秉承自两汉以来的尊孔风俗，追封孔子，给予美谥，给予孔子"玄圣文宣王""至圣文宣王"的谥号，等级更高。

宋真宗大中祥符元年利用亲自前往曲阜祭拜孔子的机会"诏追谥曰元圣文宣王，祝文进书名，令择日册命"续改"至圣"。③ 不仅仅给予美谥，而且还要注意避讳，在两宋时期已经形成了较为完善的避讳礼制，在尊孔上也不乏规定："政和元年六月二十七日，太常寺奉诏，孔子高弟子所封侯爵与宣圣名同，失弟子尊师之礼。"④ 也就是说，通过给予孔子的避讳，来表示弟子尊师之礼，这在两宋时期已经蔚然成风。

有必要指出的是，宋人对于孔子的美谥曾和前人做过一番比较。

① 《宋史・礼志》。
② 《宋史・礼志》。
③ 《玉海》卷一百十三《学校》。
④ 《文献通考》卷四十四《学校考五》。

→→

"北齐显祖高洋、晋阳公李元忠、南齐竟陵王萧子良、隋长孙览俱谥号文宣。孔子盖出四谥之后。"① 这段记载表明，曾经用过"文宣"这一谥号的都是皇帝、王公、大臣。值得指出的是在中国古代给人追谥号是非常严肃的事情，有着严格的礼制、等级，然而给予孔子的谥号却是能够和皇帝、王公、大臣们相匹敌，足可以证明自唐代以来，官方就有意识地大力抬高孔子的地位。到了宋代，在"文宣王"之前又增加了"玄圣"二字，在中国古代"圣"字也是不经常用的，能够称之为"圣"的人，非常了得，而宋代给予孔子的谥号中出现了"至圣"。由此可见，官方对于孔子的推崇和尊崇，孔子的形象进一步走向神圣化、偶像化、楷模化。然而，给予孔子如此的美谥，是否意味着孔子就真的能够成为无所不往的圣人呢？请看下面两条加载：

宋真宗大中祥符元年，始加"玄圣"二字②……五年，诏改"元圣文宣王"为"至圣文宣王"，避圣祖讳也。③

宋神宗熙宁中欲加谥"至神元圣帝"，礼官李邦直以谓夫子周臣也，周室诸君止称王，执以为不可，卒从其议。④

这两段记载透露出如下信息：孔子的地位即使高，其地位仍在皇帝之下，因为孔子的美谥仍然要避皇帝的讳，宋真宗修改孔子谥

① 尹德新主编：《历代教育笔记资料》（宋辽金元），中国劳动出版社1991年版，第103页。

② （元）陶宗仪：《说郛》卷三十九上。

③ 《文献通考》卷四十三《学校考四》。

④ 尹德新主编：《历代教育笔记资料》（宋辽金元），中国劳动出版社1991年版，第103页。

号就是个好例子。即使宋神宗要给孔子加上“帝”的谥号，把孔子的地位由“文宣王”升入“帝”，也立刻就遭到了大臣的反对，他们认为孔子是臣，又怎么能超越君主而称为“帝”呢？并且最终让皇帝收回成命。

这其实表明，即使是在极端抬高孔子地位的宋代，孔子也只是先师，是教师的代表，其地位是不能超越君王的。然而，当初荀子所提出的“天、地、君、亲、师”一体的观点，尽管把“师”放在最后一位，但是这五者的地位是平等的，这从当时教师们的言行可以证明。然而，自汉代到宋代，教师的地位表面上看起来备受尊崇，尤其是祖师爷孔子所受的礼遇愈来愈高。但是这里有一条底线，即教师不能超越君王，甚至连王公、贵族也不能超越。到了宋代，尽管仍然在提“天、地、君、亲、师”并列，但是这“师”的地位已经悄然下降了。

另一方面，对孔子的后代给予封赏，对孔子的亲属、弟子进行追封。

首先是承袭前代作法，给予孔子后代以封号。宋太宗时期，太平兴国二年，孔宜袭封文宣公。仁宗至和二年，封孔子四十七代孙孔宗愿为文宣公。宋哲宗元祐初，诏改衍圣公为奉圣公。宋徽宗崇宁三年复封“衍圣公”。值得注意的是“祖择之言不可以祖谥加后嗣，寻改封孔宗愿为衍圣公”①，祖择之认为孔子后代不能用孔子本

① （宋）王辟之：《渑水燕谈录》卷五。转引自尹德新主编《历代教育笔记资料》（宋辽金元），中国劳动出版社 1991 年版，第 93 页。

→→

人的谥号，从表面上看这是出乎宋代追谥礼仪的需要，其实也可以理解成为官方限制孔子的影响，孔子的后代是不能达到孔子的“圣人”的高度，这种倾向从对孔子后代封官爵的变化上可以瞥见端倪。宋哲宗元祐年间，发生了一个重要变化：

哲宗元祐元年，朝议大夫孔宗翰辞司农少卿，请依家世例知兖州，以奉孔子祀。从之。宗翰又言：“孔子后袭封疏爵，本为侍祠，今乃兼领他官，不在故郡。请自今不使袭封之人更兼他职，终身使在乡里。”事下礼部太常寺。礼官议，欲依所请，俍定典礼，命官以司其用度，立学以训其子孙，袭封者专主祠事，增赐田百顷，供祭祀之余，许均赡族人。其差墓户并如旧法。赐书，置教授一员，教谕其家子孙，乡邻或愿从学者听。改衍圣公为奉圣公，及删定家祭冕服等制度颁赐。诏可。①

官方规定，凡是继承了封爵的孔门后代，要立即免除官爵，不能任职，但是给予和做官一样的俸禄。在剥夺做官权利的同时，却给了一项新的任务，朝廷给孔氏家族派来学官，让孔子后人把主要精力投入到“训其子弟”上来，并且规定了孔子后代承袭封爵的礼仪制度。通俗地说，就是要求孔门后人只管读书，教育后代，坐拿国家的俸禄，不要对政事表示过多的“关心”。令人颇感兴趣的是，这样的建议竟然是出自于孔子后人孔宗翰之口：

哲宗元祐元年，朝议大夫孔宗翰辞司农少卿，请依家世例知兖州以奉孔子祀，从之，孔宗翰言：“先圣之后，世袭封爵，

① 《文献通考》卷四十四《学校考五》。

从奉祠事，末流下竞，或领官他州，至有公爵为县尉、廷参、州守者。下至庙户减耗，祠宇堕陨。”公悉条具以闻。愿下所司，讲究废堕，增锡土田，别异世俗之人，使天下知朝廷尊崇孔子之意。①

按照孔宗翰的说法，由于孔子后人既承袭了封爵，又担任官员，不能好好侍奉孔子祠庙，所以他要求朝廷考虑到这些“困难”，解除他们的官职，让他们专心管理孔子祠庙之事，不至于“祠宇堕陨”。令人奇怪的是，在宋代，通过科举，夺得功名，步入仕途，是绝大多数读书人的向往，为何圣人之后的孔门后人会如此例外呢？为了解释这个谜团，请看宋哲宗之前诸位帝王所颁布的诏书：

仁宗皇祐三年诏兖州、仙源县自国朝以来世以孔氏子孙知县事使奉承庙祀，近岁废而不行，非所以尊先圣也。今后宜复以孔氏子弟悬选。

英宗治平元年，诏勿以孔氏子弟知仙源县，其袭封人如无亲属在乡里，令常任近便官，不得远去家庙，京东提刑王纲乞慎重长民之官，故有是诏。②

这两段记载表明，早在仁宗年间，就已经非常重视“奉承庙祀”的职责了，而且封“孔氏子孙当知县”并不在于让他们参与地方政事。另一方面，到了北宋中期，对于孔门承袭爵位的人选标准更为

① （宋）王辟之：《渑水燕谈录》卷五。转引自尹德新主编《历代教育笔记资料》（宋辽金元），中国劳动出版社1991年版，第93页。

② 《文献通考》卷四十四《学校考五》。

→→

明确：

> 元符元年，吏部言："请下兖州于孔子家，众议承袭之人，不必子继，所贵留意祖庙，敦睦族人。"从之。①

在孔门承袭爵位的人选选择上，并不是实行传统的"父死子继"的血缘标准，而是根据一套新的道德评价标准"留意祖庙，敦睦族人"，这就把孔门后人完全限制在政事以外，只局限于处理孔门内部事物。

南宋时期的限制亦很明显，皇帝在颁布的承袭爵位的诏书中，明确承袭爵位者要"主奉先圣祠事"，这和北宋的规定如出一辙。这种变化其实反映出一种倾向，即官方对孔子后代的封爵、赏赐上与前代相比，更加趋向于注重形式，而剥夺实权。一方面大力抬高孔子地位，给予后代种种殊荣；另一方面却只给予孔子后代"虚名"，把他们的活动范围限制在孔子家族的内部，要求他们从事教育工作，不需对于国家政事有着过多的兴趣。这种转变反映出宋代君权的神圣无上，反映出宋代对孔子的定位——教师阶层的代表，其地位永远只能位于君王之下，反映出官方力图在尊师风俗的流变中起到更大的作用，加强对于整个社会的控制。这种转化也是风俗治国主张的体现，官方力图通过孔氏家族的模范表率：家族敦睦，知书达理，拥护皇帝，来达到一种化民成俗、风俗治国的目的，这也是为何官方力图把孔氏后人的活动范围限制在家族内部、教育领域内的重要原因。

---

① 《文献通考》卷四十四《学校考五》。

第二节 求“名”与求“道”：士阶层的尊师风俗

两宋时期，随着科举制度的进一步完善，科举之风的进一步兴盛，尊师风俗中的科举因素开始显现，开始流行一些与科举有关的尊师风俗表现形式，表现出所谓求“名”的特征。另一方面，两宋时期，理学兴起，理学家们以恢复儒家的“道”为己任，因而这一时期的士人阶层的尊师风俗又显现出求“道”的特征。

一、“逢举而生”的“座师”“一字师”之风

随着科举制度的不断成熟，自唐代以来，逐步形成了一种源自于科举制度的新型师生关系，举子与主考官（座师）、先达等能够帮助自己获取功名的人结成了“师生关系”。尽管对举子来说，座师并没有直接向其传道、授业、解惑，但是出于考取功名的需要，他们也非常乐于拜座师。既然是老师，必然要表示尊崇。宋代秉承唐代遗产，延续了这种“座师”“一字师”之风。宋人对此有所记载：

> 国初袭唐末士风，举子见先达，先通笺刺，谓之请见。既与之见，他日再投启事，谓之谢见。又数日，再投启事，谓之温卷。或先达以书谢，或有称誉，即别裁启事，委曲叙谢，更求一见。当时举子之于先达者，其礼如此之恭。①

由此可见，举子们对先达、座师是非常尊重的，总是一而再，再而三地登门拜访，还要表示感谢，以求得座师、先达的接见。宋

① （宋）王辟之：《渑水燕谈录》卷九，《宋元笔记小说大观》，上海古籍出版社2001年版，第1303页。

徽宗宣和年间，这种尊师风俗的表现形式犹存："前辈行卷之礼，皆与刺俱入，盖使主人先阅其文，而后见之。宣和间，苍梧胡德辉见刘元城，尚仍此礼。"①

然而，随着科举的完善，皇帝加强控制，所谓"天子门生"的俗语就是这种控制加强的反映。到了宋代中后期，这种"逢举而生"的尊师之风很快就遇到了严峻的挑战，宋代笔记中对此多有记载："近岁举子不复行此礼，而亦鲜有上官延誉后进者。"②

为何会出现如此的现象呢？宋人从当时的情况进行了分析：

> 近年以来，率俟相见之时以书启面投，大抵皆求差遣，丐私书，干请乞怜之言，主人例避谢而入袖，退阅一二，见其多此等语，往往不复终卷。彼方厌其干请，安得为之延誉。士之自处既轻，而先达待士之风，至此，亦扫地矣。③

由此可见，在举子眼里，名利的诱惑早已经超越了真才实学，于是他们在行卷中或者公开提出，或者哀求乞怜获取功名，功名成为举子们唯一要求的东西。对于座师来说，或者是碍于朝廷的条例，或者是出于自身的厌烦，往往对出自功名的"尊重"，不予理睬，在朝廷的严厉打压和举子轻视自身人格的双重作用下，这种源自于科举的尊师之风很快便处于"日渐消亡""扫地"的尴尬境地。

---

① （宋）费衮：《梁溪漫志》卷三，《宋元笔记小说大观》，上海古籍出版社 2001 年版，第 3370 页。

② （宋）王辟之：《渑水燕谈录》卷九，《宋元笔记小说大观》，上海古籍出版社 2001 年版，第 1303 页。

③ （宋）费衮：《梁溪漫志》卷三，《宋元笔记小说大观》，上海古籍出版社 2001 年版，第 3307 页。

谈起“一字师”这种尊师风俗的表现形式，其实源头在唐末。如前所述，在唐代李频就是因为方干给他的诗改了两个字，而拜方干为“一字师”。到了两宋时期俨然成为尊师风俗的一种表现形式。宋人笔记中多有记载，现在引述几例：

杨诚斋在馆中，与同舍谈及“晋于宝”，一吏进曰：“乃干宝，非于也。”问何以知之。吏取韵书以呈，“干”字下注云：“晋干宝。”诚斋大喜曰：“汝乃吾一字之师。”①

晁无咎试《交趾进象表》云：“备法驾之前陈。”周益公易“陈”为“驱”。

“独恨太平无一事，江南闲却老尚书。”萧宰易“恨”为“幸”。

“云山苍苍，江水泱泱，先生之德，山高水长。”李泰伯易“德”为“风”。

“日斜奏罢长杨赋”，半山易为“奏赋长杨罢”。②

陶岳的《五代史补》则记载了生活在五代末年至宋初的著名诗僧齐已拜见“一字师”的故事：

齐已携诗诣郑谷，《咏早梅》云：“前村深雪里，昨夜数枝开。”谷曰：“‘数枝’非早也，未若‘一枝’。”齐已拜谷为一

① 尹德新主编：《历代教育笔记资料》（宋辽金元），中国劳动出版社 1991 年版，第 131 页。

② 尹德新主编：《历代教育笔记资料》（宋辽金元），中国劳动出版社 1991 年版，第 132 页。

→→

字师。①

由此可见，“一字师”这种尊师风俗的表现形式是基于文赋、诗歌等文学作品的发展而逐步形成。文赋、诗歌等文学作品的发展与自唐代以来科举制度的完善、发展有着密切的联系。因此从这个角度来说，“一字师”这种尊师风俗的表现形式也是“逢举而生”。然而，受尊为“一字师”的人或者拜为“一字师”的人都是具有一定文化修养、文学素质的人，宋代文风颇盛，也为“一字师”这种尊师风俗的表现形式得以流行准备了必要的条件。

二、称师之风的再现

从春秋战国时代开始，宣扬老师的学说，实践老师的学说就成为尊师风俗中一种较为重要的表现形式。在两宋时期，亦得到了继承。

张载的学生吕大钧就颇能在日常生活中践行老师的教导，《宋史·吕大钧传》对此有所记载：

> 大钧从张载学，能守其师说而践履之。居父丧，衰麻葬祭，一本于礼。后乃行于冠昏、膳饮、庆吊之间，节文粲然可观，关中化之……虽皆本于载，而能自信力行，载每叹其勇为不可及。②

可见吕大钧在实际生活中的确是按照老师的教导行事的，比如

---

① 尹德新主编：《历代教育笔记资料》（宋辽金元），中国劳动出版社1991年版，第107页。

② 《宋史·吕大钧传》。

在守父丧的过程中，在参加各种婚庆丧葬礼仪的过程中，都能践行儒家礼法，连张载都为其感慨，史书上也评价说“虽皆本于载，而能自信力行”。

即使是老师的学说遭到攻击、禁绝，有的学生亦能在实际生活中践行、宣扬老师的学说，如程颐的学生尹焞就是典型：

……绍兴六年，始就道，作文祭颐而后行……左司谏陈公辅上疏攻程氏之学，乞加禁绝……焞至九江，上奏曰：“臣僚上言，程颐之学惑乱天下。焞实师颐垂二十年，学之既专，自信甚笃。使焞滥列经筵，其所敷绎，不过闻于师者。舍其所学，是欺君父，加以疾病衰耗，不能支持”，遂留不进。当是时，学于程颐之门者固多君子，然求质直弘毅，实体力行若焞者盖鲜。①

朝廷本来打算征召尹焞入朝，但是陈公辅对尹焞的老师程颐的学说进行了猛烈的攻击。尹焞不愿意背弃老师的学说，于是就没有入朝。对于尹焞这种坚定践行、宣扬老师学说的行为，史书对此颇有感慨，“质直弘毅，实体力行若焞者盖鲜”，对此深表敬佩。

除此之外，也有刻石碑来记录老师学说的：

李遵勖为驸马都尉，折节待士，宗杨亿为文，于第中筑室塑像，晨夕伸函丈之礼，刻石为记，未几亿卒。②

---

① 《宋史·尹焞传》。

② 《古今图书集成·师弟部》。

→→

三、两汉“丧道”重现

和魏晋、隋唐相比，两汉时期的丧师风俗表现形式在两宋时期得到了重现。其具体表现形式主要有以下几种：

（一）集体会葬

如北宋著名的教师胡瑗翼：“胡瑗翼之卒，凶讣至京，钱公辅学士与太学生徒百余人，诣兴国戒坛举哀。又自陈师丧，给假两日。近日无此事。”①

再如著名的文学家苏轼：“眉山公卒，太学生侯泰、武学生杨选素不识公，率众举哀，从者二百余人。”②

就算路途遥远也要千方百计赶来为老师会葬，如“郑戬……早孤力学，客京师，事杨亿，以属辞知名，后复还吴，及亿卒，宾客弟子散去，戬乃倍道会葬”③。

即使面临一定的压力、危险，也无法阻止学生参加老师的葬礼。李燔对老师朱熹，“熹没，学禁严，燔率同门往会葬，视封窆不少怵”④。再如陆佃：

> 陆佃过金陵受经于王安石……哲宗立……是时更先朝法度去安石之党，士多讳变所从。安石卒，佃率诸生供佛，哭而祭

① （宋）江休复：《江邻畿杂志》，《宋元笔记小说大观》，上海古籍出版社2001年版，第576页。

② （宋）陈师道：《后山谈丛》卷六，《宋元笔记小说大观》，上海古籍出版社2001年版，第1630页。

③ 《宋史·郑戬传》。

④ 《宋史·李燔传》。

之，识者嘉其无向背。[1]

契丹等少数民族人士，亦有这种尊师风俗的表现形式：

萧永祺，字景纯，本名富里，少好学，通契丹大小字。广宁尹耶律固奉诏译书，辟置门下，因尽傅其业。固卒，永祺率门弟子服齐衰丧。[2]

（二）主动送葬

如宋代彭汝砺“少时师事庐陵倪天隐，既死，并其母妻葬之，且衣食其女”[3]。

即使学生家中财力有限，也要承担为老师送葬的责任。

梁溪王文友，讳仁辅，刻苦读书。里人倪文光，讳昭奎者，延之以教其两弟，曰子瑛，曰元镇。居久之，文光殁而子瑛呆，元镇出应门户，不胜州郡之朘剥也，资力遂耗减。已而子瑛卒，家中干。元镇刓无作有，以济朋友，会文友卒，元镇买油杉棺，葬之芙蓉峰。[4]

倪元镇在家道中落的情况下，仍然为老师买了棺材（油杉），并安葬了老师。

（三）心丧三年

下面两则材料就是这种尊师风俗形式的一种表现：

刘元城乞不就试状云：“王景兴师事杨赐付燮，及郡将举孝

① 《宋史·陆佃传》。
② 《金史·萧永祺传》。
③ 《宋史·彭汝砺传》。
④ 《古今图书集成·师弟部》。

→→

廉，后闻其丧，皆去官行服。近世臣僚，荐辟磨勘，举者亡没，亦皆报罢。臣学于司马光，晚蒙推荐，今光薨谢，臣安敢复求荣进。”文豹谓：今人何止弃其师而背其举主，至有匿其亲之讣而就试，闻所生之丧，不去官行服者。①

朱熹丧至，“（黄）干持心丧三年”。②

在第一则材料中，文豹的评论把刘元城在为其师司马光放弃考试、服丧三年的上疏中所列举的美好事例推翻了，“今人何止弃其师而背其举主，至有匿其亲之讣而就试，闻所生之丧，不去官行服者”，在重视科举博得名利的时代，像刘元城这样能够真正做到为老师服丧三年并且放弃参加科举考试的人真是太少了。由此可见，在有宋一代，为老师服心丧三年，放弃科举考试可谓难能可贵。然而，在此情况下，仍有人心甘情愿的践行，这便是尊师风俗长久生命力，代代传承的表现。

（四）无奈举哀

如岳飞学射于周同，周同死后，岳飞“朔、望设祭于其家”③，由于周同死时，岳飞无法脱身前往参加老师周同的葬礼，因此就在家每月朔、望两日为老师周同设祭，以表尊重之意。再如杨时，“四年而颢死，时闻之，设位哭寝门而以书赴告同学者”④。尹焞“少师

① （宋）俞文豹：《吹剑录》。转引自尹德新主编《历代教育笔记资料》（宋辽金元），中国劳动出版社 1991 年版，第 107 页。

② 《宋史·黄干传》。

③ 《宋史·岳飞传》。

④ 《宋史·杨时传》。

事程颐，绍兴六年……始就道作文，祭颐而后行”[①]。

总之，在两宋时期，丧师风俗作为尊师风俗的一种表现形式得到了“再现”，前代所经历的各种丧师风俗表现形式都有所体现，这也是两宋时期尊师风俗得以流行的反映。

四、侍师风俗的复苏

（一）千里从师

虽然不远千里，学生仍然要亲自前往老师居住之地，侍奉老师左右，以表示尊崇。自春秋战国时期，就形成了“礼有来学，义无往教”的尊师风俗。两宋时期，在侍师风俗层面，这种尊师风俗的表现形式得到了较好的传承。对此史料多有记载，如宋代著名的理学大师李侗，他是朱熹的老师，就是这方面的表率：

> 侗，字愿中，南剑州剑浦人。年二十四，闻郡人罗从彦得河洛之学，遂以书谒之……从之累年，授《春秋》《中庸》《语》《孟》之说。[②]

李侗为了学业，从二十四岁开始跟随罗从彦学习数年之久。若是距离稍远的，那就要辛苦一些了：

> （马）默，字处厚，单州城武人，家贫，徒步诣徂徕，从石介学，诸生时以百数，一旦出其上，既而将归，介语诸生曰：“马君他日必为名臣，宜送之山下。”[③]

---

① 《宋史·尹焞传》。
② 《宋史·李侗传》。
③ 《宋史·马默传》。

→→

马默家在今天山东单州的城武县，而石介在今山东泰山一带讲学，可见马默要从学于石介，是需要走上几百里路的。

再如理学的著名大师朱熹早年拜师的经历："延平李侗老矣，尝学于罗从彦，熹归自同安不远数百里，徒步往从之。"①

朱熹去拜李侗为师可是比李侗自己要辛苦得多了，他是不远数百里，徒步前往从师。朱熹的高徒黄干也是如此拜朱熹为师的："干字直卿，福州闽县人……往见朱熹，即日行。"② 为了能够从学于朱熹，黄干也是立刻出发，所谓"即日行"就是生动的描写。

（二）侍奉老师的日常生活

请看石守道、张洞是如何侍奉老师孙明复的：

> 是时孙明复先生居太山之阳，道纯德备，深于《春秋》，守道率张洞北面而师之，访问讲解，日夕不怠。明复行则从，升降拜起则杖屦以待。二人者，久为鲁人所高，因二人而明复之道愈尊。于是学者始知有师弟子之礼。③

石守道、张洞二人本身也是较有名望的学者，但是一旦拜孙明复为师，就严格按照尊师礼从事。首先是面向北面向老师行礼，在日常生活中，要尽心地侍奉老师，所谓"升降拜起则杖屦以待"，就是这个意思。

再如孔道辅侍奉石介，也是"执杖履立侍复左右，升降拜则扶

---

① 《宋史·朱熹传》。

② 《宋史·黄干传》。

③ （宋）朱熹：《五朝名臣言行录》卷十，《宋元笔记小说大观》，上海古籍出版社 2001 年版，第 1310 页。

之，其往谢亦然”①。

著名的“程门立雪”的尊师故事则发生于杨时、游酢二人拜见著名的理学家程颐过程中：

时，字中立……至是，又见程颐于洛，时盖年四十矣。一日见颐，颐偶瞑坐，时与游酢侍立不去。颐既觉，则门外雪深一尺矣。②

朱熹的高徒黄干，在这方面与杨时、游酢二人相比毫不逊色：

时大雪既至，而熹他出，干因留客邸，卧起一榻，不解衣者二月，而熹始归，干自见熹，夜不设榻，不解带，少倦，则微坐一倚，或至达曙。③

（三）尊重老师的教学权威

尊重老师的教学权威地位，听从老师的教学安排，是“尊师重道”的一种重要表现，也成为历代所继承的尊师风俗表现形式。宋马永卿所撰《懒真子》一书就记载了司马光辞官后，从事教学活动的情况：

司马温公之任崇福，春夏多在洛，秋冬在夏县。每日与本县从学者十许人讲书，用一大竹筒，筒中贮竹签，上书学生姓名。讲后一日，即抽签，令讲。讲不通，则公微微责之。④

---

① （宋）朱熹：《五朝名臣言行录》卷十，《宋元笔记小说大观》，上海古籍出版社2001年版，第1310页。

② 《宋史·杨时传》。

③ 《宋史·黄干传》。

④ 尹德新主编：《历代教育笔记资料》（宋辽金元），中国劳动出版社1991年版，第56页。

就是说，对于那些不能讲通学问的学生，司马光则“微微责之”，可见司马光的权威。司马光还算态度较为温和的，再请看元张光祖在《言行龟鉴》中对宋代严师的记载：

吕原明，正献公之长子也……正献公通判颍州，欧阳文忠公适知州事，焦先生千之伯强，客文忠公所，严毅方正，正献公招延之，使教诸子，诸生小有过差，先生端坐召与相对，竟夕不与之语，诸生恐惧畏服，先生方降词色。①

焦先生“严毅方正”，在教学过程中，学生小有差错，先生就召见他们面对面地坐着，却不与之说话，于是诸生恐惧。这时先生才恢复常态。从这些例子中可见当时教师的权威地位，从中还体现了学生对老师的尊重。

（四）排忧解难

如果老师在生活中遇到一些现实的问题，比如说婚姻、住房等，学生也会为老师尽力解决。宋邵伯温所撰笔记《邵氏闻见前录》中记载了这样一件事情：

太学博士姜愚，字子发，京师人，长康节先公一岁，从康节学称门生。先公年四十五未娶。潞州张仲宾太傅，字穆之，未第，亦从康节学，二君同白康节曰：“不孝有三，无后为大。先生年逾四十不娶，亲老无子，恐未足以为高。”康节曰：“贫不能娶，非为高也。”子发曰：“某同学生王允修颇乐善，有妹甚贤，似足以当先生。”穆之曰：“先生欲婚，则某备聘。”令子

① 《言行龟鉴·家道门》。

发与王允修言之，康节遂娶先夫人。[①]

康节先生是宋代著名的教师、学者，由于家贫，至四十多岁都没有结婚娶妻，这在“不孝有三，无后为大”的封建宗法社会中，可是个严重的问题。于是康节先生的两个学生为自己的老师谋划了一段姻缘，终于帮助康节先生解决了这个“老大难”问题，对老师的关怀可谓无微不至，更体现了学生对老师的尊重。

同样是北宋著名学者、教师的孙复也是年过四十还没有娶妻：

复，晋州平阳人，举进士不第，退居泰山，学《春秋》，著《尊王发微》十二篇，大约本于陆淳，而增新意。石介有名山东，自介而下皆以先生事。复年四十不娶。李迪知其贤，以其弟之子妻之，复初犹豫，石介与诸弟子请曰：“公卿不下士久矣，今丞相不以先生贫贱，欲托以子，宜因以成丞相之贤名。”复乃听。[②]

大概是他的学生石介向丞相李迪反映了这个“严重”的问题，于是李迪因为孙复是个“贤才”，愿意把他弟弟的女儿嫁给孙复。孙复起初颇有顾虑，但是在学生石介的劝说下，还是欣然接受了，这便是学生石介从中“牵线搭桥”的功劳。

如果老师没有婚姻之忧虑，学生在别的方面也会为老师解决一些问题，比如住房的问题。宋代的赵逢龙是个著名的教师，他的学生叶梦鼎是当朝宰相，看到老师的住房太过于“庳陋”了，就想着

① 《邵氏闻见前录》卷十八。

② 《宋史·孙复传》。

帮老师改善居住条件：

逢龙家居讲道，四方从游者皆为钜公名士，丞相叶梦鼎出判庆元，修弟子礼，常谓“师门庳陋，欲市其邻居充拓之”。逢龙曰：“邻里粗安，一旦惊扰，彼虽勉从，我能无愧于心？”①

（五）为老师申冤

宋俞文豹在《吹剑录》中记载了泰州学生为学官高梦槎申冤之事，就是这种尊师风俗表现形式的典型代表：

绍定三年春，李全犯泰州，太守宋济率官属十九人开门迎贼。明年，逆全授首，十九人逮系帅司。教授高梦槎（梦月）自陈不与迎贼之列。越三日，本学诸生列状，谓：迎贼时，先生称疾不赴；元夕，贼送灯油，先生曰：“先圣岂受不义之物。”裂而碎之。由是行下本州诣实，监司帅守及大学二十斋，交章称荐，得旨转三官。诰词曰：“海陵失守，长吏迎降，尔为教官，独不污贼。仓皇变故之际，可以观士君子矣。叠进三官，用劝多士。”横磋，字明卿，闽人，今以秘书郎知处州。②

李全叛乱失败后，朝廷大举逮捕投降的官员，学官高梦槎也在其中，幸好有他的学生为他申冤，证明了他不与叛乱分子合作的真实情况，这才使他得以逃脱牢狱之灾，而且还能连升三级。这些都是学生为其申冤的结果。

① 《宋史·赵逢龙传》。

② 尹德新主编：《历代教育笔记资料》（宋辽金元），中国劳动出版社1991年版，第110页。

（六）照顾老师家人

请看下面两段记载：

（简）幼从学四明朱頔，长学文于沈天锡，既仕，均奉资之。后二人亡，又访其子孙，为主婚嫁。[①]

彭汝砺少时师事庐陵倪天隐，既死，并其母妻葬之，且衣食其女。[②]

如果实在找不到满意归宿的，有的学生就把老师的子女安排到自己的家中，如：

（范镇）少受学于乡先生庞直温。直温，字昉，卒于京师，镇娶其女为孙妇，养其妻子终生。[③]

范镇在老师去世后，干脆让自己的孙子娶了老师的女儿，并且赡养老师的妻子终生，可谓护师楷模。

第三节 “有用之人”：民间尊师风俗

从目前掌握的资料来看，两宋时期，已初步改变了自魏晋以来民间不尊师之风，教师在民众眼中“无用之人”的形象有了一定的改变，成为“有用之人”，民间尊师之风开始得以流行。

宋梁克家所著《淳熙三山志》详细记载了两宋时代福州地区的尊师风俗：

---

① 《宋史·朗简传》。
② 《宋史·彭汝砺传》。
③ 《宋史·范镇传》。

入学：每岁节既五日，各遣子弟入学。或须卜日，则以寅、申、巳、亥吉，亦不过三二日止。凡乡里，各有书社。岁前一二月，父兄相与议。求众所誉学识高行谊全，可以师表后进者某人。即一、二有力者，自号为“鸠首”，以学生姓名。若干人，具“关子”，敬以谒请，曰：“敢屈某人先生，来岁为子弟矜式幸甚。”既肯，乃以是日备礼筵致，诸子弟迎谒再拜，惟恐后，远近闻之，挚箧就舍，多至数百人，少亦数十人，间有年四五十，不以老为耻，月率米、钱若干，送为司计，为掌膳，给赡饮食……龙昌期《咏福州》诗云：“是处人家爱读书。”程守师孟诗云：“城里人家半读书。”又云：“学校未尝虚里巷。”①

可见，两宋时期福州地区就已经形成了在入学前礼聘老师的尊师礼俗，要送聘书，要请老师吃饭，老师来了要争相迎谒。

再如洛阳地区的平民百姓对于老师也是非常注重“身敬”的。请看洛阳地区的百姓是如何侍奉康节公（邵雍）的：

（康节公）每出，人皆倒履迎致，虽儿童奴隶皆知尊奉。每到一家，子弟家人争取酒馔，问其所欲，不复呼姓。但名曰：“吾家先生至也。”虽闺门骨肉间事，有未决者，亦求教。康节先生以至诚为之开论，莫不悦服。十余家如康节先公所居安乐窝起屋，以待其来，谓之“行窝”。故康节先公没，乡人挽诗有

① （宋）梁克家：《淳熙三山志 · 土俗类》。

云："春风秋月嬉游处，冷落行窝十二家。"洛阳风俗之美如此。[①]

这段宋人笔记资料较为真实地记载了民间是如何侍奉老师的。其一，给予酒馔，向康节公求教，依康节公居住地方居住，这是通过自己的行为表示对于老师的尊重，也就是"身敬"。其二，不呼其名，以"先生"称之，这是在语言上表示对于老师的尊重，也就是"口敬"。

由此可见，民间在侍奉老师上所表现出的"身敬""口敬"并不逊色于士大夫、学者，所以当时的人认为洛阳民间所表现出的这种"尊师重教"的"风俗之美如此"。

另外据元脱应所修《至顺镇江志》记载：

入学会拜：润学，元日、上巳，本郡有会诸生之礼。自宋郡守、殿撰曾逮，户侍张杓始……嘉定癸酉，教官庐宪集台府官属及寓公于学宫，欸谒先圣，礼毕，升堂而拜叙。拜而饮。[②]

在南宋嘉定年间，已经形成了元日入学会拜（拜师）的尊师礼俗，并且还要拜见先圣（孔子）。

如前所述，在官方给予孔子的谥号中，孔子已经成为无所不能的"至圣文宣王"，孔子已经成为完美无缺的"圣人"形象，成为连皇帝都要尊崇的"人之楷模"，对于如此"神圣化""偶像化"的

① （宋）邵伯温：《邵氏见闻录》卷二十，《宋元笔记小说大观》，上海古籍出版社2001年版，第1834页。

② （元）俞希鲁：《至顺镇江志·风俗》。

→→

孔子，当然是上至皇帝大臣、下至平民百姓都要予以尊敬的。然而，史料的记载表明，一旦到了民间，百姓们马上就会把孔子打上自己的烙印，以自己独特的视角来看待孔子，以完全不同的方式来展现出百姓眼中的孔子。请看下面一条记载：

至道二年重阳，皇太子、诸王宴琼林苑，教坊以夫子为戏者，宾客李至言于东朝，曰："唐大和中，乐府以此为戏，文宗遽令止之，笞伶人，以惩其无礼。鲁哀公以儒戏尚不可，况敢及先圣乎？"东朝惊叹，言于上而禁止之，此戏遂绝。①

正如前文在隋唐一章中所论述的那样，早在唐文宗时期，随着戏曲艺术的发展，孔子这位"新兴"的人物被戏子们拉到了戏曲表演中，当时由于唐文宗认为对孔子不够尊重，而加以斥责。然而，孔子并没有因为唐文宗对戏子们的斥责而离开戏剧。宋真宗至道年间，这一现象再次出现，于是皇帝又实施了同样的处理方式，从而"此戏遂绝"。

由此可见，官方文化心态和民间文化心态二者之间是有差距的。在平民百姓眼中的孔子形象和在官方、士大夫精英阶层眼中的孔子形象是有差别的。与官方、士大夫精英阶层把孔子偶像化、神圣化、楷模化并且加以尊崇相比，在平民百姓眼中，孔子更加显得实用化，比如尊孔、拜孔可以求子、求雨；也显得更加人情化，比如戏剧中的孔子必定有自己的"喜怒哀乐"。这种在官方、士大夫眼中是"流

---

① （宋）杨亿：《杨文公谈苑》卷二十一，《宋元笔记小说大观》，上海古籍出版社 2001 年版，第 478 页。

俗”和对孔子不尊的举动，在平民百姓眼中看起来却未必不是对于孔子表示尊重的一种方式。其实，孔子在民间变得如此“神通广大”，便是官方抬高孔子，将孔子形象神圣化、偶像化的一种“连锁反应”，只不过在具体表现方式上各有侧重，有所不同罢了。民间有请老师解决各种纠纷、代写文本、解决各种疑难问题的尊师风俗，教师俨然成为“无所不能”的神人，这和尊孔求子、求雨的风俗表现形式很类似。可以这样说，这类“流俗”正是民间尊师风俗表现形式，体现了民间的尊师文化心态，只不过这在官方、士大夫眼里看来是太“另类”了，是“不入流”的，反映了士大夫精英文化和平民文化之间的差异。

综上所述，在两宋时期，民间尊师之风较为流行，无论是被神话了的孔子，还是福建的聘师风俗、洛阳平民百姓对康节公的尊重，都显现出教师俨然成了具有一定实用性的有用之人，而造成这种现象的原因我们将在下节中加以分析。

第四节　两宋尊师风俗与儒学教育的进一步转变

两宋时期，采取“兴文教，抑武事”的国策。一方面，宋代三次兴学，重视科举，教育事业有了很大的发展；另一方面，宋代秉承了隋唐时期儒、佛、道三家思想并用的国策，这三种思想文化的相互交流、融合，最终孕育出了“以儒家思想为主体，糅合佛、道思想而成的新的思想体系——理学思想”①，对中国古代的教育产生

① 孙培青主编：《中国教育史》，华东师范大学出版社 1991 年版，第 338 页。

→→

了深远的影响。在这种情况下，两宋尊师风俗得以流行，在某种程度上再现了两汉尊师风俗的“辉煌”。然而自唐代以来，随着科举制度的建立和完善，宋代又更加重视科举，使得两宋尊师风俗出现了新的变化。这种变化体现的正是儒学教育的进一步转变：一方面两宋时代的儒学教育除了注重“求道”外，比之唐代更为注重通过儒学教育获得“科举功名”；另一方面，儒学教育的政治倾向也更为明显，更加注重维护君主的权威，以加强中央封建集权。这种转变对教师的生存状况、评价标准又产生了反作用力。

一、尊师风俗与儒学教育的进一步转变

（一）不施臣子之礼与儒学教育的科举化

在前文我们已经分析过，多是官师在维护师道、不施臣子之礼方面缺乏勇气，私学老师还是比较有“骨气”的，原因在于官学老师和私学老师所扮演的角色、地位不同。从两汉历魏晋直到隋唐，官学老师所扮演的社会角色是“亦师亦官”。由于他是官，官是按照品级定高低的，因此对于皇帝、高官来说，学官的“胆怯”“谦虚”都是可以理解的。由此我们也就不难理解前文中所出现的官师们在上级不尊师行为面前的“无所作为”，国子博士在皇帝面前的“谦逊”态度了。但是一个新的问题出现了，在两宋时期不仅仅是在官学教师中这种“软骨病”很普遍，就是私学老师好像也患上了同样的“病情”，而且似乎更为严重，诸如前文那位启蒙老师所喊出的“拜杀老夫矣”。再如前文所引的石介劝导孙复的话：“公卿不下士久矣，今丞相不以先生贫贱，欲托以子，宜因以成丞相之贤名。”著名

的私学教师竟然以“贫贱”自称，并且把丞相愿意嫁亲戚于己视为莫大的荣耀，这和先秦时期孟子那种维护师道的行为相比简直有天壤之别。那么为何连私学老师都得了“软骨病”，丧失了维护师道的勇气呢？其实我们只要稍加分析，就能发现其中的原委：他们所“屈服”的对象无一例外都是官员，就连孙复、石介自己都先后进入朝中做官。

这就反映出在两宋时期儒学教育价值观的转变：伴随着科举制度的完善，官方重视科举考试的程度与日俱增，整个社会的儒学教育价值观也在转换，对士人来说，能够通过科举考试博取功名，进而获得一官半职，便成为他们最大的荣耀和出路，而且官方有意给予科举中第者丰厚的回报，所谓“书中自有黄金屋，书中自有颜如玉”，更促使文人们走上了科举这条道路。于是整个社会流行起重视科举，轻视学校，重视功名利禄，轻视师道尊严的风气。一旦获取功名，得到官职，便成为人上之人，便成为众人羡慕的对象，甚至连老师都会为此感到荣耀。若是学生不能中第，老师便会为此感到难过，如张载就对吕大临不能中第而叹息。由此，两宋时期社会儒学教育价值观发生进一步转化：以博取功名、获得官职为接受教育的根本出路，不再以获得儒家的“尧舜之道”“精通六经”为接受教育的根本目的。教育成为人们获取功名利禄的工具，而教师也随之成为这种工具，从而丧失了为人楷模的示范作用。因此，在帝王官员的尊师风俗中也就出现了“明尊实贬”的现象。

→→

（二）尊孔风俗与儒学教育的进一步转型

我们曾经详细分析过尊孔这一尊师风俗的表现形式在两宋时期所出现的变化，即官方一方面大力抬高孔子的地位：诸如抬高祭祀孔子的礼制等级，皇帝亲自拜谒孔子，给予孔子高等级的“美谥”，封赏孔子后代；另一方面却限制孔门后人的活动范围，把他们的活动范围紧紧限制在“教训子弟、敦睦族群”中，规定凡是接受了“衍圣公”封爵的孔门中人仅仅治理“祠庙之事”。宋代官方的这种规定明显有限制孔门影响的意思。其原因究竟何在？正如前文所分析的那样，这正是两宋时期师道和君权关系变化的反映。两宋时期，鉴于唐朝末年以来藩镇割据混战的局面，非常重视中央集权，君权的至高无上得到了加强。在这种情况下，官方所做的任何事情，都离不开一个前提，即维护君主的权威。由此也决定了对孔子这位教师代表的尊崇仅仅是在教师阶层内部的尊崇，目的在于通过尊孔这种尊师风俗的表现形式，形成尊师之风，所谓“师以载道”，通过“尊师”然后“重道”，然后“化民成俗”，从而达到维护自身统治的根本目的。这就是说，对孔子的尊崇在某种意义上已经成为一种维护封建统治的“工具”。另一个值得注意的问题是和前代相比，宋代给予孔门后人的封官呈现出新走向：在地方上只是个“曲阜知县”，在中央一般都是礼部官员，主管教育、礼仪的官员，即所谓“冷官”，离中枢机构的级别还有很大一段距离，与之相对应的是前代对于孔门后人的封官一般都是具有实权的州、府、县一级官员。也就是说，宋代的封官是一种给予虚名、剥夺实权的做法，再到后来限制其活动范围，命令其主要任务只是“管理教训子弟，敦厚族群，奉承祠庙”，使得孔门后人们即使得到了封爵、封职，其影响也不可能扩散，甚至超越皇帝的威望，不可能对君权造成威胁，孔门后人所能做的只是在“感恩”皇帝“封赏”的前提下，重新做回孔子的老本行——教书育人。

如此一来，两宋时期尊孔风俗实际上反映出儒学教育在另一层面上的转变，即更重视维护“王道三纲”，重视树立“道”的权威，即儒学教育目的的另一个方面：明确维护君主的权威。自从先秦荀子正式提出“天、地、君、亲、师”一体，“师”得以和“君”并列于“五尊”之列以来，随着中央集权封建王朝的建立，如何处理“君权”和“师道”的关系就成为历代儒学教育所必须考虑的一个重要问题。两汉时期随着独尊儒术政策的确立（以董仲舒的王道三纲为“代价”），君权的地位得到极大提升，相形之下，师道则显得有些尴尬。其后历经魏晋、隋唐而建立起来的北宋王朝，吸取了唐中期“安史之乱”及其后的五代十国所暴露出来的问题，极力维护封建中央集权统治的权威，维护君权越来越成为官方重视的事情。在这种情况下，尊师开始和维护君权紧密结合起来，孔子这位教师的“祖师爷”就是在这种情况下被官方“请”出来的，这也就决定了尊孔是为了维护君权，使得儒学教育的目的之一便是维护君权，加强封建中央集权。

二、尊师风俗与儒学教育进一步转变的影响

（一）对教师评价标准的影响

两宋时期儒学教育进一步转型，随着科举制度的逐渐完善，科举之风日盛，人们接受儒学教育的目的不再是单纯的求“道”，而是要获得科举功名，在这种情况下，对教师的评价标准也发生了变化，这种变化在尊师风俗中也有所体现。

在《宋史·孙固传》中有这样一段记载：“人当以圣贤为师，一节之士不足学也。”① 这段话清楚地表明宋代一些士子的尊师观、择师观：要尊重、选择“圣贤”为老师。然而如前所述，自唐末开始到两宋时期又形成了一种“新”的尊师风俗表现形式，即“一字师”。所谓“一字师”就是帮助别人改动了诗句或者文赋中的一个字或者一段话，而被别人施以尊师之礼（如北面拜师礼）的人物。在两宋时期的尊师风俗事迹中，我们可以发现在所尊的老师（如胡瑗等人）中，在具备了一定的儒家道德水准后，无一例外地都具有较高的教学技能和应试技能，可以较好地完成教学活动。他们所教的学生许多都可以通过科举考试博取功名，也就是说实际生活中是以教师的应试之才、教学之才作为择师的标准，只要具有一定的教学之才、应试之才，便可以为师，便可以对之施加以尊师之礼。如前所述，我们发现其实“一字师”这种尊师风俗形式的出现正是出于尊师观、择师观、对教师自身素质要求变化的一种反映。众所周知，科举考试之中文赋、诗词的比例从唐代开始就一度占据了很重的分

① 《宋史·孙固传》。

量。迄于两宋时期，这种情况并没有很大变化，文赋、诗词质量的高低影响到能否获得功名，获得他人的尊重。如《宋史·戚同文传》："始，闻邑人杨悫教授生徒，日过其学舍，因授《礼记》，随即成诵，日讽一卷，悫异而留之。不终岁毕诵《五经》，悫即妻以女弟。自是弥益勤励读书，累年不解带。时晋末丧乱，绝意禄仕，且思见混一，遂以'同文'为名字。悫尝勉之仕，同文曰：'长者不仕，同文亦不仕。'悫依将军赵直家，遇疾不起，以家事托同文，即为葬三世数丧。直复厚加礼待，为筑室聚徒，请益之人不远千里而至。登第者五六十人，宗度、许骧、陈象舆、高象先、郭成范、王砺、滕涉皆践台阁。"① 戚同文的学生登第之人有五六十人，足可见戚同文的"应试之才"。

由此我们也就不难理解为何"一字师"绝大多数都是一些帮助修改诗词、文赋的人物了。这是两宋时期对于教师自身素质要求、评价教师标准变化在尊师风俗表现形式上的一种反映，就是由"德才兼备，以德为先"到"德才兼备，重才轻德"再到"重才轻德，应试为先"的变化，造成这种转变的原因便是儒学教育的进一步转型。

（二）对教师生活状况的影响

如前所述，两宋时期的儒学教育进一步转型，人们开始注重功名，请看《宋史·王埜传》的记载：

① 《宋史·戚同文传》。

埜，字子文，宝章阁待制介之子也。以父荫补官。登嘉定十二年进士第。仕潭时师真德秀，一见异之，延至幕下，遂执弟子礼。德秀欲授以词学，埜曰："所以求学者，义理之奥也，词科惟强记者能之。"德秀益器重之。①

两宋之际，在许多士人的心目中，读书就是为了参加科举，博取功名，改变自己的人生道路，而寄人篱下的教书生涯可能只是一时之举。这种转型对教师生活状况亦产生了影响。

本章第二节已经论证两宋时期官方大力提倡尊师，力图形成一种淳美的尊师风俗。然而实际情况是尊师风俗中存在着"明尊实贬"的问题，在实际生活中还是会出现种种不尊师的行为、事件。尽管曾为高级官吏的老师，在学生尊拜老师之时，却大喊"拜杀老夫矣"；尽管身为著名的私学老师，有数百人跟随，但是还是以进入朝中为官为目标；尽管学生能够践行自己的学说，但老师还是为学生不能中举而叹息等，为何会出现这种矛盾的现象呢？让我们首先看一下私学教师的实际生活状况，宋周**辉**所撰《清波杂志》中有这样一段记载：

典家塾难。其人，严则利于子弟，而不能久；狎则利于己，而负其父兄之托。顷，一钜公，招客训子，积日业不进，叔昔欲退。钜公觉之，置酒，泛引自昔名流、后嗣类不振。且曰："名者古今美器，造物者深吝之。前人取之多，后人岂应复得！"士人解悟，其迹遂安……今教子弟，乃以主人厚薄为隆杀，亦

① 《宋史·王埜传》。

可笑矣!①

这段笔记资料表明两宋之际私学老师的地位已经不如从前，尤其是那些在大户家中教书的私学老师们丧失了维护师道的勇气，反而是以“主人厚薄为隆杀”。须知大户们并不是官员，私学老师们没必要为此而感到“谦逊”，那为何会出现私学老师还要得到主人的许可（如笔记中所记载的钜公和老师的对话），才敢于以师道自居呢？为了弄清其中的原委，我们再来看下面一段材料：宋人叶梦得在其所著《避暑录话》中对其幼时就学的塾师——乐君的情况有着详细的论述：

乐君，达州人，生巴峡间，不甚与中州人相，状极质野，而博学纯至。先君少师特爱重之，故遣吾听读。今吾尚能略记《六经》，皆乐君口授也。家贫甚，不自经理，有一妻二儿，一跛婢，聚徒城西，草庐三间，以其二处诸生，而妻子居其一。乐君坦率多嘻笑，未尝见其怒。一日，过午未饭，妻使婢告米竭。乐君曰：“稍忍，会当有饷者。”妻不胜忿，忽自屏间跃出，取案上简击其首。乐君袒走，仆于舍下，群儿环笑，掖起之。已而先君适送米三斗，乐君徐告其妻曰：“果不欺汝。饥甚，幸速炊。”俯仰如昨日，几五十年矣。每旦起，分授群儿《经》，口诵数百过，不倦。少间，比曳履慢声，抑扬吟讽。蹑其后听

① 尹德新主编：《历代教育笔记资料》（宋辽金元），中国劳动出版社1991年版，第59页。

→→

之，延笃之书也。群儿或窃效靳侮之，亦不怒。①

可见，这些没有取得功名的私学教师们只是靠着学童所缴纳的学费（多为粮米实物）来维持生计，往往相当贫困。前文所描述的在大户中教书的私学老师也面临着相同的情况，因为他们也靠着教书来维持生计。

这就是说，在实际生活中，部分在民间靠着教书为生的私学老师们的生活水平非常成问题，有的甚至是在“饥饿线”上挣扎。即使是相对有名望的教师，其情况又如何呢？比如孙复，他未能中第，因而边教书边考试，结果到了四十岁还是非常贫贱，未能成家；再如康节先生，也是因为贫穷而没有娶妻子，他们都是靠着自己的学生帮助解决这个困难问题的；再如有的老师住房庳陋，有的老师住在陋巷中，这些都可以让我们了解私学老师真正的生活水平。由此可见，不用说和那些因中举博得一官半职的同行们相比，就是和那些在两宋时期随着城市经济发展而出现的巨室大户的富豪们相比，教师也是非常“贫穷”的。因而大多数老师都期望改变这种贫困潦倒、寄人篱下的生活。只要有机会，也是非常乐意通过荐举、师生关系进入朝廷为官的。

综上所述，尽管官方大力提倡尊师，而且在两宋时期，尊师风俗的表现形式亦很丰富，涵盖了日常生活的各个方面。然而，在实际生活中，随着儒学教育的进一步转型，社会以获得功名作为接受教育的一大目标，以能否获得功名作为评价教师的标准。在儒学教

① （宋）叶梦得：《避暑录话》卷下。

育进一步转型的情况下，尤其对于那些生活在民间，靠着教书为生的私学教师们，其生活水平就更为堪忧。对于官师来说，他们更是受到高官厚禄的名利诱惑。在这种情况下，连谋生都成问题（私学老师），以离开“冷官”为目标的教师们，又怎么能维护师道，获得别人的尊重呢？这就是说，两宋尊师风俗中所表现出的“不尊师的噪音”，其实反映出了随着儒学教育的进一步转型，教师已经不能凭借“道”的代言人的身份来过安稳的日子了，如果无法获得功名，教师生活状况会受到严重冲击。

→→

第六章　师道渐远：元明清尊师风俗的分化

元统一全国后，开始重视教育，视学校为“风化之本，出治之原（源）”，注重学校教育，积极创办各级各类地方学校，并且重视学田的设置和管理，使学校的经费有了一定的保证。值得一提的是，社学是元朝时期在教育组织上的一种创新，对后世产生了深远的影响。明建国后，就非常重视教育的发展，并且确立了“治国以教化为先，教化以学校为本”[①] 的文教政策，为此明朝广设学校，以培育人才，同时亦开科取士，重视人才的选拔。然而，明代在大力兴学之时，亦开始加强思想控制，实行教育文化上的专制，如删节《孟子》、大兴文字狱、严禁学生议政等，使得明代的教育文化专制达到了一个新的高度。清代稳定全国统治之后，于顺治十二年（1655）确定了“兴文教，崇经术，以开太平”的文教政策，其具体实施和明代类似，但是对教育文化的专制愈加严厉，在广泛兴学的同时，清政府严订学规，既开科取士，又大兴文字狱，实行软硬两手控制。综上所述，元明清三代，都非常重视教育事业的发展，但是自明代开始的教育文化专制对中国教育的变迁产生了深远的影响。

在这种情况下，元明清的尊师风俗表现形式呈现出新的特色：其一，在帝王官员的尊师风俗表现形式上，控制与凌驾取代了明尊

① 《明史·选举志一》。

实贬，如何尊师、怎样尊师已完全取决于帝王、官员的意愿。其二，在士阶层的尊师风俗表现形式上，表现为崇学与崇利共存，士人尊师既有崇学的目的又有获取功名的企图。其三，在民间尊师风俗上，表现出尊崇和嘲讽相行，既有尊师佳话，亦有嘲讽教师、不尊师之举动。下面逐一加以分析。

第一节　控制与凌驾：帝王官员的尊师风俗

一、“君师分明”的尊孔之风——官方对尊孔的控制

两宋时期以孔子作为教师的代表人物加以尊崇，这种尊师风俗的表现形式在元明清时期得到了继承，并且有新的变化：取消王号，恢复了先师本色，意味着官方所给予孔子尊号等级的降低，更透露出在明清时代官方加大了对尊孔这一主要尊师风俗表现形式的控制力度。

（一）“去王成师”

元明清三代的帝王都不断地给予孔子以新的“封号”，以表示尊崇。

元代赐予了孔子历代最高的封号：“大成至圣文宣王”。但是这种趋势没有能够持续，到了明清时期给予孔子的封号产生了变化。让我们先来了解一下明清时期官方给予孔子封号的一个大致变化过程。

明朝初年，朱元璋承袭前朝故事，给予孔子这位先师的代表以“大成至圣文宣王”的封号，这一封号一直沿用了近二百年，到了明

→→

世宗嘉靖九年始改为"至圣先师"。随后的清朝顺治二年，封孔丘为"大成至圣文宣先师"；顺治十四年，改封"至圣先师"。值得注意的是，自从唐玄宗李隆基开元二十七年给予孔子"文宣王"的封号以来，孔子做了八百多年的文宣王，到了明世宗嘉靖九年终于从"王位"上被"请"了下来，恢复了"至圣先师"的本来面目，回归"师"的本色。尽管清朝初年曾经有过回复"王位"的契机，但是最终清政府还是更加愿意用"至圣先师"这个尊号，来表达官方对于孔子这位先师的尊崇。乍一看，这只不过是孔子尊号上的细微变化，而孔子依然受到尊崇，尊孔仍然是官方大为提倡的尊师风俗表现形式。然而，这种尊号的变化具有重要的意义，为什么会产生这种细微的变化？这种细微变化所透露出来的意义何在呢？让我们先回到明代嘉靖九年之前，看看当时的情势：早在明英宗时期，就有大臣请加封孔子尊号，结果没有被批准。到了明景帝景泰年间，又有大臣向皇帝上奏章，要求给予孔子等级更高的尊号：

> 景泰三年，国子助教刘翙，乞尊孔子为帝，增乐舞为八佾，事下礼部，是胡濙为尚书，不许。然八佾之议，成化间竟行之。①

明宪宗成化年间，国子祭酒周洪谟请加孔子号"广运圣神"，但是"会议不允"。到了明孝宗弘治年间，又有不少大臣上奏章，要求给予孔子更高等级的尊号，结果闹出了不少笑话，请看明人对此的

① （明）沈德符：《万历野获编》补遗卷二。转引自尹德新主编《历代教育笔记资料》（明），中国劳动出版社1991年版，第73页。

记载：

孔子徽号久已有定称，即加至百言，不足揄扬。而弘治间，议加美名，有可笑者，如刑科给事中吴世英，请加孔子为文祖大成至圣，已属未妥。至十三年，常熟知县杨子器又请加孔子为配天广运大成至圣万世帝王宗师，虽褒颂倍尊，似更支衍，当时俱置不行。此又非礼之礼，正如唐宋间人主尊号，至二十余字，极古今之懿美，总之皆赘也。此等建白，恐夫子闻之，亦未必乐。①

就是说，当时有不少大臣们给皇帝提了许多“非礼之礼”的尊号，结果都没有被采纳。

这种情势到了明世宗嘉靖九年有了一个突然的变化，就是明世宗时接纳张璁的建议，改“大成至圣文宣王”为“至圣先师”，并且“去塑像，设木主，尽罢公、侯、伯诸封爵”②。

对于当时明世宗的这种决定，直到明代末年还有人表示不满，据明沈德符所撰写的《万历野获编》补遗卷一记载：

太祖废天下神祇王公等号，而独存孔子文宣王尊称及塑像，盖有深意。至世宗用张璁言，改王称师，毁像用主，儒者至今饮恨。惟太祖初制，每月朔望，遣内臣降香，历朝遵行，亦至

① （明）沈德符：《万历野获编》补遗卷二。转引自尹德新主编《中国教育笔记资料》（明），中国劳动出版社 1991 年版，第 73 页。

② （明）郑晓：《今言》卷一。转引自尹德新主编《历代教育笔记资料》（明），中国劳动出版社 1991 年版，第 80 页。

→→

嘉靖九年始罢之，此璁独见也。[1]

从上述材料来看，孔子不但王位丢了，而且连内臣每月朔望给孔子上香的尊师风俗表现形式也被官方取消了。这种情况使得一些儒者们“至今饮恨”。那为什么最终孔子还是被从“王位”上“请”下来了呢？其实早在明朝初年，就已经有人对孔子被称作“文宣王”表示不满了，为此，国初，大学士吴沈曾作“孔子称王辩”以言其非，[2] 结果这一辩倒是把孔子的王位保住了近二百年。对于祭酒周洪谟请改“大成至圣”为“神圣广运”，加服衮冕、十二笾豆、舞八佾的建议，当时的尚书邹干站出来表示反对。他说：

正统十二年，御史请加封孔子，英宗不允。今考“神圣广运”乃伯夷赞尧之词，不若“大成至圣”本于《孟子》《中庸》，无可拟议。[3]

值得注意的是，在当时尊孔成为延续多年，官方大力提倡的尊师风俗表现形式的社会背景下，有人敢于公然站出来反对给孔子加尊号，并且最终获得皇帝的支持，定然有其“过人之处”。接着，邹干指出“神圣广运”是“伯夷赞尧”的用语，而“大成至圣”来源于儒家的《孟子》《中庸》著作，因而相比来说，还是用儒家的称呼才好。在这里，我们需要注意的是这样一段陈述：“神圣广运”乃

---

① 尹德新主编：《历代教育笔记资料》（明），中国劳动出版社 1991 年版，第 79 页。

② 尹德新主编：《历代教育笔记资料》（明），中国劳动出版社 1991 年版，第 77 页。

③ 尹德新主编：《历代教育笔记资料》（明），中国劳动出版社 1991 年版，第 72 页。

伯夷赞尧之词。尧是中国古代的五帝之一，他不仅仅是儒家所认为的圣人，他更是帝王，倘若把这个尊号当真给孔子加了上去，那孔子不就是无形之中享受了帝王的身份吗？这在封建专制日益加强的明清时期，是不可能得到施行的，这才是周洪谟提议被拒绝的根本原因所在。

如果说邹干的解释还显得较为隐讳的话，那么明宪宗成化时期另一位大臣夏寅的奏论就说得非常直接了：

成化中，夏止轩寅论奏云："孔子实万世道学宗主，当称先圣，而反欲称王称帝，虽极尊崇，终于名礼未正，宜考古礼之沿革，去往代之纰缪，正孔子先圣之号，而以颜、曾、思、孟为先贤，改用木主以代塑像，厘正十哲之位置。"①

这回他说得非常明白：把孔子称王称帝，违反了礼制，即使这表示了尊崇，也不能容忍。因为皇帝只能有一个，孔子又怎么能享受帝王的尊号呢？这种观点，其后受到一些文人的支持："至嘉靖间，世庙用大学士张孚敬言，至于去土像设木主，改封爵而称先师先儒，礼正义当，极为尊隆，文物典章，卓越万古，非圣明之主不能为此举动也。"②

这种严加限制孔子尊号的做法，在清代仍然得到了很好的继承：

顺治二年，从祭酒李若琳请，改书"大成至圣文宣先师孔

① 尹德新主编：《历代教育笔记资料》（明），中国劳动出版社 1991 年版，第 72 页。

② （明）徐三重：《采芹录》卷二。转引自尹德新主编《历代教育笔记资料》（明），中国劳动出版社 1991 年版，第 78 页。

→→

子神位”。盖袭用元武宗旧谥，特不称王耳。十四年，给事中张文光疏言其非，请去“大成文宣”四字，从之。①

结果，孔子的谥号还是被去掉了“大成文宣”四字，孔子又回复到了“先师”的本色。

综上所述，虽然官方对孔子仍然是非常的尊崇，孔子尊号只有微小的变动，但实际上给予孔子的尊崇的等级在下降，而其原因就在于孔子即使是“先圣”，也是不能违反礼制的。这里所谓的“礼制”，就是不能逾越皇帝、王公的界限。这其实反映了在明、清时期，封建专制皇权的进一步加强，更反映出在处理君、师的关系上，君处于绝对的“权威”地位，因为作为“师”的代表的孔子，甚至连“王位”都丢了。

（二）祭孔、修孔庙

承两宋时期皇帝亲自拜祭先师孔子的尊师风俗表现形式，明清两代皇帝在视察太学之时通过“释奠”“释菜”尊师礼祭拜孔子。如明宪宗就多次在视察太学时释奠、释菜先师孔子，请看下面的记载：

（成化元年乙酉）三月初十日，上幸太学行释奠先师礼……祭酒司马恂、司业张业以次进讲毕，赐茶乃行。

辛巳八月，上视学，行释菜礼，幸彝伦堂。祭酒、司业以

---

① 尹德新主编：《历代教育笔记资料》（清），中国劳动出版社 1991 年版，第 145 页。

次坐。①

清雍正皇帝为了表示对先师孔子的尊重，在雍正二年“谕改幸学为诣学”。三年，定至圣讳字右加邑，州县丁俱用太牢，乐用八佾。五年，定八月二十七日至圣生日，斋一日，禁止屠宰。②

清代皇帝不仅借助视察太学的机会祭拜孔子，还亲自前往曲阜祭拜孔子。康熙皇帝于康熙二十三年（1684）亲赴山东曲阜祭拜孔子。康熙二十二年（1683），康熙帝亲书“万世师表”匾额，悬挂于全国各地孔庙，此举突破了皇帝只为孔子撰写赞文的先例，更具示范作用。值得一提的是，康熙皇帝在为孔子御笔题字上可谓是毫不吝啬：

康熙四十四年三月巡幸江浙，途经青浦，贡监生员孙鋐等吁请御书匾云：“圣迹遗徽”；联云：“泽衍鲁邦，四海人均化育；裔分吴会，千秋世永蒸尝（泛指祭祀）。”③

乾隆皇帝在位期间，更是九次亲自前往曲阜朝拜孔子。乾隆三十三年京师孔庙修葺讫工，乾隆皇帝更是御书榜字，正殿曰大成殿，二门曰大成门，殿与门易用黄瓦，大门增“先师庙”额，以示

① 尹德新主编：《历代教育笔记资料》（明），中国劳动出版社1991年版，第18页。

② 尹德新主编：《历代教育笔记资料》（清），中国劳动出版社1991年版，第165页。

③ 尹德新主编：《历代教育笔记资料》（清），中国劳动出版社1991年版，第143页。

→→

尊崇。①

除此之外，对于尊师、尊孔重要象征的孔庙，明清两代官方也是不厌其烦地加以修葺：

洪武七年，衍圣公赐诰，如一品法，舞用八佾……永乐十四年，撤其旧而新之……成化中，加笾豆十二重，建正殿。弘治十二年，庙灾，发帑金十五万，守臣重修。万历二十八年，始易以琉璃，从司业傅新德之奏也。②

清朝康熙三十年，修理阙里圣庙大成殿等五十四间、大成门等六十一间、围房八十八间，估银八万六千零十八两，特发内帑办理。雍正二年，阙里孔庙灾，命山东巡抚陈世倌监修。正殿用黄瓦，两庑用绿瓦，以黄瓦镶砌屋脊。圣像选内府近人用脱胎法装塑。定大门名曰圣时，二门曰宏道。③ 雍正三年，州县丁祭俱用太牢，乐用八佾。雍正七年，修曲阜庙殿及正门，皆用黄瓦。改旧名“宣圣庙”为“至圣庙”，门戟二十有四。八年，设庙中孔氏执事官四十员。乾隆元年，国子监文庙亦易黄瓦。④

---

① 尹德新主编：《历代教育笔记资料》（清），中国劳动出版社 1991 年版，第 145 页。

② （明）朱国祯：《涌幢小品》卷十九。转引自《明代笔记小说大观》，上海古籍出版社 2005 年版，第 3548 页。

③ 尹德新主编：《历代教育笔记资料》（清），中国劳动出版社 1991 年版，第 143 页。

④ 尹德新主编：《历代教育笔记资料》（清），中国劳动出版社 1991 年版，第 165 页。

由此可见，明清两代山东曲阜孔庙的建筑日趋完善，而且也更富丽堂皇。康熙二十九年，立天下文庙前下马牌。[①] 规定官员要在孔庙前下马而行，把对孔子的尊崇又推向了一个新的高度。

（三）追封、赏赐孔子后代

明代袭封孔子后代为“衍圣公”，而且给予其极为周到的照顾。仁宗时期，赐予“衍圣公”京宅。据明余继登编撰的《皇明典故纪闻》卷八记载：

> 衍圣公来朝，旧皆馆于民间。仁宗即位，孔彦缙入贺，仁宗谓侍臣曰：“四夷朝贡之使至京，皆有公馆，先圣子孙乃寓宿民家，何以称崇儒重道之意?”乃赐今宅。[②]

到了明宣宗宣德年间，又给予“衍圣公”以食物的赏赐：

> 衍圣公入京下程，自宣德后用羊一双，鹅二只，酒六缶，面二十斤，茶、盐、酱各二斤，油烛十枝，其初钦赐，后改礼部，又改顺天府，今仍之。[③]

明宪宗成化年间，更是全程护送：

> 袭封衍圣公每岁赴京朝贺，沿途水陆驿传，起中马站船廪

① 尹德新主编：《历代教育笔记资料》（清），中国劳动出版社1991年版，第165页。

② 尹德新主编：《历代教育笔记资料》（明），中国劳动出版社1991年版，第82页。

③ 尹德新主编：《历代教育笔记资料》（明），中国劳动出版社1991年版，第81页。

给。回日，无马快船装送……时成化十六年三月初五日也。[①]

雍正元年封孔子五代："肇圣王、裕圣王、诒圣王、昌圣王、启圣王。改启圣为崇圣祠。"[②]

清代对于孔子后代的封赏也是非常丰厚的，清朝刚刚定都北京，就于顺治元年（1644）袭封孔丘第六十五世孙孔允植为"衍圣公"。然而，明清时期，在给予孔子后裔丰厚物质赏赐的同时，也不可避免地发生一系列的变化。明叶盛《水东日记》就记载了一则非常有趣的故事：

洪武戊申十一月十四日早朝，宣圣五十五代袭封衍圣公臣孔克坚，于谨身殿同文武百官面奉圣旨："老秀才近前来，您多少年纪也？"臣对曰："五十三岁也。"上曰："我看您是个有福快活的人，不委付您勾当，您常常写书与您的孩儿。我看他资质也温厚，是成家的人。您祖宗留下三纲五常，垂宪万世的好法度，您家里不读书是不守您祖宗法度，如何中用！您老也常写书教训者，休怠惰了。于我朝代里，您家里再出一个好人可不好？"二十日于谨身殿西头廊房下奏上位："曲阜进表的回去，臣将主上十四日戒谕的圣旨备细写将去了。上喜曰：'道与他，少吃酒，多读书，钦此。'"宣圣五十五代袭衍圣公臣孔克坚稽首顿首百拜谨记。

---

① （明）陆容：《菽园杂记》卷八，《明代笔记小说大观》，上海古籍出版社2005年版，第444页。

② 尹德新主编：《历代教育笔记资料》（清），中国劳动出版社1991年版，第164页。

洪武六年九月二十九日，[1] 皇帝御端门，文武百官早朝。宣圣五十六代袭封衍圣公臣孔希学预列班中。上召臣问曰："尔年几何？"臣希学谨对曰："三十有九。"上曰："今去尔祖孔子历年几何？"臣又对曰："近二千年矣。"上曰："年代虽远，而人尊敬如一日者何也？为尔祖明纲常，兴礼乐，正彝伦，所以为帝者师，为常人教，传至万世，其道不可废也……今尔为袭封，爵至上公，不为不荣矣，此非尔祖之遗荫欤！朕以尔孔子之裔，不欲于流官内铨注，以政事烦尔，正为保全尔也。尔若不读书，孤朕意矣！且人年自八岁至弱冠，多昏蒙未闻，不肯向学。自冠至壮年有室，血气正盛，百为营营，亦无暇好学。尔年近四十，志虑渐凝定，见识渐老成，正好读圣人之书，亲近明师良友，蚤夜讲明道义，必期有成。四方之人知尔之能，俱来执经问难，且曰此无愧孔氏子孙者，岂不美哉！然四体之功，乃德之符，步履进退必用安详，不可攲斜飞舞，久久习熟，遂为端人正士。朕今宛曲教尔，尔其自择，还家亦以此教子孙可也。勉之哉，勉之哉！"[2]

这两段材料分别是第五十五代、五十六代衍圣公朝见明太祖朱元璋之时，皇帝对他们的一番叮嘱，其中透露的信息可谓丰富，关键在于朱元璋表明了朝廷对于孔子后代进行封赏的原则，即："不委

[1] 尹德新主编：《历代教育笔记资料》（明），中国劳动出版社1991年版，第75页。

[2] 尹德新主编：《历代教育笔记资料》（明），中国劳动出版社1991年版，第76页。

→→

付您勾当”“不欲于流官内铨注，以政事烦尔，正为保全尔也。尔若不读书，孤朕意矣”。说得通俗些，就是把孔子后人绝缘于当朝官员之外，而给予很高的爵位和丰厚的物质赏赐。朝廷所要求的是孔门的后人应当“正好读圣人之书，亲近明师良友，蚤夜讲明道义，必期有成”。就是孔门后人只能去读书，而且对于孔门后人应当读什么书，学什么“圣道”，朱元璋也说得很明白。他对五十五代衍圣公说：“您祖宗留下三纲五常，垂宪万世的好法度，您家里不读书是不守您祖宗法度，如何中用！”对于五十六代衍圣公则说：“为尔祖明纲常，兴礼乐，正彝伦。”说来说去，就是要孔门后人做个捍卫皇权，遵守“纲常名教”的楷模，以此示范天下。更进一步说，更要能够以此而化人，“四方之人知尔之能，俱来执经问难，且曰此无愧孔氏子孙者，岂不美哉！”那才是孔门后裔所应当做的事情，只有如此，才能不辜负朝廷对于他们的厚爱。

综上所述，早在明代初期，就已经对孔门后人的封赏设下了一个“框框”，表面上是给予王公爵位，丰厚的物质赏赐，实际上却把他们紧紧限制在“读书”的范围内，排除在朝廷重大决策之外。

（四）孔氏后人为官的危机

明朱国祯《涌幢小品》卷十六记载了明世宗时期的一篇文献：

曲阜世以孔氏裔孙为令，世庙时，有不胜任者，议改流官，诸大臣谓此前代故事，即不职，当择贤者以易，何至一人废数百年盛典，遂复世职如故，惟令抚按考选。[1]

由此可见，有大臣建议由于孔氏后人不能胜任曲阜县令的职责，改派非孔氏族人担任，即所谓“流官”，但是这一提议没有得到批准，朝廷要求“抚按考选”，加强对人选的考核。这种做法亦是对宋代处理孔氏后人担任曲阜知县做法的继承。但是到了清朝乾隆二十一年，这一给予孔氏后人的优厚待遇，虽然是“盖前朝旧例”（改唐哀帝天佑二年，孔氏之洒扫户孔末作乱，杀先师四十二代孙光嗣，而自为曲阜令。是圣裔之世令曲阜，自唐已然），但是却没有能够保全下来。据清陈康祺《郎潜纪闻三笔》记载：

山东曲阜县，向由衍圣公保选孔氏子孙中之谙习治体者任知县事，盖前朝旧例，而本朝因之者也。乾隆二十一年，汉军白庄恪公钟山以河东河道总督摄东抚，疏谓：“曲阜知县例用孔氏族人衍圣公保举，每多瞻顾。且邑中非其尊长，即系姻娅，牵制狎玩，在所不免，请改为在外拣选，不必拘用孔氏一家。”下部议，如所请，并令现任曲阜知县赴部，以外省知县另补。谕曰：“我国家尊崇先圣，远迈前朝，延恩后叶，有加无已，岂于此而有靳焉。但与其循旧例而治瘝官，有乖政体，何如通变宜民，俾吏举其职，民安其治，于邑中黎庶孔氏族人，均有裨益。但现任世职知县既已谢事，若归部铨选，不过恩及其身而止，于朕心犹有未惬，著加恩授为世袭六品官，用副重道崇儒

① 尹德新主编：《历代教育笔记资料》（明），中国劳动出版社 1991 年版，第 81 页。

→→

至意。”是举也，既修吏治，亦振儒风，损益因时，一无遗憾已。①

于是在给予世袭六品官的恩典下，在不能胜任县令职责的情况下，在淘汰冗官的目的下，延续了近千年的给予孔门后人的恩惠终于被清朝乾隆皇帝取消了。

二、官员的凌驾——不施臣子之礼

元明清之时，尽管官员们仍然给予老师不施臣子之礼的待遇，但是亦开始出现分化——在给予尊崇的同时，却开始凌驾于师之上了。

元人笔记当中的记载就反映了官员对师的“凌驾”，有的老师要捍卫师道，结果触犯了官威：

凡学官朔望讲说，乃礼之常。所属上司官或者宪官，至自教授学官暨学宾斋谕等，皆讲说一书。然儒生未达时宜，往往迕意多矣。

泰定甲子，开吴淞江，省台宪僚咸集。时治书刘公泝源，北方学者，首谒先圣先师。其年值闰，詹肖岩讲书《尧典》，三百有六旬有六日，以闰月定四时成岁。大弗其意，以为学校讲说，虽贱夫皂未、执鞭坠镫之人，皆令通晓，今乃稽算度数何为？肖岩由是悒怏而卒。

至元己卯冬，分宪老老公检踏灾伤，以复熟粮为急。陆宅

① 尹德新主编：《历代教育笔记资料》（清），中国劳动出版社1991年版，第142页。

之讲“省刑罚，薄税敛”一章，公变色而作。

至正辛巳，知府杨侯锐意浚河，以兴利除害为己任。时宪佥某谒学官，王玉岩讲：“禹别九州，随山浚川。”结意皆归美于知府，宪佥不悦而罢。

丁酉岁，张士诚据有姑苏日，遣苏守周仁来，王可权讲《易·泰卦》，盖君子道长小人道消之义。周以为讥讪，累及诸职事皆停月廪。

惟钱先生伯全父作训导时，行刑官至，讲“钦哉钦哉，惟刑之恤哉!”讲毕，称赏不已。

前数君子，亦可为后人戒也。①

教师在皇帝面前都可以不施臣子之礼，更别提是在官员们面前了。但是实际情况又如何呢？上面提到的这些学官，除去最后一位钱先生之外，都是不识时务地根据儒家大道发表对于时事的看法。从尊师风俗的表现形式来说，在讲授学术的过程中，教师的地位是高于官员的，官员即使是不满也应当虚心求教。但是在这段笔记中所记载的官员或者是勃然作色，或者立即停止讲学活动，或者罚取教师的俸禄。接受处罚的教师却毫无办法，甚至是郁郁而终。对于教师这种不受尊重的情况，作者不但没有谴责，反而要后来者记住这些“教训”，避免再犯错。这便可以看出，在元代，官员是“凌驾”于师之上的。

其后的明代，这种官员凌驾于师的情况也不时出现，对此种现

---

① （元）陶宗仪：《南村辍耕录》卷三十。

→→

象，有的师能够捍卫师道，而有的师却是“怯懦”的。明朱国祯的《涌幢小品》卷一记载了一则教师捍卫师道的故事：

刘昂，字孟頫，祥符人，家贫，绩学勤苦。成化间，江浦张瑄巡抚河南，聘为子师，公曰：“礼闻来学，不闻往教。”辞之。①

再如周蕙：

恭顺侯吴瑾总兵于陕，聘为子师，先生固辞。或问故，先生曰：“总兵役某，则某军士也，召之不敢不往；若使教子，则某师也，召之岂敢往哉?”瑾遂亲送二子于其家，先生始纳贽焉。②

无论是刘昂还是周蕙，面对官员的凌驾和召见，都敢于用“礼闻来学，不闻往教”的古老师道捍卫自己的尊严。在某种情况下，师面对官员凌驾自身的“淫威”，为了捍卫师道，不施臣子之礼，就会出现“火药味”甚浓的场景，请看明于慎行在《谷山笔麈》卷五中所记载的明代著名大臣海瑞“笔床博士”的故事：

琼山御史大夫海忠介公瑞，尝为闽中邑博士。御史行县，诣学宫，令长山下皆伏谒堂下，惟公平立不跪，曰：“若至台院，当以属礼见，此堂乃师长教士之地，不当诎礼。”两训导夹

① 尹德新主编：《历代教育笔记资料》（明），中国劳动出版社 1991 年版，第 110 页。

② （明）黄宗羲：《明儒学案》卷七。

公而跪，公立其中，时谓之“笔床博士”。[1]

面对御史的下跪命令，海瑞敢于抗颜为师，维护师道，其勇气实在难能可贵。不仅仅海瑞如此，陈选为了维护师道，亦和“幸奄”汪直有过一番直接的“交锋”：

成化初，改中州提学，幸奄汪直巡视郡国，都御史以下咸匍匐趋拜，先生独长揖。直怒曰：“尔何官，敢尔?”先生曰：“提学。”愈怒曰：“提学宁大于都御史耶?”先生曰：“提学宗主斯文，为士子表率，不可与都御史比。”直既慑其气岸，又诸生集门外，知不可犯，改容谢曰：“先生无公务相关，自后不必来。”先生徐步而出。[2]

面对汪直的淫威，陈选以师道自居，大挫其锐气。

再请看下面的两段材料：

程颐争坐讲岂得为迂

颐上疏言迩英暑热，乞就崇政殿、延和殿讲读，给事中顾临以殿上讲读为不可。颐复上疏，以为祖宗以来，并是坐讲殿上，自仁宗始就迩英而讲官立侍，按礼，师傅其于太子，皆东西坐而对讲，师傅先坐，太子乃坐，其隆师如此。但坐讲历代皆有，而仁宗一代仁君，乃废此坐讲之礼，可惜！程颐争之，岂得为迂。本朝得元之统一，其制度大抵杂元，尊君卑臣。有

---

① 尹德新主编：《历代教育笔记资料》（明），中国劳动出版社1991年版，第223页。

② （明）黄宗羲：《明儒学案》卷四十五。

→→

如汉接秦统，秦制未纯去耳。二祖建文皇帝皆右文圣主，而当时如刘基、宋濂、王玮、陶安、解缙、方孝孺辈，不能如程颐之争坐讲，以为一代盛事，作法于凉，惜哉！后来太子、亲王，亦皆立侍讲读，更有视师臣如奴隶，斥谏官如犬马，一代规模，必有任其责者矣。嗟乎！胜国余习，当圣祖肇基之时，何不一洗而尽去其尘可乎！①

学官不得为人撰简牍乐语

国朝设官分职，只具空名，惟郡邑学官为甚，不尚者无论已，即翩翩文采者，亦仅以笔札给事上人为要务，至于作善人才、讲解经籍二事，则毫不经心。余忆宋政和中有建言者，现任教授不得为人撰简牍乐语之类，庶日力得余，办举业事，以负陛下责任师儒之意。故邹公浩尝为颍昌府教授，范纯仁为守，尝加礼重。一日，纯仁欲邹公为撰乐语，邹辞不为，范曰："翰林学士亦作此。"邹曰："学士则可，教授则不可。"范改容谢焉。余故表而出之，以告广厉学官者。②

这两段材料均是明人以追忆宋人事迹来发感慨，无论是"程颐争坐讲岂得为迂"还是"学官不得为人撰简牍乐语"，都是对明代官员凌驾于师，师丧失捍卫师道的勇气，导致"亦皆立侍讲读，更有视师臣如奴隶""仅以笔札给事上人为要务"这种官员凌驾于师、丧

① （明）张懋修：《墨卿谈乘》卷四。转引自尹德新主编《历代教育笔记资料》（明），中国劳动出版社1991年版，第109页。

② （明）李贽《疑耀》卷三。转引自尹德新主编《历代教育笔记资料》（明），中国劳动出版社1991年版，第50页。

失师道现象的不满和遗憾。上述情况也反映出在明代“官凌驾于师”的情况下，师要想捍卫师道是非常困难的，更反映出随着“尊君卑臣”，皇帝封建专制统治的加强，“捍卫师道、不施臣子之礼”这种古老的尊师风俗表现形式的传承也面临着越来越大的困境。由此有些师者出现“怯懦”的行为，也就不难理解了。

三、帝师的“专利”——皇帝尊师之风的延续

元明清时期，皇帝、官员的尊师事迹仍然有所记载，这也使得皇帝、官员尊师以为天下表率的古老尊师风俗形式得以传承。

元代笔记《南村辍耕录》中所记载的两则事例就体现了这一传承：

> 其一，文定王（沙剌班），今上之师也。为学士时，尝在上左右。一日，体少倦，遂于便殿之侧偃卧，因而就寐。上因以藉坐方褥，国语所谓朵儿别真者，亲扶其首而枕之。后尝患疖额上，上于金钵中取佛手膏躬与贴之。上之隆师重道，可谓至矣尽矣！王字敬臣，号山斋，畏吾人。①

这则事例记载了两个皇帝尊师的举动，当沙剌班疲倦休息时，皇帝命令属下“亲扶其首而枕之”；当沙剌班患疮时，皇帝又亲自为其疗伤。对于元代皇帝的这种做法，作者给予了极高的评价，认为是皇帝尊师的表率。

> 其二，今上皇太子之正位，东宫也，设谕德，置端本堂，以处太子讲读……皇太子方在端本堂读书，近侍之尝以飞放纵

① （元）陶宗仪：《南村辍耕录》卷二。

→→

者，辄臂鹰至廊庑间，喧呼驰逐，以惑乱之，将勾引出游为乐。太子授业毕，徐令左右戒之曰："此读书之所，先生长者在前，汝辈安敢亵狎如此，急引去，毋召责也。"从皆惊惧而退。①

这则故事记载了元代皇帝登基以前为太子时斥责近侍放飞禽兽、喧哗其间、扰乱教学的事，皇太子搬出的理由是"先生长者在前"，因此不能如此目无师长。这便是反映了元代皇族对于老师的尊重。

关于这两则故事的来源，文末提到"此二事，乃贡尚书师泰授经宣文阁下日所目见者。至正丙申间，避地云间，每谈朝廷典故，因及此"。由此判断，应当是比较可靠的。

明太祖亦非常尊重老师。据明郑晓《今言》记载：

洪武二十四年，擢宁海儒学训导阎文为燕府右长史，南昌儒学训导曾恕为周府左长史。（詹）微言："训导秩满，例升教谕。今授长史越资，宜试职。"上曰："师儒职虽卑，其道则尊，不可以资格论。"遂实授，仍赐冠带、文绮袭衣。②

另一位著名人物宋濂曾经当过太子朱标的老师，朱标非常尊重宋濂：

濂傅太子先后十余年，凡一言动，皆以礼法讽劝，使归于道，至有关政教及前代兴亡事，必拱手曰："当如是，不当如彼。"皇太子每敛容嘉纳，言必称师父。③

---

① （元）陶宗仪：《南村辍耕录》卷二。

② 尹德新主编：《历代教育笔记资料》（明），中国劳动出版社 1991 年版，第 100 页。

③ 《明史·宋濂传》。

清朝雍正皇帝为了表示自己尊师，采取了如下的举动：

雍正二年二月，奉上谕："帝王临雍大典，所以尊师重道，为教化之本。朕览史册所载，多称'幸学'，近日奏章仪注，相沿未改。此臣下尊君之词，朕心有所未安。今释菜伊迩，朕将亲诣行礼。以后奏章记注称'幸'非宜，应改为'诣'字。"①

为了表示自己对于老师的尊重，把延续了很长时间的"幸学"改为"诣学"。

嘉庆皇帝对于自己的老师朱圭非常尊重，就是在朱圭身故后也给予特殊的礼遇，以示尊重：

仁宗之于朱文正，礼数逾涯，恩荣终始，前辈纪之详矣。公殁后数年，公侄锡爵方为山东藩司，而山东学政黄勤敏公亦文正昔所特荐也。仁宗批勤敏谢恩折云："朱锡爵才胜于德，汝应念石君师傅之旧恩，时加训戒，毋忽。"并令转谕知锡爵，令其回奏。御笔于石君二字上空一格，圣天子之尊师念旧，历久不渝，有谕教之责者，宜何如扪心自效与?②

众所周知，明清时期对于避讳有着明确而严格的礼制等级规定，而嘉庆皇帝给予老师朱圭这种特殊的避讳尊礼，体现了嘉庆皇帝对于老师朱圭的尊重。

前文已有论述，元明清之前，皇帝尊师这类风俗表现形式主要

---

① （清）陆以湉：《冷庐杂识》卷一。转引自尹德新主编《历代教育笔记资料》（清），中国劳动出版社1991年版，第168页。

② （清）陈康祺：《郎潜纪闻二笔》。转引自尹德新主编《历代教育笔记资料》（清），中国劳动出版社1991年版，第171页。

→→

是针对“帝师”的，偶有涉及其他学官，呈现出分化的态势。值得注意的是，到了元明清时期，这种分化态势日益明显，此时皇帝所尊的老师基本上是“帝师”一类的人物，皇帝尊师已然成为“帝师”们的“专利”。

第二节 崇学与崇利并存：士阶层的尊师风俗

一、崇学——称师、护师之风

在元明清之际，尊崇老师的学术能力进而形成称师、护师之风，亦较为流行。

（一）称师之风

如明人贺沚就是这方面的楷模：

> 贺沚，字汝定，号定斋，庐陵人……转苏州府丞，将赴任，诣所师事王塘南先生，言别，先生曰：“吾老矣，朝夕讲论需子相益，子去，我将如之何?”言毕泪下。公亦泣曰：“师恩与君恩等，沚今出而从王，仍是功名路上事，何如终身事吾师以毕道德之愿乎?”沚不行矣。遂决计侍王先生于西原，专志理学，及王先生捐馆，执三年丧，遂以斯道为己任。[①]

贺沚为了继承老师的学术志向，便弃官侍奉自己的老师，继承、宣扬老师的学说，可谓称师的表率。

倘若有人说自己老师的坏话，学生便会站出来维护自己老师的名誉，诸如《明儒学案》中就记载了这样一件事情：

---

① 《古今图书集成·师弟部》。

> 娄一斋（谅），广信上饶人。少有志于学，尝求师于四方……从康斋，一日，康斋治地，召先生往视，云："学者须亲细务。"先生素豪迈，由此折节，虽扫除之事，必躬自为之，不责僮仆，遂为康斋入室……康斋学规，来学者始见，其余则否。罗一峰未第时往访，康斋不出……一峰不悦，移书四方，谓是名教中作怪，张东白从而和之，康斋若不闻。先生语两人曰："君子小人不容并立，使后世以康斋为小人，二兄为君子无疑，倘后世以君子康斋，不知二兄安顿何地？"两人之议遂息。①

面对罗一峰、张东白二人对自己老师的攻击，身为学生的娄谅当面晓以利害加以驳斥，从而维护了自己老师的名誉。

再如王阳明的学生黄绾，王阳明身故后，其好友桂萼攻击王阳明，黄绾上疏道："昔议大礼，臣与萼合，臣遂直友以忠君。今萼毁臣师，臣不敢阿友以背师。"② 直接表明了自己维护老师名誉的坚定立场。

或者还有人在老师身故后，为老师编撰文集，为老师立碑，在自己的文集中称赞老师，这样的事例很多，如《明儒学案》中的记载："张诩，南海人，成化甲辰进士第……师事白沙。他为白沙先生编书，辑成，名曰《白沙先生遗言纂要》，凡十卷。"在《白沙遗言纂要序》中，学生这样称赞自己的老师：

> 若吾师白沙先生，盖其人也。先生以道德显天下，天下人

① （明）黄宗羲：《明儒学案》卷二。
② （明）黄宗羲：《明儒学案》卷十三。

→→

向慕之，不敢名字焉，共称之曰“白沙先生”。先生生而资禀绝人，幼览经书，慨然有于於思齐，间读秦、汉以来忠烈诸传，辄感激赍咨，继之以涕洟，其向善盖天性也。①

再如王阳明的学生张元冲“订文成之学，遂留绪山为《文成年谱》”，钱绪山（字德洪）在自己的文集中大加称赞老师王阳明。②

（二）护师之风

即使是老师遇到了危难，也有学生愿意冒着生命危险加以救护。

有弟子上书救护老师的。诸如明代著名的学官李时勉因得罪王振，而被王振扣以滥伐孔庙树木的罪名，枷于国子监前，此时李时勉已七十多岁，且枷特重，如果这样下去，李时勉性命堪忧。在此种情况下，石大用挺身而出，请看明人笔记资料的记载：

石大用者，蓟州丰润人。正统癸亥，贡入太学。明年，李祭酒时勉忤权珰王振，枷号于监前。大用会六馆，疏请代罪，诸生始则从，中则疑，终则无一人与偕者，乃独具疏曰：“臣闻民生于三，事之如一，今李时勉擅伐官树，薄示枷号。切缘时勉年已七十，兼患风疾。况值炎热，死亡无日，乞容臣代枷以全师生恩义。”疏上，并释之。③

在诸生都有所疑虑的情况下，石大用能够不惜生命危险，救护老师，其尊师之行令人赞叹。

---

① （明）黄宗羲：《明儒学案》卷六。

② （明）黄宗羲：《明儒学案》卷十四。

③ （明）黄榆：《双槐岁钞》卷五，《明代笔记小说大观》，上海古籍出版社2005年版，第172页。

倘若老师本人已经死去，那么保护、救护老师的后代也是学生们义不容辞的责任。像明代著名学者方孝孺因为不肯投降明成祖朱棣，而被抄灭十族。然而，就是在这种情况下，仍然有学生甘愿冒着生命危险救护了他的幼子德宗：

余学夔尚气节，喜周人缓急。方孝孺族诛，学夔知其幼子德宗，携之匿海岛中。进士俞允，方门人也，业家居不仕，学夔携德宗访之，三叩得见，允大惊喜，默祝天地高皇，收育为子，遂更姓俞。①

又比如王阳明身故后曾屡遭非议，其学生黄绾就“又以女嫁阳明之子正亿，携之金陵，销其外侮”②，以保护老师的后代。

二、理解不同的束脩之风

束脩这一古老的尊师风俗，到了明清时代愈发显得流行了。明清时期多次提到给老师“束脩”的情况，比如冯恩拜王阳明为师，则“束脩为弟子”；再如黄省曾拜王阳明为师亦是“执贽为弟子”。之所以如此，是因为在明清时期，给老师束脩不仅仅是给老师送点拜师礼的问题，更在于表达自己对于老师的尊重。当时在明代官学之中，行束脩之礼是拜师的必备程序。明人笔记有这样一条记载：

何祥，号克斋，四川内江人……初事南野于太学，大洲谓之曰：“如南野，汝当执贽专拜为师可也。”先生如其言，南野笑曰：“予官太学即师也，何更以贽为？”先生谓：“太学生徒众

① 《古今图书集成·师弟部》。

② （明）黄宗羲：《明儒学案》卷十三。

→→

矣，非此不足以见亲切也。”南野乃受之。①

尽管南野先生以学官推辞，但是何祥以“非此不足以见亲切也”为理由还是说服了南野先生，接受了束脩。

不仅仅是太学，就是内书堂，教宦官读书的地方，官方也规定要给予老师束脩：

> 自宣德年间创建，始命大学士陈山教授之，后以词臣任之。凡奉旨收入宫人，选年十岁上下者二三百人，拨内书堂读书……择日拜圣人，请词林众老师。……每学生一名，亦各具白蜡、手帕、龙挂香，以为束脩。②

鉴于有人借老师收受束脩来诬陷老师，官方还特地下过一道命令，承认老师接受束脩之礼的“正当性”。据明余继登《典故纪闻》卷十二记载：

> 景泰中……都察院请通行天下禁约：“凡生员有以奉师束脩贽见仪物为赃，构词诬陷者，官司鞫实，即与分豁，毋一概论赃。其生员诬陷师长，真情暴白，仍械京治罪。”从之。③

由此可见，明清时期，在官学之中，学生给予老师束脩之礼得到了继承。

然而，对于民间私学老师来说，束脩则具有更加重要的意义。

---

① （明）黄宗羲：《明儒学案》卷三十五。

② （明）刘若愚：《酌中志》卷十六，《明代笔记小说大观》，上海古籍出版社2005年版，第2989页。

③ 尹德新主编：《历代教育笔记资料》（明），中国劳动出版社1991年版，第385页。

请看下面两段材料：

> 镜川焦先生瑞，为人清正，动以古道自律，家虽甚贫，容貌、词气不见一毫贫窘之状。藉受徒为生计，然来请业者，既较其旷日旷月之殊，又视其讲解文词之进益，有终岁不受一钱者。门人虽众，束脩自少，家以屡空告，先生不恤也。其克志厉行，苦于安贫类如此。①

> 李远庵，名重，尝授经溧阳史氏，岁俸八十金，史怜先生贫，私为之置子钱岁暮进之，李但受如约，余挥之弗顾，后举正德辛未进士，官至副史，归老后仍授经于溧阳、高淳间，以贫无以自给也。②

这两条材料所反映的共同问题是，在明清时期，对于广大私学老师来说，学生给予的束脩不仅仅意味着学生对于老师的尊重，更关乎老师的生计问题。

三、崇学与崇利两极的侍师风俗

（一）“千里从师”

比如明代著名学者宋濂就曾经“尝趋百里之外，从乡之先达”，为了向老师学习，竟然“趋百里之外”。又比如冀元亨，楚之武陵人，从王阳明之庐陵，逾年而归。③ 而王阳明，由于其学术声望极

---

① （明）周晖：《金陵琐事》卷三。转引自尹德新主编《历代教育笔记资料》（明），中国劳动出版社1991年版，第83页。

② 《古今图书集成·师弟部》。

③ 参见（明）黄宗羲《明儒学案》卷二十九。

→→

高，“四方负笈来学者”众多，至于寺观不容。[①] 再如蔡清，“福之晋江人……裹粮数百里，从三山林玭学《易》，得其肯綮”[②]。

在明代，尽管随着印刷术和识字率的提高，人们接受教育的机会越来越多，但是为了向有学问的老师求教，“百里从师”“千里从师”的尊师风俗表现形式仍然得到了延续。

（二）教学权威的维持

请看下面的材料：

> 钟太湖先生鼎以方严正师席，学人不敢仰视。方将书，一生以手搔其耳，先生推案不食，诸学人长跪请罪，良久乃起。[③]
>
> 陈敬宗祭酒不谒中贵：陈公敬宗，号谵然，人美须髯，容仪端整，步履有定，望之者起敬……为南京祭酒，六馆殆千人。凡升堂听讲、会馔，诸生稍有失仪，即待罪不轻恕。[④]

钟鼎、陈敬宗在教学活动中都具有绝对的权威，一旦学生有违反学规的地方，必然要受到惩罚。而且对于这种惩罚学生的行为，时人是非常赞成的。明人对此事曾经评价说：“先贤云：‘师道立，则善人多。’今先生仆久矣，士荡然检押宜也。”[⑤]

---

① 参见（明）黄宗羲《明儒学案》卷二十八。

② 参见（明）黄宗羲《明儒学案》卷四十六。

③ （明）丁元荐：《西山日记》卷下。转引自尹德新主编《历代教育笔记资料》（明），中国劳动出版社1991年版，第103页。

④ （明）焦竑：《国朝献征录》卷七十四。转引自尹德新主编《历代教育笔记资料》（明），中国劳动出版社1991年版，第123页。

⑤ 尹德新主编：《历代教育笔记资料》（明），中国劳动出版社1991年版，第103页。

有的学生一早就来恭候老师，并且帮助老师洒扫，然后跪着请教，如薛敬之，渭南人，从周小泉学，常鸡鸣而起，候门开，洒扫设坐，至则跪以请教。[①] 或者向老师施以北面之礼的，如“王世贞北面执弟子礼以伶为师”[②]“董沄向王阳明施以北面之礼”[③]；或者是把老师的画像放置于家中，时常祭拜，如贺钦，师事白沙，悬其像于书室，出告反面[④]，周汝登，师事周汝芳，供近溪像，节日必祭，事之终身；[⑤] 或者是侍奉老师身体要站直不能有所倾斜，如明人裘仁的学生就是“侍立不敢倾侧，有程门立雪之风”[⑥]；或者是陪着老师守岁的，像董沄“丙戌岁尽雨雪，先生裹被而出，家人止之不可，与阳明守岁于书舍”[⑦]。更有甚者，老师不动，学生不敢先动。明人笔记就记载了这样一则故事：

> 刘文靖之父名亮，以贡为滨州澄城教官。性严毅，士皆畏服之。在滨病暑，夜坐雨中，诸生更执盖立侍。去澄城，道梗，诸生共推勇有力者护之，与盗角，不能近。[⑧]

虽然遇到大雨，但是如果老师没有动作，学生也要陪着老师一起淋雨；路遇盗贼，师生还要一起和盗贼作斗争。当时的人对于这

---

① 参见（明）黄宗羲《明儒学案》卷七。

② 《古今图书集成·师弟部》。

③ （明）黄宗羲：《明儒学案》卷十四。

④ 参见（明）黄宗羲《明儒学案》卷六。

⑤ 参见（明）黄宗羲《明儒学案》卷三十六。

⑥ 《古今图书集成·师弟部》。

⑦ （明）黄宗羲：《明儒学案》卷十四。

⑧ （明）朱国祯：《涌幢小品》卷十一，《明代笔记小说大观》，上海古籍出版社2005年版，第33—55页。

→→

种现象颇感赞同，有人就评论道：“此虽公之教法，而一时士风之厚亦可见矣。”

到了清代，官方对于维护教师权威有了明确的规定：

清代，学生入学，先要行拜师礼。在学堂正中摆好桌子，学生拿着贽在学堂外等待，老师出来召见，学生进去献贽于桌上，先向先师孔子牌位跪拜，然后向老师行跪拜礼，老师站立以揖礼相答。以后每天早晨入学堂，晚上出学堂见到老师，都要对老师作揖行礼。课上先生提问，必须站立起来回答。向老师请教，也要站起来。老师讲解，要垂手站立恭听，命坐，再坐下。这种起立、恭听的礼节一直延续到现在。老师闲坐时，学生要站在老师身旁侍立，老师命坐，在老师的侧面侍坐。如果老师站立，学生就不能坐着。与老师在路途中相遇，要恭敬地趋向前去行礼，然后立于道旁，等老师先过，再走。①

（三）侍师风俗中的功利性

元代的顾德玉是遵守丧师风俗的“楷模”，② 然而令人感兴趣的并不是顾德玉为老师俞观光料理丧事本身，而在于当时人们对他这种做法的种种议论：

或曰：“殓于家，礼与？”曰：“吾闻师哭诸寝。”又云：“生于我乎养，死于我乎殡。非家敛之，则将师尸委诸草莽，生服其训，死而委诸草莽，有人心者弗为也。”曰：“师无服，而

① 杜家骥：《中国古代人际交往礼俗》，商务印书馆1996年版，第165—172页。
② 见本章“丧师风俗”一节。

为衰绖，固近于掠美者矣。”曰：“疑衰，加麻之绖带，礼也。”故曰：“二三子绖而出，至葬，除之，心丧戚容终三年。夫民生于三，师居其一，于父也何异？今吾则加一等以行之，盖出于人心天理之本然，若之何其惑也？”闻者叹伏。先生讳长孺，越之新昌人。

吁！圣远言湮，世道不古久矣，朝为师生而暮若途人者，比比皆是。润之乃独能行人之所难，行于不可行之时，盖绝无而仅有者，真仁矣哉！天下后世之为人弟子而忘其师，闻润之之言，宁不有动于中欤？①

面对他人的质问，顾德玉以儒家的“道”进行了回击，捍卫了君、父、师一体的观念。由此可见，丧师风俗除了表现尊师的意图外，更重要的是它承载了儒家君、父、师一体的儒家之道，具有传承的意味。对此，当时作者的评价认为这是让天下人重新认识师道的好办法。这反映出在当时“朝为师生而暮若途人者，比比皆是”的社会风气和在科举名利诱惑的共同作用下，师道早已荡然无存，而此时顾德玉所表现出来的丧师之礼，便承担起了重振师道的责任，所谓“天下后世之为人弟子而忘其师，闻润之之言，宁不有动于中欤？”

再如金履祥：

金履祥，字吉父，婺之兰溪人。向濂洛之学，事同郡王柏、从登何基之门，基则学于黄干，而干亲承朱熹之传者也。自是

① （元）陶宗仪：《南村辍耕录》卷六。

→→

讲贯益密，造诣益邃。何基、王柏之丧，履祥率其同门之士，以义制服，观者始知师弟子之系于常伦也。①

在金履祥率领弟子们为老师公祭、会葬的同时，观看的人也通过这种尊师风俗的表现形式得以了解“师弟子之系于常伦”。

这两段记载表明，当时士人阶层流行的是“朝为师生而暮若途人者，比比皆是”的名利之风。换句话说，就是为了功名可以不停地换老师，而尊师的目的就是为了获得科举功名。因而为了重振师道，改变士人阶层中尊师风俗充满功利的状况，顾德玉、金履祥才做出了这种在旁人看来非常“陌生”的行为。

到了明清时代，士人阶层内部尊师风俗的功利性色彩愈发明显：

太仓陆世仪言：今世天子以师傅之官为虚衔，而不知执经问道；郡县以簿书期会为能事，而不能尊贤敬老；学校之师以庸鄙充数，而不知教养之法；党塾之师以时文、章句为教，而不知圣贤之道。②

值得注意的是，陆世仪谈到，学官们热衷的是“时文、章句为教”。众所周知，“时文、章句”都是用来参加科举考试的必备条件。也就是说，学官们热衷的是“科举”的学问，而不再是“圣贤之道”。这就告诉我们，倘若这时再尊师，而且尊这样的师，那么无形之中就是在尊科举的功名，而非圣贤之道了。由此也表现出元明清

① 《元史·金履祥传》。

② （清）顾炎武：《日知录》卷十七。转引自尹德新主编《历代教育笔记资料》（清），中国劳动出版社1991年版，第21页。

的士人尊师风俗所表现出的功利色彩。明清时代的史料对此亦有所反映，比如明清之际李介所撰《天香阁随笔》卷二记载的明代督学熊廷弼的故事：

先是无锡邹愚谷校文三楚，曾责公数十。公至，首谒愚谷，谢曰："不是老师三十板，焉有今日。"①

这就从侧面证明，老师对学生进行体罚已然成为老师展示权威的一种表象和学生尊重老师的一种象征。值得注意的是所谓"不是老师三十板，焉有今日"的说法，这是学生在对自己的老师表示感谢，意思是如果不是老师严格要求，我怎会通过科举考试获得功名、当了官？即使有的学生家长配合老师、感谢老师对于自己的子女进行体罚，以表示自己对于老师的尊重，其根本目的亦在于此。请看下面的一段记载：

添设少府刘公治，鄱阳人，居镇署，延予友颜生训其子。颜生居数日，公每见必恳行责，生迟迟有待也。一日公子背书少熟，颜生呵之，要打，一书童遂背起公子，一书童扯其两足，一书童送竹篦于颜生，责讫，公子长揖曰："谢先生教。"至下午掌家开宴，生问曰："有何客至？"对曰："相公今早责五叔，故谢相公。"刘公世家有家法，其尊师重传，严课其子固如此。②

对于学生家长刘公的这种配合老师进行体罚的行为，时人是这

① 尹德新主编：《历代教育笔记资料》（明），中国劳动出版社 1991 年版，第 101 页。

② （明）李乐：《见闻杂纪》卷六。转引自尹德新主编《历代教育笔记资料》（明），中国劳动出版社 1991 年版，第 97 页。

→→

样评价的："刘公世有家法，其尊师重传，严课其子故如此。"由此可见，配合、感谢老师对学生进行体罚已经成为尊重老师的一种重要形式。然而这种配合的背后并非是完全来源于对老师学问的尊重，其中亦有通过尊师而获得功名的目的。当时士人阶层所尊的师是：

训蒙受业之师，真师也，其恩深，其义重，在三之制与君父等。至于主司之考校，一日之遭遇耳，无造就之素也。当道之荐扬，甄别之故事耳，无陶铸之功也。今人之所最急者举主，次殷勤者主司，而少时受业之师，富贵之日，非但忘其恩，并且忘其人矣。夫所贵师弟者，心相信也，行相仿也。势可灼手，则竿牍恐后；门可罗雀，则踪迹枉绝，甚至利害切身之日，戈可操也，石可下也，何门生之有哉！①

由此可见，当时的社会风气是尊"座师"，而非"训蒙受业"的真师。所谓"座师"，就是指科举考试之中的主考官或者帮助自己获得功名的官员。早在唐宋时期，这种举子、座师之风就已经愈演愈烈，虽然官方屡次加以禁止，却始终无法"扼杀"。

在元明清时代，学生通常在中举发达之后给予老师物质上的尊崇，其功利性愈发明显。请看下面两段材料：

龚穆，字孟远，隐居躬耕，授徒里中，王文素与白康敏昂皆其弟子业，兴为学士时往候穆……兴赠金帛不受。②

---

① （明）谢肇淛：《五杂组》卷十四，《明代笔记小说大观》，上海古籍出版社2005年版，第1802页。

② 《古今图书集成·师弟部》。

张国华，字怀禹，丹徒人，性直谅，人有过辄面折之，授经数十年及门多所成就……有补博士弟子者，奉白金为寿，辄正色以拒。①

学生有所成就后，要送给老师金钱以表尊师之情谊，不料却被龚穆、张国华二人所拒绝。然而，也有老师接受学生物质尊奉的：

先生父作教于亳，门人来浙为二司官，召先生问曰："闻尊翁坊牌圮，修理需若干金。"意欲厚之也。先生不敢大其费，谨条开十金外以复。生平自束脩以上，大约少受人礼物，道逢大雨，步不为乱。②

综上所述，在侍师风俗方面，元明清时代的尊师风俗表现出了新的特点：既体现出崇学的特征，亦具有功利性的色彩。在尊师风俗表现形式上、在身敬上逐步完善，其内容已涉及教师日常生活的各个方面。

四、丧师风俗的传承

元明清时期的丧师风俗主要表现在以下几个方面：

（一）问病

湛若水的学生洪垣"闻甘泉讣，走其家哭之，越两月而归"③。

再如王阳明的学生王艮，"阳明卒于师，先生迎哭至桐庐，经纪

① 《古今图书集成·师弟部》。

② （明）李乐：《续见闻杂纪》卷十。转引自尹德新主编《历代教育笔记资料》（明），中国劳动出版社1991年版，第41页。

③ （明）黄宗羲：《明儒学案》卷三十九。

→→

其家而后返"①。

即使面临很大的困难，或者是距离太远，或者是有事在身，也不能阻挡学生为老师奔丧，像宋濂在蜀去世，其学生方孝孺就到汉中奔丧。再如王阳明的两个学生，其一为王畿："明年，文成卒于南安。先生方赴廷试，闻之，奔丧至广信，斩衰以毕葬事"②；其二为钱德洪（名宽，字德洪）："嘉靖七年冬偕畿赴廷试，闻守仁讣，乃奔丧之"③。

也有的学生严格遵循古代的丧师礼，如前文所提到的贺沚，其师王先生丧后"执三年丧"④；再如王阳明的学生钱德洪，不但为王阳明服斩衰，而且"与畿筑室于场，以终心丧"⑤。

（二）送葬

如方孝孺的弟子廖镛、廖铭兄弟就"拾遗骸葬聚宝门外山上"，帮老师方孝孺收尸；再如学生从龙为学正朱辉送葬，"龙扶棺还乡，候安厝乃归"。学生们不仅仅对待官学老师如此，对于一般民间的私学老师，也给予了同样的"待遇"。比如《西樵野记》中就有一条类似的记载："盛景华，吾吴征士也，有翰林侍郎待诏李贞臣，洪武初弃官，如吴景华延之，俾教诸子，李以无嗣卒，景华勒铭石附葬祖茔之侧，岁用二享，今子孙亦如之。"⑥ 老师由于身后无子，因而

① （明）黄宗羲：《明儒学案》卷三十二。
② （明）黄宗羲：《明儒学案》卷十二。
③ 《古今图书集成·师弟部》。
④ 《吉安府志》，转引自《古今图书集成·师弟部》。
⑤ 《古今图书集成·师弟部》。
⑥ 《西樵野记》，转引自《古今图书集成·师弟部》。

无法下葬，于是学生一家就承担了这一职责，而且“岁用二享，今子孙亦如之”，每年都给予祭祀。再如王玉锡，面对瘟疫，毫不畏惧。“其师陈君山一门父子妻孥五人一夜死，亲邻无一人敢窥其门，玉锡独毅然曰：‘平日师弟之谓，何忍坐视耶！’乃率数丐入，一一棺殓之。”①

元人笔记中亦记载了一则较为典型的事例：

> 顾德玉，字润之，檇李人。自幼从宁国路儒学教授俞观光先生学。先生无子，尝与人曰：“昔吾寝疾于杭，润之侍汤药，情至切，若父子，医为之感动，弗忍受金。今我行且老，必托之以死。”既而访医吴中，病且革，趣舟归，润之进次尹山，卒，时后至元初元闰十二月戊子也。明日，乃至檇李。润之奉其尸，殓于家，衰绖就位。邦人士为润之来吊者，润之拜之。越明年，葬于海盐，迈顾氏之先茔，岁时祭享惟谨。②

由于俞观光无子，所以其丧后由学生顾德玉为其料理后事。

（三）举哀

如王阳明的弟子聂豹，“豹初好王守仁良知之说，与辩难益心服，后闻守仁殁，为位哭以弟子自处”③。由于无法为老师王阳明奔丧，于是聂豹就在家中设立牌位为老师尽哀。

再如明代大儒吴与弼，“辛巳冬，适楚，拜杨文定墓”，吴与弼

---

① 《吴江县志》，转引自《古今图书集成·师弟部》。

② （元）陶宗仪：《南村辍耕录》卷六。

③ 《明史·聂豹传》。

因为和老师距离太远，所以只能赶到老师的墓前去祭拜。①

第三节　尊崇与嘲讽相伴：民间尊师风俗

元明清时代，民间尊师风俗表现形式亦产生了变化，呈现出新的特点，既有对老师的尊崇，亦有对老师的嘲讽。

一、民间的尊师之风

（一）食物、器皿、束脩之礼

明清时期，随着私学老师的增多，一些延请私学老师的东家们也在食物、器皿的供应等教师的日常生活上下工夫，以表示对老师的尊重。清代的笔记就记载了多个这方面的事例：

陶公杀猪贻师

明、越两州，自前明以来，凡故家巨族，其尊师重道之风，尤异于他方。幼闻之庭训曰：吾乡陶堰村陶公某者，其敬礼师傅尤信于他族。一日馆师课徒至宵分，谓其徒曰："此时安得腰卵作羹，以润喉耶！"顷即闻楼外宰杀声，曰："谁家此时杀猪耶？"而供饩僮以猪腰汤进矣！师惊曰："吾一言之失，以口腹累主人，真贤主也。"乃题诗以勉其徒云："课读宵分偶口尝，猪腰割取进羹汤。难酬礼敬惭贤主，忍使吾徒学业荒！"后陶氏三子并登第有文名，此师之教也。②

---

① （明）黄宗羲：《明儒学案》卷一。

② （清）金埴：《不带下编》卷六。转引自尹德新主编《历代教育笔记资料》（清），中国劳动出版社1991年版，第171页。

陶公一家对于老师可谓是尊重有加，听到老师夜里想吃猪腰，于是立即杀猪，以满足老师的要求，真可谓尊师之楷模。

也有东家不光供应老师丰盛的食物，甚至连器皿的供应也十分周到。再请看清人笔记中所记载的“利市先生”一文：

先大父赠公文学仲星府君（讳木傍几字）雁行三人，承曾大父太常府君文德，并极隆礼……迨后辞去时，凡为（去）师供设帏枕衾衣，及文玩砚炉等物，悉令随师搬送。先大父晓诸父及先君子曰：“此物乃师多年服用休憩摩挲，岂可复留于家，亦敬师之一节，汝辈须知之。”至节岁等，仪之外别有馈于师，阃道媪络绎弗绝，则大母马太君意也。以故馆师旷馆之日绝罕……彼时里谚有云：“得为金氏教书，乃利市先生也。”讫今吾乡有“利市先生”语。①

这家主人不仅供应老师丰厚的食物，而且逢节日就有馈赠，并且把老师用过的器物一律让老师带走，以表示对老师的尊重。

条件较好的大户人家是这样，即使是穷人，家里贫穷得揭不开锅了，也要给老师把膳食准备好，清人笔记就记载了这样一条：

吴宜士先生莪，豪迈好施。乾隆二十年岁祲，延师吴佳木卧病在家，遣人借米，时公亦匮乏，甫向友借二石，分以半，家人咎公，公曰：“先生抱病，如何度日，我健在尚可筹画也。”继请朱伟如教其孙，己贫不能供苜蓿，师为白膳，及孟夏，庭

① （清）金埴：《不带下编》卷六。转引自尹德新主编《历代教育笔记资料》（清），中国劳动出版社 1991 年版，第 177 页。

前蔷薇盛开，公宴先生，极欢而罢。先生知公窘状，密问馆僮："何以办酒馔?"僮曰："家主蚊帐，昨已典去矣。"其尊重师傅为近世所无。①

为了筹备老师的膳食，先是借米，而后在连苜蓿都吃不起的情况下，把蚊帐典当了，换回钱宴请先生，其尊师之意着实让人感动。

假若不能供给老师良好的膳食，便会被认为是对老师不尊，有的老师就会愤而离去，如明初周国宾愤然罢教：

甫里周国宾，有学之士也。跛一足，因自号"跛樵"。永乐初，江阴大家张氏延主其塾，奉之甚厚。每出入，恒以肩舆随之，虽入厕亦然。一日，主人出，命门下人侍饭，遽抗主席，国宾怒，叱之去。明日，束书以归。后主人邀请，而卒不往。前辈风度之高如此。②

周国宾就是因为主人的门人没有安排好自己的饭食而愤然辞馆而去，即使主人邀请返回，也不答应。周国宾的这种行为得到了当时人们的赞许，可见，到了明代，在民间供应老师丰盛的饭食已然成为尊师风俗的重要表现形式。

《红楼梦》中亦有这样的记载：

秦业……只是宦囊羞涩，那贾家上上下下都是一双富贵眼，容易拿不出来，为了儿子的终身大事，说不得东拼西凑的恭恭

① （清）诸联：《明斋小识》卷四。尹德新主编《历代教育笔记资料》（清），中国劳动出版社1991年版，第178页。

② （明）王绮：《寓圃杂记》卷五，《明代笔记小说大观》，上海古籍出版社2005年版，第357页。

敬敬封了二十四两贽见礼，亲自带了秦钟，来代儒家拜见了。[1]

这段便说，就算秦业家里再穷困，东拼西凑也要凑齐二十四两给老师的束脩礼，才能带着秦钟来拜见老师。

再如路遇老师让老师先走的，如明清时期的绍兴城中“……凡缙绅回籍必先谒文庙，拜儒学先生而后拜郡邑，道遇三学虽不避轿，必让三学行过而后行。古道担传，尊师重傅不容易得”[2]。

曹雪芹的小说《红楼梦》对于这方面的尊师风俗表现形式亦有所反映：

> 早有人先抢一步回代儒说：“老爷来了。”代儒站起身来，贾政早已走入，向代儒请了安……宝玉过来，也请了安。贾政站着，请代儒坐了，然后坐下……贾政答道：“原是如此。目今只求叫他读书、讲书、作文章。倘或不听教训，还求太爷认真的管教管教他，才不至有名无实的白耽误了他的一世。”说毕，站起身来又作了一个揖，然后说了些闲话，才辞了出去。[3]

这里是说贾政面对自己孩子的老师贾代儒，一定要先向贾代儒问安，先让贾代儒坐，同时也要贾代儒“管教管教”他，然后临走之时向贾代儒作揖告辞。这其中描写的贾政的一举一动，便是对老师的“身敬”之尊师礼。

---

① （清）曹雪芹：《红楼梦》第八回。

② （明）李乐：《续见闻杂纪》卷十一。尹德新主编《历代教育笔记资料》（明），中国劳动出版社1991年版，第104页。

③ （清）曹雪芹：《红楼梦》第八十一回。

→→

（二）民间的尊孔之风

和前代相比，民间更加尊崇孔子，出现了多种新的尊孔风俗。比如元代笔记资料就记载了一条杭州地区新的尊孔风俗：

国朝杭城每岁三月初八日迎佛会，有一士人建言，欲援例迎夫子。事上有司申省，省送江浙儒司定议，省典傅景文作词云："省府相度，当为不为，与不当为而为，皆非圣人之道。孔子之教，垂宪万世，今杭州路申前件事，仰速送江浙儒司，考核典故，稽诸经史。可以施之于今，行之于后，无愧于古，保结连呈。"①

民间欲借着三月八日迎佛会的节日风俗来尊崇孔夫子，这一主张立即得到官方的许可。这段记载反映出孔子偶像化、神圣化、楷模化的形象正在逐步下移到民间，对孔子表示尊崇已经成为大多数民众的共同心理和价值观。

到明清两代，不仅仅官方主持修建孔子庙，民间更有许多平民自发参与到孔庙的维护与修建过程中来。比如清代有的地方就组织起了"同文会"，专门为孔庙的维修筹集资金：

邑有"同文会"，将一邑绅士书名于簿，各捐银以为修葺文庙需。凡农、工、商、贾、牙役、白户家，皆不得与。数以七文为起至四十文止，一月朔望两收，乡间仅取朔日数为加倍。

---

① （元）李翀：《日闻录》，第9页。

有底簿，有票记，每月择在城负声望者司值焉。①

二、民间的嘲师之风

元明清时期，一方面是尊师风俗得以传承，另一方面教师形象却在民间文学描写中被迅速地丑化。这些丑化主要有以下几类：

穷困潦倒：

辞朝

一教官辞朝见象，低徊留之不忍去。人问其故，答曰："我想祭丁的猪羊，有这般肥大便好。"②

贽礼

广文到任，门人以钱五十为贽者，题刺曰："谨具贽仪五十文，门人某百顿首拜。"师书其帖而返之，曰："减去五十拜，补足一百文何如？"门人答曰："情愿一百五十拜，免了这五十文又何如？"③

厮打

教官子与县丞子厮打，教官子屡负，归而哭诉其母。母曰："彼家终日吃肉，故恁般强健会打。你家终日吃腐，力气衰微，如何敌得他过？"教官曰："这般我儿不要忙，等祭过了丁，再与他报复便了。"④

---

① （清）诸联：《明斋小识》卷三。转引自尹德新主编《历代教育笔记资料》（清），中国劳动出版社 1991 年版，第 137 页。

② 《笑林广记·腐流部》。

③ 《笑林广记·腐流部》。

④ 《笑林广记·腐流部》。

→→

因为教师穷困潦倒连肉都不是经常吃到，因而也就经常向自己的学生要求增加束脩。

不学无术：

屎在口头

学生问先生曰：“‘屎’字如何写？”师一时忘却，不能回答，沉吟半晌曰：“咦，方才在口头，如何再说不出。”①

中酒

一师设教，徒问：“《大学》之道如何讲？”师佯醉曰：“汝偏拣醉时来问我。”归与妻言之，妻曰：“《大学》是书名，‘之道’是书中之道理。”师颔之。明日，谓其徒曰：“汝辈无知，昨日乘醉便来问我，今日我醒，偏不来问，何也？汝昨日所问何义？”对以“大学之道”。师如妻言释之。弟子又问：“‘在明明德’，如何？”师遂捧额曰：“且住，我还中酒在此。”②

道德沦丧：

梦周公

一师昼寝，而不容学生瞌睡。学生诘之，师谬言曰：“我乃梦周公也。”明昼，其徒亦效之。师以戒方击醒曰：“汝何得如此？”徒曰：“亦往见周公耳。”师曰：“周公何在？”答曰：“周公说，昨日并不曾见尊师。”③

---

① 《笑林广记·腐流部》。
② 《笑林广记·腐流部》。
③ 《笑林广记·腐流部》。

咬饼

一蒙师见徒手持一饼，戏之曰："我咬个月湾与你看？"既咬一口。又曰："我再咬个定胜与你看？"徒不舍，乃以手掩之，误咬其指。乃呵曰："没事没事，今日不要你念书了。家中若问你，只说是狗夺饼吃，咬伤的。"①

毫无疑问，这些民间文学作品之中的教师形象应当是有其生活原型的，而这种丑化是社会民众对当时教师阶层综合素质下降的一种不满。明清时期，无论是官学老师还是私学老师，其综合素质都有所下降，而民间文学作品所反映的正是当时一些教师不学无术、道德沦丧、生活贫困潦倒的状况。但是更为重要的是，这种矛盾现象正是尊师的反映。众所周知，传统的教师形象是个完美的"楷模"，社会对于教师的要求是极高的，甚至是苛刻的。一旦教师达不到这个要求，就必然会遭到来自社会的谴责、不满，于是各种"丑化"形象也就出现了。这种嘲讽既反映了明清时期教师综合素质有所下降的历史事实，更是尊师风俗在文学作品之中的一种"曲折反映"，反映了中国民间对于教师的高标准、高要求、高期望，而这正是教师为社会、民众尊重的根基，这一点，早被先秦时期的荀子充分论述过了。

第四节　元明清尊师风俗与儒学教育的工具化

元明清时期，统治者非常重视文教事业的发展，三代的教育因

① 《笑林广记·腐流部》。

→→

而获得一定程度的发展；另一方面随着封建专制统治的进一步加强，教育文化专制也进一步加强。在这种情况下，元明清时期的尊师风俗表现形式体现出新的特点：一方面，元明清的尊师风俗表现形式继承了两宋尊师风俗表现形式中积极的一面，尊师风俗表现形式多样、稳定、涵盖层面广，展现了中国古代尊师风俗表现形式丰富多彩的历史事实，如尊孔，侍师，丧师，不施臣子之礼，皇帝、官员尊师等尊师风俗表现形式。另一方面，元明清尊师风俗的表现形式也继承了两宋尊师风俗表现形式内部所隐藏的“不彻底性”“有条件性”，且更为走向表面化。如前论述，元明清尊师风俗表现形式日益“分化”，就是在同一种尊师风俗表现形式中人们所选择的尊师对象、尊师者的心态也是不同的。尊与不尊几乎同时并存于元明清社会之中，诸如对待那些有“能力”的座师很尊重，而对于那些在民间谋生的蒙师却嗤之以鼻。所谓“九儒十丐”的俗语也逢时而生了，甚至连教师的“祖师爷”孔子都已经因为“君师分明”而失去了“王号”的尊崇。

值得指出的是，元明清尊师风俗表现形式所表现出的这种日益分化的态势正是同时代中国儒学教育日益走向工具化的表现。所谓儒学教育的工具化意味着元明清时期的儒学教育虽然仍然披着传授儒家之道的外衣，实际上却更加紧密地与科举制度、封建专制统治紧密结合起来，其功能亦走向工具化，即一方面为了博得功名，另一方面为了维护封建专制统治。

一、尊师风俗与儒学教育的工具化

如前文所述，元明清时期承接两宋时期以孔子为教师代表加以尊崇的尊师风俗表现形式，通过各种方式（诸如御笔提名、给予天子礼乐、修葺孔庙，封赏孔子后代）来体现朝廷对于孔子的尊崇。然而，这种尊崇和两宋时期有两大不同：其一，诸如给予天子礼乐，令天下通祭孔子等尊孔活动是经过“波折”，才最终确定的，而非两宋时期那种“波澜不惊”的局面。其二，不仅仅限制孔子后人的活动范围，更把孔子的尊号改去、搬走孔子塑像，直接对给予孔子本人的礼制等级“动手”，让孔子恢复到了“先师”的本来面目，同时也剥夺了孔子后人专任曲阜知县的“特权”。

笔者认为，上述这种看似“矛盾”的现象是中国封建君主专制制度加强的政治变迁在教育上的一种体现。当元世祖听到“为臣当忠，为子当孝，孔门之戒，如是而已”① 这句话时非常高兴，表明了在元世祖看来，孔子的儒家学说所主张的“为臣当忠，为子当孝”对于稳定王朝的统治是非常有利的，这是他接受儒家学说的真正原因所在。明清时期撤除宰相，皇帝大权独揽，在这种情况下，维护君主的权威成为官方首先要考虑的事情，于是就要革除很多不合礼制的“夷习”，而孔老夫子便成为这种革除活动的“受害者”。于是孔子便回到了原来“先师”的本来面目。然而，正如朱元璋对孔门后人所说的那样，孔子所代表的儒家“纲常名教”却又是官方所不能抛弃的，况且在“风俗治国”理论的指导下，更是离不开尊孔。

① （元）陶宗仪：《南村辍耕录》卷二。

→→

官方一直期望通过尊孔，形成尊师之风，通过尊重孔子这位先师，让孔子所代表的“纲常名教”能够“化民成俗”，最终达到维护自身统治地位的目的。这也是中国自两汉以来，历代封建王朝统治者们奉行“风俗治国”政策的根本目的所在。在这种条件下，孔门后人的最佳位置，还是回到教书育人的老本行，做一个忠君卫道的好楷模、好榜样，并且以此感化世人。因此，孔门后人也就不需要考虑在朝廷任职了，尽管拥有一等公爵的封爵、高级官阶的荣耀，但是孔门中人最终还是被牢牢限制在读书教人的范围之内。这样就使得孔门后人的影响范围只能局限于一隅，而不会对皇帝的权威产生不利影响，相反还会使他们感谢皇帝的“封赏”。

综上所述，尊孔之风中所出现的这种现象，反映的正是两宋时期“君权”和“师道”矛盾在元明清时期的激化和延续。然而，从两宋时期开始，尊孔只是为了尊师，为了维护君权，意味着“师道”的地位已经居于“君权”之下了，这种局势到了元明清时期不但没有得到扭转，反而愈演愈烈。这其实体现出了儒学教育工具化的另一个方面，在当时文化专制登峰造极的情况下，儒学教育已经成为了维护封建君主专制的重要工具，维护封建君主专制已然成为儒学教育重要的政治功能。

二、尊师风俗与儒学教育工具化的后果

（一）对私学教师群体的冲击

元明清时期儒学教育开始工具化，其中的一个表现就在于人们注重通过科举获得功名利禄，儒学教育已然异化成为获得功名利禄

的一种“工具”。人们接受儒学教育，期望的是通过科举获得功名，所谓的训蒙受业之师，只是自己获取功名利禄的一个“工具”，或者说是“跳板”。在这种情况下，没有获取功名、寄人篱下的私学教师们自然会受到很大冲击。这种冲击主要表现在三个方面：

其一，对他们的思想观念造成了冲击，不再以传授儒家之道作为儒学教育的根本目的，而是以通过科举考试获取功名利禄作为儒学教育的根本目的。士阶层尊师风俗中的功利性和民间尊师之风与嘲师之风相伴的状况便是这种冲击在尊师风俗中的反映。先看民间的嘲师之风，如郑板桥的《教馆诗》：

> 教馆本来是下流，傍人门户渡春秋。半饥半饱清闲客，无锁无枷自在囚。课少父兄嫌懒惰，功多子弟结冤仇。而今幸得青云步，遮却当年一半羞。①

再如《道情十首》中道：

> 老书生，白屋中，说唐虞，道古风，许多后辈高科中……一朝势落成春梦。倒不如蓬门僻巷，教几个小小蒙童。②

从这两段诗歌里面，我们可以看到这两位私塾老师都有一个共同的目标：通过科举考试，平步青云，博取功名利禄，这才是他们的真心追求。

> （许衡）幼有异质，七岁入学，授章句，问其师曰："读书何为？"师曰："取科第耳！"曰："如斯而已乎？"师大奇之。

① 邓云乡：《红楼风俗谭》，河北教育出版社2004年版，第285页。
② 邓云乡：《红楼风俗谭》，河北教育出版社2004年版，第285页。

→→

每授书，又能问其旨义。久之，师谓其父母曰："儿颖悟不凡，他日必有大过人者，吾非其师也。"遂辞去。父母强之不能止，如是者凡更三师。①

在许衡问他的启蒙老师"读书何为"这个问题的时候，老师的回答直截了当："取科第耳！"而许衡再次发问："如斯而已乎？"让老师惊讶之余还辞职了，并接连换掉了三位老师。

其二，儒学教育工具化给私学教师群体所带来的另一个冲击就是生活状况日益恶化，并由此引发"师法"不严的问题。

在元明清时期，私学老师的生存状况不佳。这点在民间尊师风俗中有较为明显的表现，一方面，民间尊师之风中所给予老师的尊崇都是最为基本的"生活资料"，而这些"生活资料"基本只能维持日常生计；另一方面，民间又多有嘲讽老师的记载，其中涉及一个重要的方面就是老师的生活贫困状况恶化。此外，当时流行的老师追讨束脩之风亦反映了这方面的问题，元代就出现了"九儒十丐"的俗语。那么私学老师的生存状况究竟如何呢？让我们看下面几段材料：

沈质文卿居太仓，家甚贫，以授徒为生。一夕，寒不成寐，穿窬者穿其壁，文卿知之，口占云："风寒月黑夜迢迢，辜负劳心此一遭，只有破书三四束，也堪将去教儿曹。"穿壁者一笑而去。②

① 《元史·许衡传》。

② （明）陆容：《菽园杂记》卷二。

有学博者，宰鸡一只，伴以萝卜制馔，邀青衿二十辈飨之。鸡魂赴冥司告曰："杀鸡供客，此是常事，但不合一鸡供二十余客。"冥司曰："恐无此理。"鸡曰："萝卜作证。"及拘萝卜审问，答曰："鸡，你欺心！那日供客，只见我，何曾见你。"博士家风类如此。①

到了清代，描绘私学老师生活穷困之状的诗歌、民间文学作品更多。

今人好为人师，为这碗饭可安逸吃，殊不知先生之饭最难吃。一塾师作诗云："晨兴最苦无汤漱，日向中时始食糜；检点饥肠传向读，撑持喝吻讲文辞。鱼虾淡薄难供饭，腐菜温炖易泄脾，怪杀更深监夜课，自辰至亥坐如尸。"文虽俚，句句是阅历过来语，可补砚田诗笑之所未备。②

再如百本张子弟书《先生叹》云：

只落得半途而废将京上，庙宇中设帐教书度晚年。连一个"经文书馆"都贴不起，也不过是"童蒙任附"学报子高悬。就有那方近儿童将书念，束脩少每月无非三五百钱。念的是《三字经》《百家姓》，若要教到《论语》我就难。每到那朔风凛栗三冬景，吩咐那徒弟都攒煤炭钱。夏日炎炎当永日，搭天棚也是公中大众攒。更有那丁祭之期多快乐，除剩钱外带还吃

① （明）江盈科：《雪涛谐史》卷十一，《明代笔记小说大观》，上海古籍出版社2000年版，第403页。

② （清）褚人获：《坚瓠集》补集卷五。转引自尹德新主编《历代教育笔记资料》（清），中国劳动出版社1991年版，第171页。

→→

肚内圆。终日里教书写仿把儿童训，操心费力外带难缠。遥念中秋节又至，学生们家中都要送节钱，得些个新鲜果品烧黄酒，到了那十五良宵我吃个圆。沉醉书窗须尽兴，哪管那日日教书那些急与难。这如今俗名叫取“教书匠”，反惹他人作笑谈。①

在这些作品中私塾老师们的生活竟然是如此的穷困。为了谋生，能够到条件较好的东家任教，又导致师法不严：

师法不严极矣：数十年前，士人多能持师道以训弟子，如李翰峰、焦镜川、董侣渔、赵高峰、黄龙冈诸先生，皆方严端正，不为苟合；课艺勉德，彬彬有条；经书性鉴，岁必一周；优劣劝惩，肃如朝典。以故士游其门，文行皆有可观。主人尊敬之如神明，少不合辄拂衣去，其弟子亦敬而爱之。即既贵显老大，悛悛执礼惟谨，毋敢慢也。后或富实之家，才有延师之意，求托者已麇集其门，始进既不以正矣。既入馆，则一意阿徇主人之意，甘处亵渎而不辞，甚且市欢于弟子，恐其间我于父兄，一切课督视为戏具矣。又有一种黠者，诱其弟子，接纳显贵，买鬻声名，夤缘考试，以蛊其主人。呜呼！师法之不严至此极矣。先入者为之主，欲求弟子之卓然有立，可不慎哉！②

这段记载表明，到了明代中期，能够恪守师道的老师日渐稀少，而一味“阿徇主人之意，甘处亵渎而不辞”的老师们日渐增多。尤

① 邓云乡：《红楼风俗谭》，河北教育出版社2004年版，第285—286页。

② （明）顾起元：《客座赘语》卷十一。转引自尹德新主编《历代教育笔记资料》（明），中国劳动出版社1991年版，第97页。

其是那些富户人家，更是成为私学老师求托之重，甚至有的私学老师为了谋得一个好馆，竟然不择手段：

杨朝宗，字见卿，别号朴庵，性狷介谨矩，矱不差尺寸，非其义弗取，聚徒糊口之外，一无所缁焉。尝馆于大姓徐氏，有同门生易某，相友善，贫无以自存，将往投故知于汴。朴庵曰："道路远，人情叵测，能得所欲邪？"……易唯唯，喜溢颜面。时徐姻属杜兵部，将以其子就帷下，朴庵遂以让易，而托徐氏纵更焉。易以是识于徐氏，而阴欲得朴庵之馆也。则暇日与徐氏子商经史课文义，若授弟子者。自是亹亹靡倦，退复语人曰："徐君德我，必移子见托矣。"闻者甚不直易，咸奋臂来告，且图与报之。朴庵笑曰："故人情厚，宁有是耶！"固止之。明日遂以故辞徐，徐再四留，再四不可，则曰："吾举一自代者。"询其人，即易某也。①

其三，在对私学教师能力的要求上，尊与不尊的标准转变为教师能否帮助学生考取功名，这直接导致了私学教师不再以传授儒学之道为己任，而以科举之业谋生了。请看下面一段材料：

乡塾训弟子：予为童子入乡塾，蒙师训其弟子，往往多读《小学》《孝经》，迨予四十以后，读者鲜矣！至晚岁又见有袁黄四书（黄，进士，嘉善人，官兵部主事），全不用朱夫子注，又见涂抹四书，凡圈外注全涂抹。其正注《学》《庸》十涂一

---

① （明）周晖：《金陵琐事》卷四。转引自尹德新主编《历代教育笔记资料》（明），中国劳动出版社1991年版，第43页。

→→

二，《论》《孟》十涂四五，嗟乎！若当二祖朝，此等人服上刑奚疑，所以然者，末世人不善教子，急于进取，故妄为简省而不顾，竟不知其有一字不容增损者在也。①

这表明到了明代中期，私塾教师更多关注于如何教学生应付科举考试，而不是传授儒家的经学。到了清代，这种现象更为严重：

雍正四年十月十二日，上谕八旗云：且现在教书之人，俱系毫无所能，希图糊口之辈，必有借此营谋射利而妄为者，尔等甚宜留心，将伊远之，诸事防闲，勿为所取。

八年正月十三日，上谕云：其苟且依人训蒙授徒者，大抵多粗通学问，穷困淹蹇之辈。其人既抑郁无聊，时怀愤世嫉俗之意，每多幸灾乐祸之言，而又伪为刚方正直之概，言忠言义，以欺庸人之耳目，不知者遂误以为端人正士尊信之，而暗中受其迷惑者不少矣。②

也就是说，在雍正帝看来不仅仅是学官出了问题，而且那些民间的教书先生们也都是“糊口之辈”“穷困淹蹇之辈”，还要求大家要小心提防。由皇帝亲自发布上谕对于民间教师的情况进行直接批评，足见到了清代中期，教师素质的下降甚至引起了皇帝的关注。到了清代中晚期，情况仍然未见好转：

咸丰同治间……乡村中实难得良师。能教时文，不落恒蹊

① （明）李乐：《见闻杂纪》卷八。转引自尹德新主编《历代教育笔记资料》（明），中国劳动出版社1991年版，第40页。

② 原北平故宫博物院文献馆编：《文献丛编》，民国二十六年版。

者已是好手，能教人品行，务正学者已觉难得。①

由此可见，到了清代中晚期，能够教会学生应科举的老师便是“好老师”了，至于教人品行这种教师原本应当完成的首要任务，早已经不敢奢望了。

（二）对学官群体的严重冲击

如前所述，元明清时期儒学教育的工具化不仅给私学老师群体带来了严重的冲击，给学官群体亦带来严重的冲击。如前所述，尽管从帝王官员的尊师风俗表现形式来看，已然是“控制与凌驾”于师之上，但是帝王官员们仍然有尊师表示，或者是给予官爵，或者是给予物质赏赐，或者是给予不施臣子之礼的权利。然而就是在这种情况下，元明清尊师风俗表现形式上却出现了一个不可回避的“矛盾”，即在帝王官员尊师的情况下，被尊的对象——师却不愿意成为“师”。明清两代，学官不力，滥竽充数的情况非常突出。从明太祖洪武末年开始，教官素质下降，不能、不愿尽职的“痼疾”再次降临到了明朝政府的头上，并且一直蔓延到其后的清朝，几乎每一代皇帝、官员都在不厌其烦地一遍遍重申“重振学官”的问题。

在明太祖、成祖时期，对于学官的指责可以概括为“师范庸常”，其缘由主要在于“生徒全不务学”。明代著名学者金善在《赠周公明赴长洲教谕序》一文中曾经就永乐年间的学官情况有所评论：

夫学官之秩甚卑，而其任甚重也。今天下郡邑莫不有学，

① 刘蓉：《与培基、培后书》。转引自葛士濬编《皇朝经世文续编》，（台湾）文海出版社影印光绪二十七年本，卷56。

→→

学莫不有师，然求其道之能立，而称于其职者，鲜矣。①

明中央政府也日益觉察到了学官不力的问题：

洪武三十年七月，礼部在《申明学规事宜》里说："太学乃教化之源……近为老儒怀奸，师道不立，学规废弛，以致生徒全不务学，于先圣先贤之道，略不究理。"②

永乐六年六月，翰林院庶吉士沈升上言说："今天下幸遇文明之世，虽有向学之心，而师范庸常，往往不副其所望，故难以成材，甚负圣朝兴学育贤之美意。"③

永乐二十二年九月，平江伯陈瑄上言说："夫建学校以育贤材，以备官使。今府州县教职多非其人，生员务学亦少。"④

永乐二十二年十二月，成祖谕告吏部："比来国子生务实学者甚少，大率于诸司历事，苟延岁月，以图出身。固是学者志趣卑下，亦由示范失职所致。"⑤

到了明仁宗、明宣宗、明英宗、明代宗时期，对于学官的指责更是有了"真凭实据"：或是因为只会"记诵之学，而导致经不能明、身不能正"；或是自身学术能力有限，"授经且句读不明，问难则汗颜无对"；更有甚者，"为师能勤讲授"这种本职工作都不愿意做了。

---

① 高时良主编：《明代教育论著选》，人民教育出版社1990年版，第65页。

② （明）黄佐：《南雍志》卷十。

③ 《明太宗实录》卷八十。

④ 《明仁宗实录》卷二下。

⑤ 《明仁宗实录》卷五上。

宣德三年十一月："闻比年生徒多不务学，徒记陈言，为出身之资，及授以职，迄无实用师盖师范不得人也。"①

宣德三年四月二日：宣宗曰："……考其驯致之故，亦由师道未善。太学之官……有懒惰纵肆，累日不赴公座，有掇拾过误，动辄把持官长；习为偷薄之风，何望教成之效！"②

正统五年六月："今南监尚循旧规，北监废而不举，其间为师能勤讲授，为弟子能勤问学，大率计之，十不二三，此非长教辄之惰慢乎？"③

景泰四年八月：工科给事中徐廷章上言说："今校官多岁贡监生及山林儒士，素无深长学问，辄为人师，授经且句读不明，问难则汗颜无对。今后宜用副榜举人使。"④

明英宗天顺三年十二月庚申，建安县老人贺炀言的上言则对当时学官不力的情况揭露得更为彻底：

朝廷建学立师，将以陶熔士类，奈何郡邑学校师儒之官，真材实学者百无二三，虚靡廪禄、猥琐贪饕，需求百计，而受业解惑莫措一辞，师范如此，虽有英才美质，何由而成？⑤

到了明世宗时期，学官们早已名不副实，或者"仪范不立，开导无方"，一心向着科举功名，或者"取束脩以糊口耳"，学官可谓

① 《明宣宗实录》卷四八。

② （明）黄佐：《南雍志》卷十。

③ 《皇明太学志》卷二。

④ 《明英宗实录》卷二三二。

⑤ （清）顾炎武：《日知录集释》卷一七。转引自尹德新主编《历代教育笔记资料》（清），中国劳动出版社1991年版，第21页。

→→

是声名狼藉。

> 嘉靖十年，工科给事中谢存儒上疏说："近世师儒，仪范不立，开导无方，惟之勾校簿书，不复研精德业，考课业仍其抄录，计积分准其班资。"①

紧随明王朝之后的清王朝，依然不能摆脱这一痼疾：

康熙二十三年八月："助教官员职掌教习，荫监官生应选优于文学者补用。"康熙四十三年三月："……近见直录各省教官内，不谙文义者甚多，如此何以训士?"②

这是说，康熙时期，清政府就已经发现教官们连"文义"都不通，可见素质之低。

号称"十全老人"的乾隆皇帝，对教官不振的局面也是颇为烦恼。《高宗纯皇帝圣训》记载：

> 乾隆六年十一月，后世设立教官，专以课士，已非先王有教无类之意。而近来教职多系衰老庸劣之辈，不但不能以道德礼义化导齐民，并其课士之职亦不克举，亦安用此一官为也?

到了乾隆时期，大多数教官都是衰老庸劣之辈，并且连最为基本的课士之举都不能胜任，情况是愈发严重。于是咸丰皇帝即位后，便发布了这样一道上谕：

> 道光三十年五月……近日校官一途，半皆年老衰庸及末学浅见之士，著各省学政严行考核，文行兼优者方准列荐，庸劣

---

① 《皇明太学志》卷九。

② 《圣祖仁皇帝圣训》卷一二。

不职者即行甄别。至于月课、岁考，尤须认真举行，所课试卷按季申送学政。[1]

综上所述，明清两代，学官不力始终是一个无法克服的“痼疾”，这也成为明清时代尊师风俗表现形式中的一个矛盾。造成这种矛盾现象的一个重要原因就在于当时儒学教育的工具化，不仅使得私学教师受到冲击，连学官群体也不可避免，学官们亦想通过科举博取功名，而不愿成为被称为“冷官”的学官。这是造成学官不力的一个重要原因。

① 《文宗显皇帝圣训》卷一四。

第七章　尊师风俗的深入分析

中国古代尊师风俗的流变过程，是一个“动”“静”相结合的过程。如前所述，尊师风俗主要表现为“人们公认的，普遍接受、积久成习的各种尊师行为方式的总和”。从宏观角度来看，中国尊师风俗的表现形式无疑应当是相对稳定的，主要存在于帝王官员、士人、民间三个不同的层面，覆盖了礼仪、祭祀、物质、日常生活等多个方面，也就是所谓教师的“生前死后”诸多方面，并且有许多尊师风俗的表现形式得以相对稳定，如尊孔、皇帝尊师、束脩等。然而“人们公认的，普遍接受、积久成习的各种尊师行为方式”并非是僵化的、一成不变的，而是具有丰富的“新陈代谢”。如前所述，在相对稳定的表面情况下，三个层面的尊师风俗在不同时期都体现出了不同的特色，反映了不同的教育问题，而且几乎每一种尊师风俗的表现形式的“内部”（尊师行为、语言、心态）都经历了“或大或小”的变化，有的时候这种变化还表现得很“激烈”，诸如尊孔、给予不臣之礼、丧师等就是这方面的表现。因此，从微观上看，尊师风俗的表现形式无疑又是一个“动态”过程，是处于不断演化过程之中的，而这种不断的演变又揭示出了中国古代教育的变迁。为此本章将从以下三个角度（即知识、传承、教化）切入，探讨中国古代尊师风俗的流变与中国古代教育变迁之间的关系。在具体分析上，本着内外结合的原则，首先从外部着手，探讨尊师为何能成为风俗，其基础、原因何在？其次从尊师风俗的表现形式内部着手，即尊师风俗表现形式的不同类别，“主角”教师的来源、身份、生活状况，尊师之人的来源、身份、生活状况等一系列尊师风俗的构成要素进行深入分析。

第一节　尊师风俗的“风俗治国”教化功能

如前所述，尊师风俗在具体表现形式上丰富多彩，从其表现形式自身来说，具有很强的“教化”功能。在中国古代尊师风俗的表现形式中，“参与者”逐步由士大夫、官员、皇帝阶层向一般平民阶层扩充，这种态势本身就说明了尊师风俗在实际生活中承担了“教化”的功能。然而，更为重要的是，尊师为何能成为风俗，并且几千年来得以传承、形式不断丰富？要回答这个问题，就有必要了解中国的儒家治国学说——“风俗治国”的来龙去脉。综观中国历代王朝的治国方略，无论是以法家为信条的第一个统一中国的封建王朝——秦朝，还是其后以少数民族问鼎的元朝、清朝；无论是处于大一统之下的汉唐时代，还是处于国家分裂之时的南北朝、五代十国之时，各王朝的统治阶层其实都非常重视风俗在治理国家中的作用，并且形成了具有中国特色的“风俗治国”方略。无疑，本文的研究对象——尊师风俗便是“风俗治国”方略中的重要一环，承担了“教化”的功能，而这正是尊师得以成为“风俗”的一个重要原因，或者说尊师风俗本身亦承担了教化的功能。为了论证这一观点，有必要理清中国古代“风俗治国”方略的流变脉络，及其与尊师风俗自身的紧密联系。

公元前221年，秦国统一六国，从而建立了中国历史上第一个大一统的中央集权的封建王朝。秦朝建立以后，非常重视“移风易俗”。所谓“匡饬异俗”，务必让天下“欢欣奉教，尽知法式”，并且要“宜省习俗，黔首斋庄”，以最终达到“大治濯俗，天下承风”。

汉初的贾谊在《治安策》一文中，对秦国风俗作了详细的描述：

商君遗礼义，弃仁恩，并心于进取。行之二岁，秦俗日败。故秦人家富子壮则出分，家贫子壮则出赘。借父耰钽，虑有德色；母取箕帚，立而谇语；抱哺其子，与公并倨；妇姑不相说，则反唇而相稽。其慈子耆利，不同禽兽者亡几耳。

贾谊接着指出：

今转而为汉矣，然其遗风余俗，犹尚未改。今世以侈靡相竞，而上亡制度，弃礼谊，捐廉耻日甚，可谓月异而岁不同矣。①

在汉初儒家看来，秦国的风俗简直是跟禽兽无异了。造成这种现象的重要原因在于商鞅变法抛弃了“仁”“义”，使得“秦俗日败”。

汉高祖刘邦即位后，就顺道到达曲阜，祭祀了孔子，成为中国皇帝中祭祀孔子的第一人。这也意味着西汉王朝开始实行了一套新的文教政策。

---

① 《资治通鉴·汉纪六》。

随着汉初统治思想的转变，在文教政策上，实行了一套与秦朝截然不同的政策。

传统的论述认为，汉朝之所以转变文教政策，是由于吸取了秦朝二世就灭亡的教训。然而，汉朝也从秦朝继承了一套衣钵，重视风俗对于治理国家的重要。汉代继承了秦朝重视“移风易俗”的国策，曾经多次设置风俗使等官吏赴各地巡行风俗，把风俗的美恶作为衡量国家政治的一项重要标准，重视通过“移风易俗”达到教化，稳定统治的目的。汉武帝时期的严安上书讲的就很明白：

> 向使秦缓其刑罚，薄赋敛，省繇役，贵仁义，贱权利，上笃厚，下智巧，变风易俗，化于海内，则世世必安矣。秦不行是风而循其故俗，为智巧权利者进，笃厚忠信者退；法严政峻，谄谀者众，日闻其美，意广心轶。①

就是说，汉人认为秦国灭亡的根本原因在于采取了错误的策略，未能“移风易俗”，最终导致灭亡。

经过汉初几十年的休养生息，到汉武帝即位后，国力已经大大增强。汉武帝即位初年，就召集了王臧、赵绾等儒家学者进入朝廷，力图推行儒家学说，但是因为窦太后为代表的尊黄派的反对，而未能实施。“今上即位，招致儒术之士，令共定仪，十余年不就。”②窦太后过世后，汉朝的文教政策出现了重大转折，即由西汉初年的“行黄老之学”，转为“独尊儒术”。

---

① 《史记·平津侯主父列传》。

② 《史记·礼书》。

汉武帝之所以实行独尊儒术，除了与汉武帝的个人喜好，汉代重视风俗的治国之策有关外，与儒家所形成的一套完备的风俗治国理论也有着密切联系。

《礼记·曲礼上》就有过“礼从宜，使同俗”① 的记载，《礼记·曲礼下》接着论述：“君子行礼，不求变俗，祭祀之礼，居丧之服，哭泣之位，皆如其国之故，谨修其法而审行之。”② 因此，“要修其教不易其俗，齐其政不易其谊”③。意思是说“入乡随俗”对于治国的重要。但是《礼记·王制》在论述了如何根据各地民情特色，以便达到让民众安居乐业之后，紧接着就加入了“学”，学什么呢？就是要学“修六礼、明七教、齐八政、一道德”。乍看起来，这两者似乎有点矛盾，既然要入乡为俗，从俗为重，为何还要最终“一道德”呢？这就牵涉到更深一层的问题：在儒家看来，俗有善恶之分，因此就要移风易俗，变浇薄为淳厚，儒家要在风俗已经成俗的基础之上，使之更加良善。如何达到这一目的，那就要把“学”拉进来，更确切地说，就是通过教育达到“化民成俗”，形成美好风俗的目的。

如此，通过风俗这条线，我们发现，在汉代，教育与政治紧密联系到了一起，并且为政治服务。由此，治理国家便不再是单纯的政治事务，并且还具备了重要的教育意味。

---

① 《礼记·曲礼上》。
② 《礼记·曲礼下》。
③ 《礼记·王制》。

汉代这种风俗治国观点的一个重要方面，就在于重视通过“由上而下”的示范、榜样作用来达到这一目的。

东汉班固在《汉书·地理志》中云：“凡民函五常之性，而其刚柔缓急，音声不同，系水土之风气，故谓之风；好恶取舍，动静无常，随君上之情欲，故谓之俗。”①

应劭在《风俗通义》中就风俗作了如下解释：“风者，天气有寒暖，地形有险易，水泉有美恶，草木有刚柔也。俗者，含血之类，像之而生，故言语歌讴异声，鼓舞动作殊形，或直或邪，或善或淫也。圣人作而均齐之，咸归于正；圣人废，则还其本俗。”②

上述论述中提到移风易俗的一个重要方面在于“随君上之情欲”，“圣人作而均齐之，咸归于正，圣人废，则还其本俗”。就是说，儒家试图通过一套由上而下的榜样、示范作用来达到移风易俗的目的。

儒家的这种以教育为手段，以自上而下的示范、榜样为主要形式的移风易俗、治理国家的主张，适应了汉初社会进一步发展的需要，为汉武帝所采纳，“或言古者太平，万民和喜，瑞应辨至，乃采风俗，定制作”③，采取了儒家主张的“风俗”制定朝廷制度，而其中的一个重要过程就是“独尊儒术”，由此开始设立“博士”这一全新意义上的学官。所谓“师以载道”，皇帝、大臣、官员们开始身

① 《汉书·地理志》。

② 王利器：《风俗通义校注》，中华书局1981年版，第8页。

③ 《史记·礼书》。

为表率，大力提倡尊师，尊师之风日盛。

魏晋南北朝时期，无论是北方还是南方，无论是汉族政权，还是所谓“五胡”政权，在战争之余，都比较重视兴学，这种现象背后的一个重要原因在于他们继承了两汉时期流传下来的“遗产”，重视“风俗治国”的主张。重教兴学始终是和“移风易俗”紧密地结合在一起的。尽管魏晋南北朝时期战乱频繁，风俗浇薄，然而兴学兴教仍然是各政权不愿忽视的一项大事，究其原因正是在于对“风俗治国”方略的传承。在这种情况下，尊师风俗仍然得到了官方的“提倡”。

隋唐时期仍然秉承了两汉、魏晋南北朝时期注重形成淳厚风俗，通过教化，达到移风易俗、治理国家的策略。隋朝初年，就“遣十六使巡省风俗”，以期对全国的风俗状况有所了解。

隋朝初年，隋文帝命杨素、苏威等修订五礼，鼓励人们学习儒学。在教育管理体制上，隋朝也有重大成就，第一次设立了专门管理教育的政府机构和官员——国子寺和国子祭酒。隋初的教育事业呈现出了繁荣的局面，所谓“四海九州强学待问之士，靡不毕集焉”……“京邑达乎四方，皆启学校。齐、鲁、赵、魏，学者尤多，负笈追师，不远千里，讲诵之声，道路不绝。中州儒雅之盛，自汉、魏以来，一时而已”。[①] 社会上形成了重视儒学的风气。

唐代仍然秉承注重风俗治国、移风易俗、教化万民的治国策略，并且将其作为制定文教政策的一个重要因素。

---

① 《隋书·儒林列传序》。

唐朝建立后，高祖李渊即下诏，要求在国子学中设立周公、孔子庙，并且四时祭祀，礼遇其后代。公元624年，他还颁布了《兴学敕》，要求“敦本息末，崇尚儒宗”，明确了尊崇儒学的目的在于“敦本息末”，改变自魏晋南北朝以来重文辞、轻视儒学，丢弃根本的社会风俗。

唐太宗登基后，就“尝与群臣语及教化”，可见唐太宗非常重视通过教化达到移风易俗、化民成俗的治国目的。在这种背景下，大臣王珪上疏：“汉世尚儒术，宰相多用经术士，故风俗淳厚”①，明确提出了振兴儒学，移风易俗的文教主张。王珪认为，儒术是移风易俗、淳厚风俗的重要条件，要移风易俗非兴儒学不可。对此，唐太宗深表赞同，确定了“偃武修文”的指导思想，对儒学尤为推崇。他表示：“朕今之所好者，惟在尧舜之道、周孔之教，以为如鸟有翼、如鱼依水，失之必死，不可暂无耳。”② 可见他已把儒学和唐朝的政治统治比喻成相互依存的“鱼水关系”。

唐高宗时期继承了重视风俗的国策，甚至登楼观礼，也要以观风俗为重要目的，《资治通鉴·唐纪》就有这样的记载：

上谓侍臣曰：“昨登楼，欲以观人情及风俗奢俭，非为声乐。”③

唐玄宗登基后，于公元726年颁布《求儒学诏》，征求儒学之

① 《资治通鉴·唐纪九》。
② 《贞观政要》卷六。
③ 《资治通鉴·唐纪十五》。

→→

士。公元739年，他封孔子为文宣王，亲赴国子监观礼。可见唐代对于儒学的尊崇，其目的在于“励我风俗”。唐玄宗开元五年九月，诏曰：“古有宾献之礼，登于天府，扬于王庭，重学尊师，兴贤进士，能美风俗，成教化，盖先王之由焉。”① 这更明确地指出，唐代兴学尊师的目的在于“美风俗，成教化”。

宋朝尤其注重文教事业的发展。有宋一代，文教事业得到了很大的发展，宋太祖建国初，就设立了国子学，并且多次亲自视察，给予师生赏赐。

> 太祖闻国子监集诸生讲书，甚喜，遣使赐之酒果，曰：“今之武臣，亦当使其读经书，欲其知为治之道也。”②

在宋太祖看来，不仅仅是国子学学生要读书，并且武人也要读书，吸取儒家思想，其重文抑武的治国之策非常明显。太祖一代亦是频频视察国子监，扩大国子监学舍，以表示尊师重教之意。其后的宋太宗说得也很明白，太平兴国七年（982），宋太宗发布诏书说：“王者虽以武功克定，终须用文德致治。”

宋神宗时期王安石的教育改革为人批评的一个重要原因就在于，他们认为王安石的教育改革“败坏”了风俗：

> 安石之遇神宗，千载一时也，而不能引君当道，乃以富国强兵为事。摈老成，任新进，黜忠厚，崇浮薄，恶鲠正，乐谀

---

① 《册府元龟》卷五零《崇儒术二》。

② （宋）司马光：《涑水纪闻》卷一。转引自《宋元笔记小说大观》，上海古籍出版社2001年版，第784页。

佞，是以廉耻汨丧，风俗败坏。①

这段记载表明了反对王安石变法的官员的态度，他们认为王安石变法所造成的种种问题发展到后来就成为一个更为根本的问题——“风俗败坏”，而这正是自汉代以来历代儒家学者所最为不能容忍的问题。一旦一个社会风俗败坏，政权也就面临着危机。司马光在他所著的《资治通鉴》一书中，借着评价东汉历史，说出了自己对于教化、风俗二者之间紧密联系的看法：

> 臣光曰：“教化，国家之急务也，而俗吏慢之；风俗，天下之大事也，而庸君忽之。夫惟明智君子，深识长虑，然后知其为益之大而收功之远也。光武遭汉中衰，群雄糜沸，奋起布衣，绍恢前绪，征伐四方，日不暇给，乃能敦尚经术，宾延雅儒，开广学校，修明礼乐。武功既成，文德亦洽。继以孝明、孝章，遹追先志，临雍拜老，横经问道。自公卿、大夫至于郡县之吏，咸选用经明行修之人，虎贲卫士皆习《孝经》，匈奴子弟亦游太学，是以教立于上，俗成于下。其忠厚清修之士，岂唯取重于搢绅，亦见慕于众庶。愚鄙污秽之人，岂唯不容于朝廷，亦见弃于乡里。自三代既亡，风化之美，未有若东汉之盛者也。及孝和以降，贵戚擅权，嬖幸用事，赏罚无章，贿赂公行，贤愚浑淆，是非颠倒，可谓乱矣……由是观之，教化安可慢，风俗

---

① （宋）王称：《东都事略》卷七。转引自《宋元笔记小说大观》，上海古籍出版社2001年版，第4208页。

→→

安可忽哉！"①

在这段评论中，司马光明确指出教化和风俗是历代最不能忽视的两个问题，因为它们一个是国家的急务，一个是天下的大事。那么又当如何把这两者处理好，并且联系起来呢？司马光并没有明确说出来，但是通过全篇的论述，不难看出司马光对于东汉前期诸帝重视发展教育事业，尊师重教是极力赞赏的。所谓"宾延雅儒，开广学校，修明礼乐，武功既成，文德亦洽；继以孝明、孝章，遹追先志，临雍拜老，横经问道"，表明他对于东汉后期那种不重视教育事业发展的治国之策是不赞成的。这里面其实透露出了一个在中国儒家学者眼中经久不衰的风俗治国主张，而尊师风俗便是其中重要的一环。

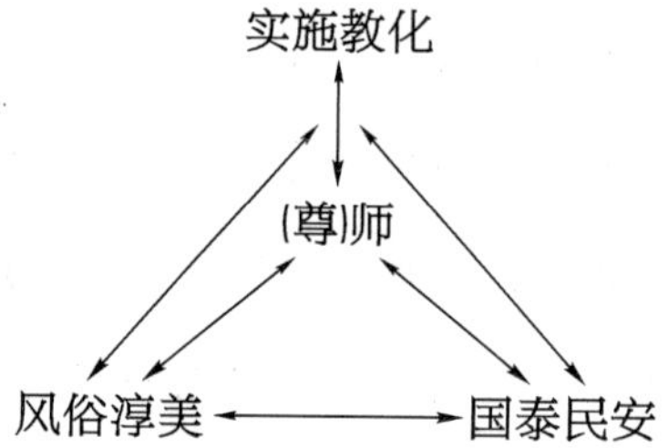

然而如何实施教化，在实施教化和风俗淳美之间的桥梁是什么呢？如上图所示，尊师在实施教化、风俗淳美、国泰民安三者之中居于中心的桥梁地位，是沟通这三者的关键。

蒙古族主政的元代，一旦统一全国之后，在治国策略上就立即转变为重视文教事业的发展，其根源何在？笔者认为，这其实仍然

① 《资治通鉴·汉纪六十》。

是对前代“风俗治国”主张的继承在文教政策上的反映。请看下面的记载：

> （窦）默又言：“三代所以风俗淳厚历数长久者，皆建学立师所致。今宜建学立师，博选贵族子弟教之，以示风俗之本。”帝嘉纳之。[①]

窦默的一段话，其实直接点明了教师在实施教化、风俗淳美和国泰民安三者之间的重要桥梁作用，也意味着这直接关系到了国家的兴亡。一旦不能遵守这一主张，国家就会倾覆，这也是为何历代都非常重视发展文教事业的重要原因之一。

元朝末年人士对于元代衰败曾经做过反思：

> 世祖能大一统天下者，用真儒也。用真儒以得天下，而不用真儒以治天下，八十余年，一旦祸起，皆由小吏用事。自京师至于遐方，大而省、院、台、部，小而路、府、州、县以及百司，莫不皆然。纵使一儒者为政，焉能格其弊乎！况无真儒之为治者乎！故吾谓坏天下国家者，吏人之罪也。[②]

从表面上看，这是把元代覆亡的原因归结于用不用真儒的问题，而更深层的问题在于真儒背后的儒家学说，儒家学说背后的尊师重道。由于不能尊师重道，因而也就不能提倡儒家学说，不能任用真儒者；而任用那些“小吏”必然会造成社会风气败坏，元代也必然会覆亡。这种观点其实仍然是“风俗治国”主张的反映。

---

① 《元史·窦默传》。

② （元）孔齐：《至正直记》卷三。

→→

继元之后的明朝政府对于发展文教事业非常重视，明代的官方学校教育已然形成了一个从地方到中央、从城市到乡村的教育网络，超过了前代。那么，为何和尚出身、粗知文墨的朱元璋会对发展文教事业有如此的兴趣，其后的明代诸位帝王，不论其“昏庸”或者“贤明”，也大多有“兴学”之圣谕呢？是什么原因让他们对于文教事业的发展如此热心呢？让我们先看一下明太祖朱元璋所颁布的一系列“兴学诏书”：

其一为他称吴王后于吴元年（1367）颁布的兴学诏书：

> 治天下当先其重急者，而后及其轻且缓急者。今天下初定，所急者衣食，所重者教化。衣食给而民生遂，教化行而习俗美。足衣食者在于劝农桑，明教化者在于兴学校。①

这确立了明朝“治国之要，教化为先，教化之道，学校为本”的文教政策。

其二，明代初年，为了让北方郡县能够“化民成俗”，朱元璋还特地派遣、选拔了一批太学生分赴北方郡县任教，并为此颁布圣谕：

> 致治在于善俗，善俗本于教化。教化行，虽闾阎可使为君子；教化废，即中材或坠于小人。近北方丧乱之余，人鲜知学，欲求多闻之士，甚不易得。今太学诸生中年长学优者，卿宜选取，俾往北方各郡分教。②

在第一段兴学诏书里面说得非常明白，指出了明政府所重视的

---

① 《明太祖实录》卷二六。

② 高时良主编：《明代教育论著选》，人民教育出版社1990年版，第41页。

两大事务：衣食和教化，且不论衣食所重，单论教化的重要性。在朱元璋看来，教化只是一系列事务的“先头部队”罢了。在兴学诏书里面，他已经系统阐述了一个治国文教之策，即兴学校—教化行—习俗美。第二段上谕中，说得就更明白了，所谓派遣太学生到北方郡县担任学官的依据就在于：教师—教化行—培养君子—化民成俗—治理国家。这样我们就看明白了，兴学校的根本目的在于推动教化，化民成俗，最终达到“习俗美”的目的。也就是说，“圣道”“日渐月化”“先王之旧”，其实就是这种“兴学校—教化行—习俗美”治国方略的一种陈述方式。

公元1644年明朝灭亡，清朝统治者在入关定都北京以后，开始重视发展文化教育事业对于治理国家的重要作用。顺治十二年（1685），在给礼部的谕令中称：“帝王敷治，文教是先，臣子致君，经术为本。自明季扰乱，日寻干戈，学问之道，阙焉未讲。今天下渐定，朕将兴文教，崇经术，以开太平。”① 确定了“兴文教，崇经术，以开太平”的文教政策。这和明朝初年如出一辙，在丧乱之余，顺治帝再次把“兴文教”的治国方略拿到了台面上来。

由此，我们再次发现，无论是朱元璋的一套文教治国理论，还是清代顺治皇帝所奉行的“兴文教，崇经术，以开太平”的治国之策，其“面孔”都是如此的“似曾相识”——其实这仍然是两宋时期官方所奉行的“风俗治国”理论。可以说，风俗治国理论已经成为历代统治者所奉行的“金科玉律”。正是由于“风俗治国”理论

① 《清史稿》卷九。

的完善，使得教育事业的发展成为历代王朝统治者不能回避，也不愿意回避的一个问题。从而也使得每个朝代建立伊始，就会“程序”般地采取兴学措施。

综上所述，在中国古代各王朝这种“程序”般的兴学措施之下，便是进一步提倡“尊师重道”，离开教师，官学便无法运行。更为重要的是根据儒家的“风俗治国”学说，“师以载道”“师道尊严”，离开了尊师，“道”便无法行于天下。在官方看来，“道”（其后成为纲常名教、王道三纲的代名词）更是“风俗治国”学说中所依靠的力量。如此一来，在以“风俗治国”作为中国古代各王朝重要治国方略的条件下，教师无疑应当受尊，并且必须受尊，提倡尊师，使之成为一种风俗，让天下尊师之风日盛，以此达到风俗治国、化民成俗的政治目的便成为理所当然的事情了。于是，尊师终于得以成为“风俗”，而尊师能够成为“风俗”，便是中国历代王朝所奉行的“风俗治国”理论在教育上的体现和折射，而尊师风俗也成为教化万民的一种“工具”，或者说尊师风俗本身承担了“教化”的功能。

第二节　尊师风俗所蕴涵的知识、文化观分析

一、传承“师以载道”的文化传统——师成为“知识”的象征

在中国古代社会，随着时间的推移，对于从师的目的、从师的标准，甚至对于教师自身的要求，也在不断变化。但是有一点始终没变，即教师的“模范”形象，在中国古代人眼中看来，教师始终

就是一个“道德”上的楷模，是“道”的化身，所谓“师以载道”。如此一来，“师”又怎能不尊呢？于是，尊师风俗又获得了知识、文化观上的支持。为了有力论证这一观点，有必要理清中国古代“师以载道”观点的传承过程，以及与尊师风俗自身流变的紧密联系。

西汉时期，在教师的形象描述上，体现了“德才兼备，以德为先”的把教师形象拔高的走势。

> 故不言而信，不怒而威，师之谓也。《诗》曰：“日就月将，将学有缉熙于光明。”①

这段话发展了《学记》中的观点，即对于师来说，要想达到“无为之教”的地步，需更加注意师自身品德修养的问题，要以师德服人，这就拔高了对师的要求。

《扬子·法言》：

> 师哉！师哉！桐子之命也。务学不如务求师。师者，人之模范也。模不模，范不范，为不少矣。②

意思是说，要学习就要求师，老师对于童子的启蒙是很重要的。老师应该是普通人的模范。然而，当时那种模不模，范不范，达不到扬雄所认为的“师的标准”的师还是很多的。下面的一段话则是扬雄对于那种“模不模，范不范”老师的直接描述：

> 或曰：“小每知之，可谓师乎？”曰：“是何师与？是何师与？天下小事为不少矣，每知之，是谓师乎？师之贵也，知大

---

① （汉）韩婴：《韩诗外传》卷三。

② 《扬子·法言》。

→→

知也。小知之师亦贱矣。”①

在扬雄看来，当时那种知道“琐碎小事”的师怎么配得上成为老师？天下的琐碎小事何其多，难道每知道一件小事，就可以称之为老师吗？老师的高贵，就在于他知道大的道理，知道大道理的老师才是高贵的，那些知道琐事小事的老师是低贱的。且“学，行之，上也；言之，次也；教人，又其次也。咸无焉，为众人”②。也就是说，仅仅会教人的专职教师算不上上等人士。

扬雄认为，为师的关键在于“建道德以为师友”，道德的要求对于师来说，是首位的，同时也提出了对师的要求，即要“大知”，非“小知”。

东汉中期王充的《论衡》一书，是这样论述的：“通书千篇以上，万卷以下。敷畅壅闭。审定文义。而以教授为人师者，通人也。”须知，在王充看来，通人的等级不高，所谓：

故夫能说一经者为儒生，博览古今者为通人，采掇传书以上书奏记者为文人，能精思著文、连结篇章者为鸿儒。故儒生过俗人，通人胜儒生，文人逾通人，鸿儒超文人。③

在王充看来，专职教师，仅仅高于毫无专长的众人、俗人而已，这种观点和西汉末年扬雄的观点极其类似。这和尊师并不矛盾，反映出东汉初期对教师的任职标准提出了更高的要求。王充曾经批评：

---

① 《扬子·法言》。
② 《扬子·法言》。
③ （汉）王充：《论衡·超奇篇》。

苟名一师之学，趋为师教授，及时早仕，汲汲竞进，不暇留精用心，考实根核。[1]

温故知新，可以为师；古今不知，称师如何？[2]

当时有些教师不博古通今，又怎么能够称作老师呢？王充一方面继承了扬雄的观点：只会教书的专职教师离教师的标准还有很大一段距离；另一方面则具体针对教师的知识水准进行批评。

综上所述，两汉时期，更加明确对教师的要求是德才兼备，而以坚持儒家的道德标准为首要标准。与春秋战国时期相比，师的形象进一步拔高，反映了对于师的高要求——师以载道，师必须是知识的象征。

同时，汉代对于博士这一新型官师的聘任有着非常严格的标准。两汉时期，对于博士的任职标准经过了一个逐步完善的过程。

在西汉初年，主要采取征召和推荐的方式来聘任博士。如疏广“家居教授，学者自远方至”，并且“明春秋”，贡禹“以明经絜行著闻”，皆被征为博士。或者由了解其学识的官员推荐，如梁丘贺为少府，荐同窗施仇为博士，称“结发事师数十年，贺不能及”。由此可见，西汉初年，征召、推荐是博士任职的主要方式，在要求上则主要偏重于对儒家经典的学术能力上。

西汉末年，汉成帝阳朔二年（前23），举博士诏书说：

古之立太学，将以传先王之业，流化于天下也。儒林之官，

① （汉）王充：《论衡·正说篇》。
② （汉）王充：《论衡·谢短篇》。

→→

四海渊原，宜皆明于古今，温故知新，通达国体，故谓之博士。否则学者无述焉，为下所轻，非所以尊道德也。“工欲善其事，必先利其器。”丞相、御史其与中二千石、二千石杂举可充博士位者，使卓然可观。

这段诏书表明，和西汉初期相比，西汉晚期对于博士任职的标准有了明显的提高：不仅仅在学术上要成为儒家的典范，具有一定的威信，而且在道德上也必须是儒家道德的表率，必须名副其实，不负众望才可成为博士。

到了东汉之时，对于博士的选拔制度更为周密。唐代杜佑的《通典》第二十七卷记载了东汉时期保举博士状的程式，详细列举了担任博士的条件和资格：

博士限年五十。其督邮板状曰：“生事爱敬，丧没如礼。理《易》《尚书》《孝经》《论语》。兼崇载籍，穷微阐奥。师事某官，经明受谢。见授门徒尚五十人以上，正席谢坐，三郡三人，隐居乐道，不求闻达。身无金痍痼疾，三十六属，不与妖恶交通。王侯赏赐，行应四科，经任博士。”下言某官某甲保举。①

由此可见，东汉时期，对博士的要求是多方面的，包括德行、学识、身体各方面，还要有师承渊源和教学经历，相当周备。博士在官员保举之后还要通过考核合格才能就任。博士还有限制年龄的惯例。杨仁习《韩诗》：“太常上仁经中博士，仁自以年未五十，不

① 《通典》卷二十七《职官九》。

应旧科，上府让选。”①

由此可见，官方对于博士任职的标准是逐步完善的，由西汉初年的重视学术能力，到西汉末年的学识与道德的并重，再到东汉时期的学识、德行、身体、教学经历、师承渊源等诸方面的要求。这反映出两汉时期官方对于博士这一新兴官师的要求是比较严格的。

魏晋时期，以“至德”为代表的教师“模范”形象仍然是教师呈现在社会上的主要形象。

魏应醵诗：“子弟可不慎，慎在选师友。师友必良德，中才可进诱。”②

《世说新语》中有这样一条记载：

> 李元礼尝叹荀淑、钟皓曰：“荀君清识难尚，钟君至德可师。”③

再如《晋书》中的记载：

> 王承，字安期，为东海王越记事参军……越与世子毗书曰：“闲习礼度，不如式瞻仪形；讽味遗言，不如亲承音旨。王参军人伦之表，汝其师之。”④

可以看出，在魏晋初期，只要是道德品质好，达到“至德”，就可以称其为模范，达到为师的标准。

东晋时期葛洪所著述的《抱朴子》一书对于教师的标准也有所

---

① 《汉书·儒林传》。

② （唐）徐坚：《初学记》卷十八《师第一》。

③ 《世说新语·德行第一》。

④ 《册府元龟》卷八百十六《训子》。

论述：

> 先哲居高，不敢忘危，爱子欲教之义方，雕琢切磋，弗纳于邪伪。选明师以象成之，择良友以渐染之……朋友师傅，尤宜精简，必取寒素德行之士，以清苦自立，以不群见惮者。其经术如仲舒、桓荣者，强直若龚遂、王吉者，能朝夕讲论忠孝之至道，正色证存亡之轨迹，以洗濯垢涅，闭邪矫枉，宜必抑情遵宪法，入德训者矣。①

在这段论述中，葛洪明确提出了择师的标准，即首先要有良好的道德水准，其次还要能够按照儒家道德规范行事，诸如董仲舒、桓荣、王吉等人，这再次体现了德才兼备、以德为首的择师标准。

隋唐时期，面对自“安史之乱”后出现的耻于为师的风气，著名学者韩愈和柳宗元为维护教师的楷模形象做了自己的努力。他们认为，师是“道”的代言人，师以载道，教师首要的职责就是“传道”，力图借此恢复两汉的传统。

韩愈曾经担任过国子祭酒。他在任期间，采取多种措施整顿国学，针对当时不从师的风气，身为表率，敢于为师。柳宗元对此评价说：“独韩愈奋不顾流俗，犯笑侮，收召后学，作《师说》，因抗颜而为师。世果群怪聚骂，指目牵引，而增与为言辞。愈以是得狂名。居长安，炊不暇熟，又挈挈而东，如是者数矣。”② 可见，韩愈敢于为师的行为所引起的震撼是如此之大。

---

① （晋）葛洪：《抱朴子·崇教篇》。

② （唐）柳宗元：《答韦中立论师道书》。

比较具有代表性的，系统陈述韩愈对于教师的理解与态度的文章是韩愈的《师说》一文。《师说》是中国历史上第一篇专门论述教师的文章，具有重要开创价值，其中也透露了唐代中期教师的地位、社会风气等状况。现全文引述如下：

古之学者必有师。师者，所以传道受业解惑也。人非生而知之者，孰能无惑？惑而不从师，其为惑也，终不解矣。生乎吾前，其闻道也固先乎吾，吾从而师之；生乎吾后，其闻道也亦先乎吾，吾从而师之。吾师道也，夫庸知其年之先后生于吾乎？是故无贵无贱，无长无少，道之所存，师之所存也。

嗟乎！师道之不传也久矣！欲人之无惑也难矣！古之圣人，其出人也远矣，犹且从师而问焉；今之众人，其下圣人也亦远矣，而耻学于师。是故圣益圣，愚益愚。圣人之所以为圣，愚人之所以为愚，其皆出于此乎？爱其子，择师而教之。于其身也，则耻师焉，惑矣！彼童子之师，授之书而习其句读者，非吾所谓传其道解其惑者也。句读之不知，惑之不解，或师焉，或不焉，小学而大遗，吾未见其明也。巫医乐师百工之人，不耻相师；士大夫之族，曰师曰弟子云者，则群聚而笑之。问之，则曰：彼与彼年相若也，道相似也。位卑则足羞，官盛则近谀。呜呼！师道之不复可知矣！巫医乐师百工之人，君子不齿，今其智乃反不能及，其可怪也欤！

圣人无常师。孔子师郯子、苌弘、师襄、老聃。郯子之徒，其贤不及孔子。孔子曰："三人行，则必有我师。"是故弟子不

→→

必不如师，师不必贤于弟子。闻道有先后，术业有专攻，如是而已。

李氏子蟠，年十七，好古文，六艺经传皆通习之，不拘于时，学于余。余嘉其能行古道，作《师说》以贻之。①

这篇文章透露了如下一些内容：唐代中期，并没有扭转自魏晋以来开始形成，隋唐时期愈发严重的“师道”沦丧的局面，甚至形成了耻于从师、相师的局面。所谓：“士大夫之族，曰师曰弟子云者，则群聚而笑之，问之，则曰：‘彼与彼年相若也，道相似也，位卑则足羞，官盛则近谀。’呜呼，师道之不可复可知矣！”尤其是在士大夫阶层中，盲目自大，自我封闭，对于拜师、从师的人加以嘲笑、讥讽。

既然“道”如此重要，那么对于教师来说，首要的标准就是“闻道从师”。这里的“道”指的是儒家的道德价值标准。韩愈的这种“闻道从师”的观点实际上是力图扭转从魏晋时期开始形成的“轻视教师的道德水准，而以所谓的才为先”这种教师任职标准的观点，以达到恢复两汉时期，以德为首、德才兼备的师的标准的目的。韩愈又提出所谓“彼童子之师，授之书而习其句读者，非吾所谓传其道解其惑者也。句读之不知，惑之不解，或师焉，或不焉，小学而大遗，吾未见其明也”。也就是说在他眼中，那些以“受业、解惑”为职责，而不能“传道”的童子师，是不可取的。在实际生活中，韩愈也是按照德才兼备的高标准推荐学官的。比如他在推荐张

① （唐）韩愈：《师说》。

籍任国子博士之时，就说张籍“学有师法，文多古风，沈默静退，介然自守，声华行实，光映儒林”①。无论是“才”还是“德”都能够成为表率。韩愈的这种观点让我们似乎又看到了两汉时期王充、扬雄对于教师任职标准论述的影子。在此基础上，韩愈又对教师的职责进行了明确的论述，即“师者，所以传道、受业、解惑也”，韩愈把“传道”放在首位，更体现出他要求把传授儒家道德作为教师首要职责的观点。其实，韩愈也正是力图恢复两汉之传统，改变教师只是重视传授所谓“科举之术”，成为弟子谋取功名的工具，而忽视了身为表率的道德教育职责。

韩愈在师生关系上又力图改变前代所秉承的“教师绝对权威地位”的传统，只要在“道”上有所表率，就可以“弟子不必不如师，师不必贤于弟子。闻道有先后，术业有专攻，如是而已”，这种观点可以看作是对孔子式的那种学无常师、圣人无常师观点的继承。在《师说》一文中，韩愈也引用了孔子师多人的“论据”力图恢复孔子的观点。这也是对荀子所提出的那套在师生关系中，师完全居于权威地位模式的一种反思。韩愈的这种观点打破了前代师生关系主张双方存在不可逾越的鸿沟的观点，师生关系是可以相互转化的，含有民主平等的观点，是一大变化。

唐代中晚期社会流行一种耻于为师、相师的风气，“今之世，为人师者众笑之，举世不师”，人们择师、取友的标准是“不以道而以

① （唐）韩愈：《荐张籍状》。

→→

利"①，这其实给出了韩愈为何极力要求"闻道从师""传道"的答案，其原因就在于社会流行的"轻道重利"的风气。在以捍卫儒家正统学说为己任的韩愈看来，这是一种严重的风俗日下的表现，而唯一的解决办法就是重振儒家之"道"。师是"道"的传授者。因此，重振儒家之"道"就是要提高师的地位，提倡尊师之风。再者，天地君亲师并列一体，教师在某种意义上来说是代表着皇帝的旨意来教诲学生的，从而师道又体现着君道。尊敬师长则意味着要效忠皇帝，这便是前面韩愈提倡尊师、捍卫师道更为深层次的原因。

与韩愈同时代的柳宗元对"师"也多有论述。柳宗元在《答韦中立论师道书》一文中，明确表明了自己对于为师的观点。在柳宗元看来，"由魏晋氏以下，人益不事师，人之世，不闻有师，有辄哗笑之，以为狂人"②。就是说，直到唐代中期，这种耻于为师的风气仍然非常流行。柳宗元接着引用"孟子称人之患在好为人师"的论述，表明了他对教师任职标准的看法。他认为教师的任职标准是非常高的。在《报袁君陈秀才避师名书》一文中，柳宗元为自己避讳师名的举动做了辩护，即一方面当时流行"世久无师弟子，决为之，且见非，且见罪，惧而不为"③ 的风气，柳宗元表示他"屈服"于这种风气；另一方面则在于"自视以为不足为"。柳宗元在这里再次表明了他对于教师任职的观点，即对于教师任职标准的要求是非常

① （唐）柳宗元：《师友箴并序》。
② （唐）柳宗元：《答韦中立论师道书》。
③ （唐）柳宗元：《报袁君陈秀才避师名书》。

高的。那他所认为的教师任职标准又是怎么样的呢？从他向秀才所推荐的书目中的一番论述中可以一窥：

大都文以行为本，在先诚其中，其外者当先读六经，次《论语》、孟轲书，皆经言。《左氏》、《国语》、庄周、屈原之辞，稍采取之，《谷梁子》《太史公》甚峻洁，可以出入。余书俟文成，异日讨也。其归在不出孔子，此其古人贤士所懔懔者。求孔子之道，不于异书。①

柳宗元要求先诚其中，也就是要求具有儒家的道德水准，然后才是“外”，即首先读儒家的经典著作，然后才是文学著作。不管读何种“异书”，目的都在于“求孔子之道”。这反映出在柳宗元看来，教师必须具备儒家的道德水准、学识渊博，而自己则不足，因此不能为师。

柳宗元这种不愿为师的举动，遭到了一些人的反对。如严厚兴就表示了不满，面对这种不满，柳宗元一方面秉承了“又不敢自谓有可师乎人者耳。若乃名者，方为薄世笑骂。仆脆怯，尤不足当也。内不足为，外不足当，众口虽恳恳见迫，其若吾子何”② 的观点，即一方面迫于当时的不从师之风，另一方面则自身能力不足，更明白地指出自己离孔子的学术水平还差得很远，才能、勇气也不如韩愈。柳宗元也提到了所谓“章句师”的问题，认为两汉的大儒马融、郑玄“独章句师耳”。在柳宗元心目中，老师应当能够“言道让古，穷

① （唐）柳宗元：《报袁君陈秀才避师名书》。
② （唐）柳宗元：《答严厚兴论师道书》。

→→

文辞以为师”，即要言道，学术渊博，这种观点和韩愈的观点类似，其实质在于恢复前代的以德为主、德才兼备的任职标准。

由此可见，无论韩愈还是柳宗元，对于教师的论述都是深刻的。尽管他们采取了不同的应对策略，韩愈抗颜为师，柳宗元表面回避，实际为师，但是他们都认为教师的重要职责在于传授儒家的“道”。在教师的任职标准上秉持恢复两汉时期“德才兼备，以德为主”的观点，力图通过重振师道，挽救风俗日下、教育衰退的局面。而他们所一再强调的，其实就是恢复“师以载道”的儒学传统。

到了两宋时期，随着理学的兴起，重塑教师的“楷模化形象”，维护尊师风俗的文化根基，成为两宋时期的一大潮流。

对于教师的任职标准、职责的要求来说——更加注重从道德价值层面对教师进行要求，要求其成为“道”的楷模。请看下面两段宋代的笔记小说材料中的相关论述：

> 韩文公作《师说》，盖以师道自任，然其说不过曰：“师者所以传道授业解惑也。”愚以为未也。《记》曰：“天生时，地生财，人其父生而师教之，君以正而用之。是师者，固与天地君亲并立而为五。夫与天地君亲并立而为五，则其为职必非止于传道授业解惑也。”孟子曰：“君子之所以教者五：有如时雨化之者，有成德者，有达材者，有答问者，有私淑艾者。”荀子曰：“师术有四，而传习不与焉。”盖古之所谓师弟子者，皆相与而终身焉。疑难答问之外，则熏陶其气质，矫揉其性情，辅

成其材品。[①]

作者认为，师之所以能够和“天、地、君、亲”并列，关键就在于教师的职责不仅仅是“传道、受业、解惑”等注重学生学业上的问题，更重要的在于“疑难答问之外，则熏陶其气质、矫揉其性情”，对学生进行潜移默化的德育，化学生于无形之中，把德育——培养学生的道德情感、道德意志提到了教师职责的首位。这种把“传道”的道德教育职责作为教师首要职责的观点，在两汉时期颇为流行，可以看作是恢复两汉教师观的一种表现。由此便要求教师自身的素质应当“以德为首，德才兼备”。再比如：

师、傅、保辅佐人主，其名甚重，非道尊德重，不可以居也。师，导之教训；傅，傅其德义；保，保其身体……后世以为阶官而序进之，失其本旨矣。[②]

上述这段材料直接指出，对师的要求当是“其名甚重，非道尊德重，不可以居也”。把“德”作为教师任职的首要要求和标准。同时认为，不能把师之类的学官当作平常普通的官员，更不能把学官当成进阶的跳板，作为学官就要安于教职。这种观点反映出对教师的一种道德价值观的要求。

由此可见，在宋代，人们更加注重从道德层面论述教师的职责、任职标准问题，这是对两汉时期“德才兼备，以德为先”教师观的

① （宋）俞文豹：《吹剑三录》。转引自尹德新主编《历代教育笔记资料》（宋辽金元），中国劳动出版社1991年版，第105页。

② （宋）王铚、王林：《燕翼诒谋录》卷三。转引自尹德新主编《历代教育笔记资料》（宋辽金元），中国劳动出版社1991年版，第113页。

→→

复兴，要求教师要遵循学之本，即“尧舜之道”，而非用心于末，追逐名利。这也是宋代儒家学者，尤其是理学家们力图扭转自魏晋、隋唐以来形成的“轻德重才”的教师观，以期恢复尧舜之道，维护“师以载道”儒家文化传统的一种反映。

到了明清时期，尽管社会上对教师的要求，从师的目的等观念已经有了很大的改变，但是儒家学者们仍然在“不厌其烦”地阐述“师以载道”的文化传统，表现出对教师楷模化形象的向往。

对于为师、择师的标准，明清人多有论述，先请看下面几段材料：

> 真诰裴君云：求法事师，莫择贵贱，勿言长幼……人无贵贱，有道则尊……古者贤圣上学得其师，名为更生，不得其师，名为乱经，无其师，道不自生也。退之《师说》只是此意。①

> 学必有师，尊信其师说，故易为道，师道废，学者始骛其私说，而道术乖矣。断木为棋，捖革为鞠，犹必有师焉，况于学道乎。②

这两段论述明确表明了明人择师标准的观点，即“人无贵贱，有道则尊”，“师”的“伟大”之处就在于“无其师，道不生也”。“捖革为鞠，犹必有师焉，况于学道乎”。也就是说，“师”和“道”是紧密联系在一起的。那么在明代人的眼中，什么是“道”呢？明

---

① （明）何孟春：《余冬序录》卷三五。转引自尹德新主编：《历代教育笔记资料》（明），中国劳动出版社 1991 年版，第 90 页。

② （明）王祎撰：《卮辞》卷一。转引自尹德新主编《历代教育笔记资料》（明），中国劳动出版社 1991 年版，第 130 页。

何景明传有《大复集》三十八卷（清乾隆年间何氏重刻本、咸丰重刻本）录《师问》曰：

> 有问于何子者曰："今之师，何如古之师也？"何子曰："古也有师，今也无师。""然则今之所谓师者何称也？"曰："今之所谓师也，非古之所谓师也。其名存，其实亡，故曰无师。"曰："古之师可得闻欤？"曰："古者教之之法：曰性，曰伦。性则仁、义、礼、智、信是也；伦则君臣、父子、兄弟、长幼、朋友是也。于是而学焉以由之曰道，学焉以得之曰德，用之而足以举于天下曰业。是故古之师，将以尽性也，明伦也，则其道德而蓄其业也，是谓古之师也。"曰："何谓今之师？"曰："今之师，举业之师也。执经授书，分章截句，属题比类，纂摘简略，剽窃程式，传之口耳，安察心臆，叛圣弃古，以会有司。是故今之师，速化苟就之术，干荣要利之媒也。"曰："师止是二者乎？"曰："否，不止是也。汉有经师，作训诂以传一家之业者也；君子有尚之。唐宋以来，有诗文师，辨体裁，绳格律，审音响，启辞发藻，较论工鄙，咀嚼齿牙，媚悦耳目者也；然而壮夫犹羞称之。故道德师为上，次有经师，次有诗文师，次有举业师。师而至于举业，其卑而可羞者，未有过焉者也。"曰："然则废举业已乎？"曰："何可废也？今之取士之制也，士进用之阶也。"曰："是既不可废，子何谓其卑而可羞也？"曰："吾所谓卑而可羞者，非其制使然也，师举业者之敝也。古之师之教者，立廉耻之节，守礼义之闲，不重贵富，不羞贫贱，不

→→

诎身于威武，不失志于患难，故上乐得人而用之。夫今独不欲得是人用哉？顾以身求之，势为难也，故以言观之；以言观之，故有科举之制。岂逆其师之教弟子之学，乃以为利之门也？尝见今之为其子弟求师，及其子弟之愿学者，口访耳采；有告之曰：'某，高官也。其前，高第也。其举业，则精也。其师之。'于是虽千里从之也。又告之曰：'某，未有高官也，未有高第也。其道德则可师也。'于是虽比舍弗从之矣。夫巫医乐工与凡百工相师法以习其技艺，所以求食也；安有士相师以求食而可为也？此吾所谓卑而可羞者也。"曰："若是则何如而可也？"曰："今之举业，所习者固古圣人之言也；因其言，求其道，修之内而不愿乎其外，达则行之，困则存之；兴斯教也，安知今之师非古之师哉？"问者于是避席曰："今日乃承益我以师之说。"①

何景明在这段论述中，借着回答学生的疑问，提出了"古也有师，今也无师"的论调。乍一看，似乎觉得这种论点荒谬可笑。然而，细细读下去，便知晓了其中原委。原来在他的眼中，只有传授"性""伦"等儒家道德规范的老师才能称之为真正的"师"。而当时那些章句之师，为了谋取功名利禄，早就失去了作为一个"真正"教师的基本标准，这些人根本算不上是真正的老师。这段论述的意义在于，它让我们更加明白，在明人眼里，为师的标准，仍然应当是传授"道"——儒家以"性""伦"为代表的道德。

① （明）何景明：《师问》。

综上所述，在明清时期，恢复“师以载道”，维护教师“楷模化”的形象仍然是明清时代一些儒家学者的追求。

总之，随着时代的变化，教师的评价标准、从师的目的、任职能力的要求等诸方面都在不停地变化。但是有一点是没有变化，并且得以传承的，那就是教师的“楷模化形象”、教师的“德才兼备”，也就是儒家“师以载道”的文化传统没有被丢弃。历经两汉、魏晋、隋唐、两宋、元明清，每当教师的楷模化形象受到“威胁”之时，就会有学者站出来想尽办法加以维护，诸如两汉时期人们对于教师的批评，唐代韩愈、柳宗元试图恢复“师以载道”的道统，宋明时期试图从理学的角度加以论证教师的楷模化等，再如对孔子形象的神圣化、楷模化等，都是这种根深蒂固于中国人心中的教师是“完美无缺”、是“知识的象征”这种楷模化形象的文化心态之反映。尽管实际情况一直在变化，但是教师的形象依然并且应当是完美的。这也是为何总有人不厌其烦、不遗余力地论证教师的“楷模化”形象，甚至当他们发现理论上的论证和现实相比已经苍白无力之时，也毫不退缩的根本原因所在。

因而，基于儒家“师以载道”文化传统的传承，使得尊师获得了一种持久的“动力”，这也是尊师风俗在最为“不利”的条件下得以传承、延续的重要因素之一。尊师风俗从某种程度上来说成了儒家“师以载道”文化传统传承的重要载体之一。换句话说，尊师风俗中所体现的不仅仅是中国人对于教师形象的拔高，“师以载道”文化传统的传承，也体现出对于“道”——知识的尊重。

→→

二、官方、士大夫尊师文化和民间尊师文化的差别

从日常生活中尊师风俗表现形式的变化入手，我们可以看出士大夫精英阶层和民间尊师文化的差别。

如前文论述，帝王官员、士大夫精英阶层的尊师风俗所体现出的“师”是“道”的象征，并成为“化民成俗”“风俗治国”的工具，与政治有着紧密的联系。民间尊师风俗中所体现出的“师”的形象和官方、士大夫精英阶层是不同的。民间尊师风俗所体现出的是民间自身的知识文化观，更具实用性，与百姓的日常生活联系得更加紧密。

这方面的记载最早出现于北魏延兴二年二月丁巳，诏云：

> 自今有祭孔子庙，制用酒脯而已；不听妇女杂合以祈非望之福。犯者以违制论。其公家有事，自如常礼。①

由官方明文规定祭祀孔子的尊礼，反映出官方对于祭祀孔子的重视。尤为值得注意的是，诏书提到“不听妇女杂合以祈非望之福。犯者以违制论”，可见北朝时期，孔子的形象已经有了变化，出现了“神话”的倾向。他不仅仅是师的代表，在一些民众的心目中，可能还具备了“法力”，这反映出孔子在老百姓心目中地位的提高。

到了唐代，关于禁止“民间流俗”的记载多了起来。比如，唐文宗时代就颁布诏书禁止过“戏孔之流俗”。从北魏时期开始流行一种祈子风俗，在这类风俗中，孔子俨然成为具有赐子功能的神仙了。虽然历代屡次禁止，到了唐宋时期却仍然流行（详见前文论述），而

① 《北史·魏本纪第三》。

《太平广记》中的笑话更反映出在唐代中期，孔子还具备了求雨、赐雨的法力。到了元代，孔子竟然又具备了惊人的敛财能力（见前文的元代笑话）。到了明清时期，原本严肃的“祭丁”，竟然变得非常的滑稽：

滁州刘侍郎清，少为州学生，书过目成诵，嗜酒赋诗，尤好滑稽。尝祭丁毕，诸生争取祭物，刘公略之不顾，戏作弹文，揭明伦堂壁曰：“天将晚，祭祀了，只听得两廊下闹吵吵，争胙肉的你精吾肥，争馒头的你大我小。颜回德行仁，见了微微笑，子路好勇者，见了心焦躁。夫子喟然叹曰：我也曾在陈绝粮，不曾见这饿莩。”①

诸生们之所以如此看重祭物，原因是民间认为夺取了祭司先师孔子的祭物，会给自己带来一系列好处，其中最为重要的就是可以让自己考取个功名(《儒林外史》就有类似的记载)。

让我们再看一则元人笔记中记载的笑话：

太平路学一儒人甚贫，或告之曰：可拜先圣七七四十九夜，即得金。儒甚痴愚，果如其言往拜之。或者又伪造锡锭，潜置殿侧，儒见甚喜。或者窥伺其所得，即求分惠，儒者辞以同货。或者竟强持去，乃笑曰：“我特戏尔耳。”儒诉于学官云：“或者夺我白金。”且告所得本末如此。官诘之曰：“或者不可以假金诳儒，欲免罪当偿真金”。儒者得金，遂奉父母育

---

① （明）都穆：《都公谭纂》卷下。转引自尹德新主编《历代教育笔记资料》（明），中国劳动出版社 1991 年版，第 83 页。

妻子。人咸谓儒者贫而诚，所以得金……圣人不能以金与人，故假手于或者。是亦可异可笑之事也。从父诸暨君尝言及此，盖目击其事云。①

一个“痴呆”的儒生被人戏弄到如此地步，却“痴迷不改”，希望通过尊孔而得到金钱。于是尊孔、拜孔可以得到金子的传闻又得以附会、流传。

到了清代，官方以八月二十七日为孔子诞辰之日，规定：

《礼部则例》载：八月二十七日恭遇先师诞辰，大内至王公百官均致斋一日，各衙门不理刑名，民间禁止屠宰，前期缮绿头牌具奏，得旨，并出示九门及礼部前。是孔子诞辰之期，已垂功令，有官职者，届期均应致祭。②

结果，一些诸生又提出了新的建议，要求前往孔子庙行礼，这又引起了一番争议：

上元叶健庵中丞守兴安府时，郡诸生以八月二十七日为孔子诞辰，禀请赴庙行礼。公为辨示止之，谓“嗣后诸生不得复为此举。倘各塾师生以终岁读孔子书，不可无以申敬，应于春秋祭丁日，各于私塾行释菜礼，似为得礼之正。即随俗相沿，必欲于八月二十七日展其诚敬，亦只谓之释菜则可，谓之祝寿

---

① （元）孔齐：《至正直记》卷四。

② （清）陆以湉：《冷庐杂识》卷二。转引自尹德新主编《历代教育笔记资料》（清），中国劳动出版社1991年版，第143—144页。

则不可。其俗称谓‘孔子会’，则尤不可”云。①

在官方看来，这是不合礼制的，因而遭到压制。

尽管官方极力把孔子打扮成一个“大圣人”的形象，但是一旦到了民间，百姓们就会以自己的眼光去理解尊师风俗所要传达的意义和信息，于是也就出现了许多在官方看来非常不符合孔子楷模形象的“民间流俗”。孔子或者是成为了戏剧的主角，或者成为能够求雨、求子、求才、求功名的“神灵”，或者民间自己要组织孔子生日会，以表达对于孔子的尊崇。其实这里一系列所谓的“民间流俗”也是民间对于孔子表达尊重的一种风俗习惯，或者是流传于民间的尊师风俗表现形式。这种表现形式为官方所不能接受，因而也就逃脱不了被“压制”的命运。到了明清时期，民间更有不少尊崇孔子的风俗：

崇拜孔子：民间称孔子为“孔圣人”，直呼“圣人”。对孔子，不单在学界，整个民间都十分崇拜，甚至达到迷信程度。

神鬼皆避孔圣人，为了避开社会干扰，使学生静心读书，有的塾馆办在相对隔绝的山野庙宇或祠堂内。在旷无人烟而又阴森莫测的庙宇内，一个先生带着几个学生日夜与神鬼偶像相伴教书、读书，一点不觉害怕，认为塾馆内有圣人神位，自己是孔门弟子，神鬼不敢近，妖魔不敢来。若有时深夜遇到异样动静，疑是妖魔发难，先生则手持戒方敲击课桌作响，高声呵

① （清）陆以湉：《冷庐杂识》卷二。转引自尹德新主编《历代教育笔记资料》（清），中国劳动出版社1991年版，第143—144页。

斥："此为圣人之所，岂容兴妖作怪！快滚开！"据说如此之后，果然销声匿迹，若某处有此一次，很快传遍一方，对孔夫子更加迷信。

民间传说二则

孔孟自知寿数：传说地府阎王是执掌人的生死的，手里有天下人生死簿。孔子阳寿定为七十三岁。阎王在孔子七十三岁时，考虑到他是人间至圣，教人识字知礼，应当把他永远留在人间教化百姓，于是将孔子的名字下边的寿限抹掉了。谁知在七十三岁时孔子主动到阎王处报道了。又过了若干年出了亚圣孟夫子，寿限八十四岁，阎王下决心让孟子永远留在人间教化百姓。孟子是孔子的忠实传人，到八十四岁时，也主动到阎王处报道了。民间至今还流传着"七十三、八十四，阎王不请自己去"的生命谚语。

珠算口诀是孔子的遗言：民间传说孔夫子以前，天下没有算盘（珠算），更不知道使用算盘计算的方法，孔子在七十三岁临死之前总觉得还有一件大事没有传下去：天下不会算账。一日孔子病危，弟子们都偎在病床前，只见孔夫子闭目躺在床上，嘴唇颤动不停地说些与往常不同、令人难懂的话，弟子们就把它记下来，他话说完也就咽气了。弟子们在悲伤之余，把记下的夫子临终言语加以整理认识，才知道是"小九九""飞归"

等珠算的口诀。于是有了算盘和口诀，什么账目都会算。①

由此可见，在中国古代，民间和官方不同的尊师风俗表现形式反映出了士大夫精英阶层和民间平民阶层对尊师有着不同的知识观、文化观。官方、士大夫阶层更注重从维护封建统治、获取功名的角度来看待尊师风俗，民间则以更具“实用性”与“娱乐性”的知识观、文化观来看待尊师风俗所传达的教育信息。

第三节 尊师风俗与中国古代教师群体的生活“图画”

一、反映了中国古代教师阶层的内部变化

如果我们从尊师风俗事迹的内部着手，深入分析其中的要素（“师”、尊师者、尊师的故事情节、尊师的缘由、尊师的结果），便会发现，尊师风俗表现形式上的变化，从某种程度上反映了教师阶层的分化。

从两汉时期的尊师风俗表现形式可以看出，官师，尤其是皇帝的老师，是这一时期尊师风俗表现形式的“主角”与受益者。皇帝对于自己的老师是尊崇有加的，不但给予丰厚的物质赏赐，而且亲临吊丧，赐爵封侯，咨询国策，封赏老师的亲属、门生。相对来说，在尊师风俗的表现形式上，私学教师担任“主角”的就显得较少。这反映出两汉时期官师、私学教师在生活状况方面的分化。在两汉时期较有名望的教师基本都有在官学或者有给皇帝当教师的经历，

① 江苏省地方志编纂委员会：《江苏省志·民俗志》，江苏人民出版社2002年版，第320—321页。

→→

如郑玄、马融等人。这些官师中的许多人原本就是很有名望的私学教师，即使其他一些有名望的私学教师，他们也或者是地方官吏，或者是官师们退职回乡后重拾教鞭。其后的中国各个朝代，皇帝（官员）尊师风俗事迹的主角都是官学教师。因此，在这一尊师风俗表现形式上，官学教师和私学教师其实受到了不同的待遇。

再看在“束脩”这种尊师风俗表现形式中，官师和私学老师面临的不同状况。这种状况比较能反映出二者不同的生存状况。我们可以发现，与皇帝（官员）尊师风俗表现形式相反，在“束脩”这种尊师风俗的表现形式中，私学老师是绝对主角，这反映出“束脩”这种尊师风俗表现形式与私学老师之间的密切关系。结合前几章的分析，我们可以推断，在某种程度上，私学老师和官学老师的生存状况是不同的。官学老师由于有比较固定的收入来源，因而对于束脩不如私学老师那么“渴望”，“束脩”更多的是表现了学生对于官学老师的尊重。而对于私学老师来说，情况就不同了，“束脩”不仅仅意味着对于老师的尊重，更意味着维持他们自身生活的需要。“束脩”在某种程度上是他们的“生活费”。从这个角度来说，绝大部分官师的生活状态要好于大多数私学老师。

从两汉开始，在侍师这种尊师风俗表现形式上（包括称师、护师、身敬、口敬等），私学老师就超过了官学老师，成为侍师风俗中的主角，而侍师风俗主要反映了日常生活中学生对于老师的尊崇。从这方面看，在传承师道方面（前文已论证，官师经常被“召”），私学老师要明显“优”于官学老师。在维护师道、传承尊师风俗的老传统上，私学老师无疑是“主力”。其实早在两汉时期，就出现了王公大臣的“召师”，或者“不尊师”的表现（详文前面章节已有分析）。这就说明了在两汉时期，官师们面临着社会角色或者身份认同的困惑，即他到底首先是官员，还是首先是师呢？相比之下私学老师就不存在这个问题。两汉的尊师风俗表现形式表明：在两汉时期，官师的定位已然开始转化，也就是官师首先是“官”而非“师”。

到了魏晋南北朝时期，我们发现，官师们对于“不施臣子之礼”已经变得“受宠若惊”了（前文有所论述）。再如孙灵晖，他“以儒术甄明，擢授太学博士，后征为国子博士”。由此可见，他是被征辟为“国子博士”，这也就意味着他的首要身份此时是“官”而非“师”，而“礼有来学，义无往教”的师道早已衰微了。其后，当他成为南阳王的老师后，“王虽不好文学，亦甚相敬重。启除其府咨议参军……绰所为猖蹶，灵晖唯默然忧悴，不能谏止”①。

面对王公贵族们，诸如孙灵晖的“师”已经不再像前朝那样能保持自己的尊严，陈述自己的主张，谏止他们的行为，只能“唯默然忧悴，不能谏止”。这反映出在北齐时期，虽然官师的地位一方面仍然较高，并获得了官方的尊崇。然而，另一方面，这种尊崇的获取是以自身的尊严为代价的。与春秋战国时期所提倡的教师靠坚持礼义，靠自身的魅力让“王公大臣弗敢骄也”，两汉时期，孙宝、郭宪等人“礼有来学，义无往教”的主张相比，魏晋时期的官师们已

---

① 《北齐书·孙灵晖传》。

→→

经基本丧失了自己捍卫“师道”的勇气。对官师的尊，已经不再是靠教师自身的“魅力”，而是靠官方的“施舍”，而私学教师们却大多仍然能在秉承师道的基础上，受到尊崇。

隋唐时期，在尊师风俗的表现形式上，以徐旷等为代表的官师们，更多的表现是叩首、再叩首，师道已经完全丧失，尤其是在皇帝面前，更是丧失得“体无完肤”了。然而，在私学老师那里，这种师道尊严，以及由此而带来的教师对于学生地位的绝对权威，却仍然得到了传承。在隋唐之后的尊师风俗表现形式上，官师愈发的“谦让”“不情愿”“不敢”（见前几章论述），这其中的重要原因在于官师和私学教师的身份定位问题，即官师始终具有“官”与“师”的双重身份，私学老师则不面临这种困惑。因此也就导致了在“不施臣子之礼”这种尊师风俗表现形式上，官师与私学教师的不同表现了。这种不同表现则反映出教师阶层内部两大群体之间的分化。

综上所述，在对不同类型尊师风俗表现形式的“主角”等构成要素进行深入分析的基础上，我们发现中国古代教师阶层内部一直在发生着变化，从而表现出官学老师和私学老师所受的尊崇是不同的。官学老师所受的尊崇礼遇更多来自于官方，而这使得他们在维护师道方面做出了妥协；私学老师所受的尊崇礼遇则更多凭借传统的师道，在维护师道上占据“优势”，但其总体生活状况不及官学老师。

现在我们再从总体上来看中国古代教师阶层分化的状况。在中国古代的尊师风俗表现形式上，每个时期官师与私学老师的比例都是不同的。这反映出官师与私学老师之间的不断分化。自两汉之后，尊师风俗事迹中官师与私学老师的数量差距开始加大，官师和私学老师之间的分化愈发明显。

三国时期魏朝正始年间，卫尉刘靖上疏："……自黄初以来，崇立太学二十余年，而寡有成者。"① 两晋时期也没有太大的改观，尽管学校生徒较多，但是"有育才之名，而无养贤之实，教学质量不堪言之"。西晋范宁就说过："国学开建，弥历年载。讲诵之音靡闻，考课之绩不著。"② 东晋时期，这种情况更加严重，王导就认为兴太学能够通过礼教让"蛮夷服""天下从"，因而决定了东晋太学的目的不在于培养人才，而在于用来粉饰太平，装点门面。南朝的宋、齐、梁、陈，北朝的十六国、北魏、东西二魏、北齐、北周等政权，官学也由于受到内乱、外患的影响而兴废无常，常常是流于门面装饰，而缺乏实际行动。如魏孝文帝时期兴办的国子学、太学、四门小学，"只有国子学有讲肆之业，其他两学都是虚荷其名而已"。梁武帝建立梁朝后所颁布的诏书就对此前南朝的国学实际效果进行过一番评价："上雅好儒术，以东晋、宋、齐虽开置国学，不及十年辄废之，其存亦文具而已，无讲授之实。"③

然而，官学虽然不力，官师的素质虽然降低了，但是私学却依然兴旺，私学老师的素质反而显得相对较高。

---

① 《三国志·刘馥传》。
② 《全晋文》卷125。
③ 《资治通鉴·梁纪一》。

如北魏末期，社会相对较为安定，“时魏平宁日久，学业大盛，燕、齐、赵、魏之间，教授者不可胜数。弟子著录者多千余人，少者犹数百人，州举茂异，郡贡孝廉，每年逾众”①。如李彪、刘献之、孙惠蔚、董征等都是著名的私学教师。再如南朝刘宋时期的雷次宗在建康鸡笼山、南齐时期的吴苞在建康、梁时严植之在潮沟设立私学，也是学徒颇众。

隋唐时期对中央官学中的教师和学生数量进行了明文规定。隋朝的中央官学共有教师三十八人，其中博士、助教各十九人，学生共有九百八十人，师生之比为1:25.78，效益还是比较高的。唐朝国子监的教师定额共有二十八人（博士十七人，助教十一人），学生人数是二千二百一十人（广文馆除外）。②

隋唐统治者对私学也持一种提倡的态度。因此这一时期私学繁荣，私学教师有很多都是学识渊博的大家，如隋朝的王通，出身于儒学世家，是隋朝初年非常有影响的私学大师。王通的学生非常多，往来受业者近千人，其中有不少人后来成为隋唐时期较有影响的人物。此外，刘炫、王孝绪、何妥、房晖远等硕学鸿儒也曾以在家教授为业。有的私学老师甚至隐居乡间，以招收生徒讲授知识为业。唐代的王恭少笃志好学，涉猎“六经”，成名之后，远道而来就学的生徒就有数百人之多。

---

① 《资治通鉴·梁纪一》。

② 孙培青主编：《中国教育史》，华东师范大学出版社1991年版，第273—274页。

由于隋唐时期教育获得了很大的发展，无论是官师、还是私学教师都获得了很大的发展空间，所以才会形成在尊师风俗表现形式上担任“主角”的官师和私学教师的比例开始趋于“均衡”的格局。

从宋朝后期开始，直到明清时期，在尊师风俗表现形式上担当主角的“私学老师”的比例又大幅增加。这其实反映出当时官师素质下降的现象。

宋代兴学之时，曾经“任命”了大量官师，而且为了避免出现前代官师“不力”的局面，曾经采取多种措施加以“预防”。

神宗熙宁年间，为了确保入选官师的素质，开始尝试学官考试，这是一大变化。

（熙宁）八年秋，诏诸州学官先赴学士院，试大义五道，取优通者选差。①

哲宗时期，对于学官的遴选制度又产生了新的变化。一方面要求大臣举荐学问堪行者：

（哲宗）元祐元年，诏近臣择经明行修，堪内外学官者，人举二员。遂罢试补法。②

另一方面对学官候选者的年龄亦有了明确的规定：

（哲宗元祐）二年，中丞胡宗愈言，学者初登科遂颛师席，非是。诏内外学官经任，年至三十，方得在选。三年，又诏：

① 《文献通考》卷四十六《学校考七》。

② 《文献通考》卷四十六《学校考七》。

→→

官学教授阙，选诸尝被举可为学官，及中十科中可为师表，或可备讲读者，仍官已升朝、年及四十乃得为之。①

此外，这一时期，秉承神宗时期的政策，加强考试，同时要求具有科举功名，从而使学官的门槛更加提高。

绍圣元年，三省立格："侍从、台谏、国子长贰，岁举堪任诸州学官一员，须尝中进士或制科，年及三十者。若制科及进士第在上五人，礼部奏名在上三人，府、监、广文馆第一人，或从太学上舍得第，即皆不试而用，余并召附吏部春秋试。凡试，两经大义各一道，以通经、善作文为合格。已经举试，中书籍其姓名，俟有阙则选授焉。"于是内外见学官，非制科、进士出身及由上舍生入官者并罢。时学官已立试法，潭、广以下十一州教授本付吏部拟注者，令三省选差。②

北宋学官的遴选非常严格，不仅对学术能力、年龄有要求，还明确从获取功名的科举中第者中挑选，这是一大变化。但是到了徽宗大观、政和年间，对于学官的遴选已经不及前朝那么认真了：

吴氏《能改斋漫录》曰："宣和三年，罢天下州县学三舍法，惟太学用之。臣僚言：'元丰六年，学官召试六十人，而所取才四人，皆一时知名之士，故学者厌服。近观大观、政和所试，率三人取一，既非遴选，故投牒自请试者逾多，其选益轻。欲自今试者十人始取一人，以重其选。'从之。又诏：'比取诸

① 《文献通考》卷四十六《学校考七》。

② 《文献通考》卷四十六《学校考七》。

州教授，并令三省选差。合天下三百余州，州尝有两教授者，则为员阙且五百矣。大臣五七人，岂能尽察才否，不过破格律，应亲故请求而已。比又尝命八行之教授诸州者，止许大藩员外置之，不以莅职。夫八行老成，有行实，又经廷试登科，顾不得实与诸生讲学。前诏皆未详审，其罢勿行。'"①

徽宗时期，学官通过遴选考试的比例已经由元丰年间的15:1上升到了3:1，在举荐学官方面也多是恋亲徇私，因此大臣要求严格遴选，比例要10:1，并且改变遴选方法。

北宋著名学者司马光在《议贡举状》中则对庆历以来兴学过程中学官素质的低下进行了严厉的批评：

> 自庆历以来，天下诸州虽立学校，大抵多取丁忧及停闲官员为师长，藉其供给以展私惠，聚在仕官员及市井豪民子弟十数人游戏其间，坐耗粮食，未尝讲习。修谨之士，多耻而不入……师长之人，自谓能立教者，不能谨其出入，节其游戏，教以钞节经史，剽窃时刻，以夜继昼，习赋诗论策，以取科名而已。此岂先王立学之意邪？于以修明圣道，长育人材，化民成俗，固已疏矣。②

这段记叙指出了北宋中后期学官的素质存在严重的问题：其一，学官的来源是丁忧和停闲官员而并非是饱学之士。其二，不务正业，不以教职为荣，反而是剽窃经史，习赋诗论策。因此，在司马光看

① 《文献通考》卷四十六《学校考七》。

② 《司马温公集》卷六。

来，学官状况如此糟糕，又怎么能化民成俗呢？

另一方面，两宋时期的私学仍然获得了很大的发展。乡有“乡先生”，如《宋史》记载：

（王存）幼善读书，年十二，辞亲从师于江西，五年始归。时学者方向雕篆，独为古文数十篇，乡先生见之，自以为不及。①

即使是一个村子里面都有私学，如：

元祐三年……时孙仲益之父教村童于野市茅檐之下。②

李建勋罢相江南，出镇豫章。一日与宾僚游东山，各事宽履轻衫，携酒肴引步于渔溪樵坞间，遇佳处则饮。忽平田间一茅舍，有儿童诵书声。相君携策就之，乃一老叟教数村童。③

在城市中，里也有里学。如：

（安）焘字厚卿，开封人，幼警悟，年十一，从学里中。④

（孙）奭字宗古，博川博平人，幼与诸生师里中王徹……⑤

在教学内容上不仅仅是儒家学说，甚至有教授打官司学问的私学。

世传江西人好讼，有一书名《邓思贤》，皆讼牒法也……村

---

① 《宋史·王存传》。

② （宋）王明清：《玉照新志》卷一。转引自尹德新主编《历代教育笔记资料》（宋辽金元），中国劳动出版社1991年版，第60页。

③ （宋）文莹：《湘山野录》卷上。转引自尹德新主编《历代教育笔记资料》（宋辽金元），中国劳动出版社1991年版，第60页。

④ 《宋史·安焘传》。

⑤ 《宋史·孙奭传》。

校中往往以授生徒。①

私学老师既有大儒又有其他人等，如道士。苏轼自述语："八岁入小学，以道士张易简为师，童子几百人。"②

有的私学老师门人甚众，如：

> 种放隐于终南山豹林谷，讲诵经籍，门人甚众。③
>
> （孙觉）甫冠从胡瑗受学，瑗之弟子千数。④
>
> （王十朋）聚徒梅溪，受业者以百数。⑤

与那些良莠不分、劣迹斑斑、不务正业的官师相比，上述这些私学教师基本上都是学行可堪者。

到了明清时代，我们发现在尊师风俗的表现形式上，官师和私学老师的比例又基本上趋于"均衡"。然而，"均衡"并不意味着官师素质的回升，而是意味着官师、私学教师整体素质的下降。

元仁宗时代的虞集在《论学校事》一文中对于元代的学官素质进行了抨击：

> 师道立则善人多。学校者，士之所受教以至于成德达材者也。今天下学官，猥以资格授，强加之诸生之上，而名之曰"师"尔。有司弗信之，生徒弗信之，于学校无益也。如此而望

---

① （元）陶宗仪：《南村辍耕录》卷十五。

② （宋）苏轼：《东坡志林》卷二。

③ （宋）司马光：《涑水纪闻》卷六，《宋元笔记小说大观》，上海古籍出版社2001年版，第837页。

④ 《宋史·孙觉传》。

⑤ 《宋史·王十朋传》。

→→

师道之立，可乎？①

明朝初年对于教官的选拔、任用的标准是非常严格的。明代初期，担任国子监官员的都是品阶非常高的官吏，或者是王公贵族，或者是致仕的尚书等大员：

洪武中，上以公侯子弟在太学者，多骄慢不习训，诏曹国公李文忠提督国子监，是以国公而理太学事也。二十九年，因学正吴启言，上命魏国公徐辉祖率礼部翰林院官，诣监考试诸生等第，吏部以此录用，是以国公而试太学士也。洪武中，起致仕刑部尚书李敬为国子祭酒，致仕吏部尚书刘崧为司业，是以尚书而起太学官也。国初太学之重如此。②

正如明代作者所评论的那样，让如此高品阶的官员、王公贵族们管理国子监事务，足可见明太祖对于国子监事务的重视，对于国子监学官的“高要求”。对于那些不能履行职责、收受贿赂的学官们，明政府则严加惩治。明太祖为了让北方郡县人民早日感受到“王风”，特地选派了一批“学行优长”的太学生前往担任教官，然而实际情况又是如何呢？请看下面的一段史料记载：

国初重太学，北方初平，选太学生为府州县教官，所至伺候。若贵戚重臣，其被选者多骄横，奴视吏民不为礼。后征还京师，郡邑恐其入奏发己罪，多赂以金钱，至数百缗，盖上之

① 《元史·虞集传》。

② （明）顾起元：《客座赘语》卷三。转引自尹德新主编《历代教育笔记资料》（明），中国劳动出版社1991年版，第18页。

所重，必有偏胜处，虽神圣当天，亦无如之何。后事闻，多坐死者，焰亦少息。①

结果是这批人当中有部分不但不能履行教化万民的本职工作，反而贪污受贿，从而造成“后事闻，多坐死者，焰亦少息”的结果。可见，对于这些失职的学官们，朱元璋是毫不留情的。

明张淑誉所撰《盂县志》也说：“高皇帝定天下，诏府、卫、州、县各立学，置师一人或二人。必择经明行修者署之。”② 而且“国初最重教职，所司不许差遣，教生员必有登科合式者，方叙升，或辞职，得去官”③。

明朝初期的学官水平还是令当时的士子们满意的，像著名学者宋濂、胡翰、徐一夔等都当过中央官学或者地方官学的学官。对此，明朝中期人士曾有过这样的评价：

高帝初定天下，兴学校使尊崇孔子，专习六经、《语》、《孟》，取敦厚方严之士……靖难之际，至参夷五宗，析骸拔舌，九死不悔，此非一朝一夕之故也。④

在他看来，靖难之役中，之所以会出现方孝孺那种人才，究其原因便是明朝初年严格筛选学官，师道尊严、尊崇六经、身正为范

① （明）朱国祯：《涌幢小品》卷十一。转引自尹德新主编《历代教育笔记资料》（明），中国劳动出版社1991年版，第24页。

② （清）顾炎武：《日知录》卷十七。

③ （明）朱国祯：《涌幢小品》卷十一。转引自尹德新主编《历代教育笔记资料》（明），中国劳动出版社1991年版，第48页。

④ （明）丁元荐：《西山日记》卷上。转引自尹德新主编《历代教育笔记资料》（明），中国劳动出版社1991年版，第221页。

→→

的结果。

然而，从明初开始直到清代，还是未能摆脱官师不力的“痼疾”。明朝著名学官宋濂在《送翁好古教授广州序》中曾经有过这样的记载：

近代以来，急于簿书期会，而视教民为悠缓。司学计者，以岁月序迁。豪右、海商行赇觅荐，往往来倚讲席。虽有一二君子获厕其中，孤薰而群莸，一鼓吻，一投足，辄与之枘凿。①

这清楚地表明，早在明初就已经存在教官不尽力工作，指望升迁他职；或者教官来源良莠不齐，甚至有靠行贿而来的豪右、海商之类的“民间富户”，这种状况对于学官的整体素质产生了严重影响。

然而这种情况在明代中期不但没有得到扭转，反而愈演愈烈：

国初征聘贤士，授以教职，若胡翰、徐一夔就本地为之，甚善也。近用老耄岁贡荒疏举人，何能教哉！且太学者贤士之关，堂官者师模之职也。或县令犯赃送改，或教官岁久升任，朝暮一揖而散，略无师生讲解之实。今必择经明行修进士，任学校太学教职，有功即擢翰林科道，如能行之，则真才出矣。②

这是抱怨从明代中叶开始对学官的任用选拔标准一再下降，学官们本身早已不是“明经贤士”了，而且学官中竟然有“县令犯赃

① 高时良主编：《明代教育论著选》，人民教育出版社1990年版，第8页。
② （明）王文禄：《求志编》。转引自尹德新主编《历代教育笔记资料》（明），中国劳动出版社1991年版，第22页。

改送”而来的。换句话说，犯了罪的人竟然也可以成为学官，实在让人惊讶。即便是那些出身较好的，也为了早日升迁，应付、敷衍教职之事，这就是“朝暮一揖而散，略无师生讲解之实”的现象。这段记载中透露出两个信息：其一，学官的来源已经不像明朝初年那么“纯正”。其二，学官本身也不愿意尽职，而是敷衍了事。

学官所“屈从”的对象是“身份地位”（乡宦士大夫）、“财富实力”（民间富民）。为了这两者，学官可以“大开幸门”：

> 富家宦族类馈厚币拜为门生，其不才者每乘此嘱托，反以觅利，其利愈厚则馈师益丰。师非不觉而误受，彼此意原不在送文请益间也。盖自万历戊戌以至辛丑而官箴士风澌灭矣，哀哉！①

随着民间富户实力的增强，到了清代，甚至连政府都为了财政收入而向他们“屈服”。这其中的“受害者”之一，便是学官：

> 康熙二十六年，吏部覆准，捐纳岁贡可以授复设训导。雍正元年：“直录各省教职官，乃专教士子之人，今准捐纳，以致文理不通少年反为学问优长、年高齿长者之师。”②

就是说，在康乾盛世之时，训导等学官也是可以通过“捐纳”取得官职的。至于私学老师，到了清代中晚期，只要能够教会学生应科举的老师便是“好老师”了，而对于教人品行这种教师原本应

---

① （明）李乐：《见闻杂纪》卷六。转引自尹德新主编《历代教育笔记资料》（明），中国劳动出版社1991年版，第214页。

② 《钦定大清会典事例》卷七四《吏部·除授》。

→→

当完成的首要任务，早已不敢奢望了。

综上所述，从尊师风俗表现形式上担任“主角”的“官师”和“私学教师”的变化上，我们可以一瞥中国古代官师、私学老师综合素质的不断分化。由此，可以得出这样一个初步的结论：从两汉开始官师、私学老师的素质就开始出现分化，魏晋时期官师素质开始下滑，到了隋唐、两宋时期曾有短暂“回升”。从总体来看，官师的总体素质是每况愈下，私学教师的素质从魏晋开始崭露头角，到了两宋时期达到了“高峰”，但是到了元明清时期，其总体素质亦开始下滑。

二、体现了中国古代教师评价标准的变化

从日常生活中尊师风俗表现形式中对老师的能力、要求入手，我们可以发现尊师风俗的流变，更体现了教师观的变化，即社会对于教师任职、资格、能力等要求的变化。

前文已经论述，中国人在心目中一直把教师当作是知识的象征加以尊重，教师是以儒家“道”的“代言人”的楷模形象出现的，学者们一直在强调教师的“楷模”形象。然而，假如我们仔细分析每一时期尊师风俗的表现形式，就会发现在各种尊师风俗的实际表现形式中，主角“老师”的形象却又是一直在变化之中的，这种变化在魏晋时期开始显现出来。

从东晋开始，这种德才兼备，以遵守儒家的“道”为主要内容的“德”的标准开始出现了变化：

> 张跃，清河武城人也；学敏才达，雅善清谈。石勒伟其仪

辩，拜世子卫军长史。敕世子曰："张长史人之表范，汝其师之。"①

石勒的"人之表范"所提到的只是张跃的学敏才达，雅善清谈，并没有明确提到"德"的问题。这反映出在魏晋时期，在择师观，或者对于老师的要求上开始出现了变化，德才兼备不再是唯一标准。只要有"才"，具有一定的学术水平，也可以称之为"人之表范"，可以为师。

苻坚幸太学，问博士经典。博士卢壶对曰："《周官》礼注未有其师，韦逞母宋氏，传其父业，得《周官》音义。自非此母，无可授后生。"坚于是就宋立讲室书堂，生徒百二十人，隔绛纱幔而授业焉。拜宋爵号宣文君，赐侍婢十人。②

这段记载表明，只要能够具有相当的学术水平，在适当的情况下，女性也可以成为教师。两汉时期也有"曹大家"在宫中充当老师的记载。这反映出在魏晋时期，性别并不是择师所考虑的首要问题，有无"才学"才是聘师者考虑的首要问题。

再如：

李谧，涿郡人，博通诸经，周览百氏。初师事小学博士孔璠。数年后，孔璠还就谧请业，门生为之语曰："青成蓝，蓝谢青，师何者，在明经。"③

---

① 《古今图书集成·师弟部》。
② 裴景仁：《前秦记》。转引自《永乐大典》卷九二二。
③ 《册府元龟》卷六百《师道》。

→→

这是一段相互拜师的佳话，门生的评价直接表明了当时对于教师的标准：“师何者，在明经。”要求具有良好的学术水平“博通诸经，周览百氏”，就可以成为老师。前代所经常提到的“德”的要求，在这段记载当中已经消失得无影无踪了。由此反映出，北魏时期对于教师地位、任职要求的变化。

这种对于教师任职能力、资格要求的改变，很快便体现在了当时的尊师风俗表现形式上，最主要的就是时人所认可的，出现在尊师事迹中的被“尊”“称赞”的老师形象已经发生了很大变化。

《资治通鉴》中记载了在北魏时期被称之为“教师楷模”，备受尊重的索敞、常爽的“尊师事迹”，从中我们可以一窥魏晋南北朝时期，对于教师的标准和要求的变化：

> 魏主以索敞为中书博士。时魏朝方尚武功，贵游子弟以讲学为意。敞为博士十余年，勤于诱导，肃而有礼，贵游皆严惮之，多所成立；前后显达至尚书、牧守者数十人。常爽置馆于温水之右，教授七百余人；爽立赏罚之科，弟子事之如严君。由是魏之儒风始振。高允每称爽训厉有方，曰：“方翁柔胜，先生刚克，立教虽殊，成人一也。”①

在官方看来，一方面对教师的要求首要的仍然是具有良好的道德水平，要通过自身的楷模示范作用，带动文教事业的发展，这是所谓的“德”；另一方面，也可以通过各种手段，诸如“勤于诱导”“立赏罚之科”，提高教学质量，这就是所谓的“才”。但是这种德

① 《资治通鉴·宋纪五》。

才兼备，已然不是前代所主张的教师德才必须要同时具备的要求了。高允说得很明白，“立教虽殊，成人一也”，在某种情况下，德、才是可以分家的。

值得注意的是在《册府元龟》中还有这样一段记载，明确了常爽的教学成果：“尚书左仆射元赞，平原太守司马真安，著作郎程灵虬，皆是爽教所就。”①

这段记载透露的信息表明，北魏时代，对于教师能力的评判标准已经出现了转化：不在于教师能否“传道”，并坚持儒家的“道统”，而在于教师的弟子能否成为官员，为国家输送人才，教师和官方的联系愈发紧密，俨然成为“教化治国”环节中不可缺少的一个环节。早在汉末，这种转化已经出现了端倪，如郑玄的会葬，出席者有许多都是官员，史书的撰写者对此的态度是为郑玄感到“荣耀”。在这种情况下，类似于前文葛洪所提倡的那种“能朝夕讲论忠孝之至道，正色证存亡之轨迹”的教师似乎并不为官方、社会所欣赏了。更确切地说，衡量教师的能力不在于能否传授“王道三纲”等儒家的“道”，即我们所说的“德”，而在于教师的门生有多少能够成为官员，为自己的弟子们带来仕途的好处，以及由此而带来的其他利益等方面，这就离不开教师的“才”，即一定的学术能力。只有如此，学生才能获得通过察举而进入仕途的希望，从而导致了在研究这一时期尊师风俗表现形式之时，会发现那些被“尊”的师者，正如前文所列举的常爽那样，并非以前那种“德才兼备”之人了。

① 《册府元龟》卷六百《师道》。

→→

其后的北齐时期，这种观点得到了延续：

> 后主时，为潼郡太守。天统中，敕令朝臣推举可为南阳王师者。吏部尚书尉瑾表荐灵晖，征为国子博士，授南阳王经。①

这表明，北齐时期，首要考虑的仍是教师的学术才能，孙灵晖的主要任务就是"授南阳王经"。

由此可见，魏晋南北朝时期，对教师的要求，由以德为主，德才兼备，到德才分家，轻德重才。这种变化，在隋代初年仍然得以延续，请看下面这条记载：

> 文中子曰："度德而师，易子而教，今亡矣。"②

这条记载表明，王通为师之际，以道德为首要标准择师的观念已经荡然无存了，而且社会的不重教之风愈演愈烈。王通因而发出如此的感叹："度德而师，易子而教，今亡矣。"这表明在隋代初期，社会轻视教师之风仍然很流行，在择师的标准上早已抛弃前代的"度德而师"的标准了。那此时的择师标准是什么呢？

我们在此时的尊师风俗事迹上可以找到答案：

> 贺德仁，越州山阴人……少与从兄基俱事国子祭酒周弘正，咸以词学见称，时人语曰："学行可师贺德基，文质彬彬贺德仁。"……入隋，王以师资礼之，恩遇甚厚。③

贺德仁在隋代担任了王爷的教师，凭的是"以词学见称"，并得

① 《北齐书·孙灵晖传》。
② （隋）王通：《中说·立命篇》。
③ 《旧唐书·贺德仁传》。

到了“恩遇甚厚”的尊崇。在这些评价里面，基本没有涉及“德”的问题，也就是说，“德”不再是教师任职的首要标准。教师任职的首要标准正转变为诸如以“词学”“学行”为表现形式的“才”了。

晚唐时期的唐朝名臣李德裕在给皇帝所上的《荐师疏》中有这样的表述：

> 前试宣州溧水县尉胡震状：右，胡震博通六艺，华皓一志，家在海郡，筋力未衰。臣童幼之时，于震授业，岂谓年逾四纪，位列三公，虽自君恩，亦因儒训……臣幸因家门旧事，辄敢荐闻，伏希圣慈特授浙东管内一官，所冀臣报其旧恩，获继先志，既显荜门之士，实为儒者之荣。①

也就是说，胡震凭借着“博通六艺”的资本能够获得李德裕推荐。这表明到了晚唐时期，尽管有韩愈、柳宗元等人的大力提倡，但是在择师观上以“才”为重的趋势，仍然没有获得根本的改变。

这意味着中国古代对于教师评价标准、任职标准的一个重要改变：从德才兼备，以德为主到德才分家，重才轻德，而这种变化给教师自身的养成、发展带来了深远的影响。

到了两宋时期，这种对教师要求的变化在这一时期的尊师风俗表现形式上再次得到体现。让我们看看这一时期尊师风俗表现形式中的“主角”——被称作教师楷模，并且受到当时社会、时人尊重的教师楷模形象：

---

① 李德裕：《荐师疏》，转引自《古今图书集成·师弟部》，中华书局 1934 年版，第 39814 页。

胡翼之，本海陵人。学者尊其道，皆称为安定先生……先生居学，严条约以身先之，虽大暑，必公裳终日延见诸生，以严师弟之礼。解经有至要义，恳恳为诸生论，其所以治己而治乎人者。学徒千数，日月刮劘，为文章皆傅经义，必以理胜；信其师说，崇尚行实。自后登科为大儒者，累世不绝，如滕章敏、范忠宣、钱内翰淳老，皆从先生之学者也。至今学官画像而祠之。①

（尹）谷知崇阳县，所至廉正有声。丁内艰，居家教授，不改儒素。日未出，授诸生经及朱氏《四书》，士虽有才思而不谨饬者摈不齿。诸生隆暑必盛服，端居终日，夜灭烛始免巾帻，早作必冠，而后出帷。行市中，市人见其举动有礼，相谓曰："是必尹先生门人也。"诘之果然。②

通过对胡翼之、尹谷这两位宋代师之楷模的描述，我们可以发现在宋代要成为合格的教师，应具有以下几个标准：其一，要能够身正为范，作出楷模，就像胡翼之那样，能够"以身先之，虽大暑，必公裳终日延见诸生，以严师弟之礼"，这是德的要求。其二，在学术上要有所成就，能够"解经有至要义，恳恳为诸生论"，这是才的要求。其三，所教授的弟子能够登高第，成为大官，这是对功名的要求，其实这也是教师的一种应试之才。再如谢民师：

① （宋）龚明之：《中吴纪闻》卷二。转引自尹德新主编《历代教育笔记资料》（宋辽金元），中国劳动出版社1991年版，第114页。

② 《宋史·尹谷传》。

> 谢民师，名举廉，新淦人。博学工词章，远近从之者尝数百人，民师于其家置讲席，每日登座讲书一通。既毕，诸生各以所疑来问，民师随问应答，未尝少倦。日办时果两盘，讲罢，诸生啜茶食果而退。①

谢民师是宋代的私学教师楷模，从这篇记载之中可以发现在作者眼中谢民师之所以值得称赞主要有以下几点原因：首先他有才，“博学工词章”，注意这里的“才”其实是一种“科举之才”，然而这样的才确也是值得赞赏的。第二，谢民师的敬业精神非常“好”，所谓“每日登座讲书一通”，并且愿意答疑问难，和那些整日辍讲，无精打采的学官们相比真是有天壤之别。

再看宋代著名学者胡瑗的墓志：

> 先生讳瑗，字翼之，姓胡氏，其上世为陵州人，后为泰州如皋人。先生为人师，言行而身化之，使诚明者达，昏愚者励，而顽傲者革。师道废久矣。自明道、景祐以来，学者有师，惟先生暨泰山孙明复、石守道三人，而先生之徒最盛。其在湖州之学，弟子去来常数百人，各以其经转相传授，其教学之法最备。行之数年，东南之士莫不以仁义礼乐为学。庆历四年，天子开天章阁，与大臣讲天下事，始慨然诏州县皆立学。于是建大学于京师，而有司请下湖州，取先生之法，为太学法，至今着为令。后十余年，先生始来居太学，学者自远而至。太学不

① （宋）曾敏行：《独醒杂志》卷一。转引自尹德新主编《历代教育笔记资料》（宋辽金元），中国劳动出版社 1991 年版，第 55 页。

能容，取旁官署以为舍。礼部贡举，岁所得士，先生弟子十常居四五。其高第者，知名当时，或取甲科，居显仕，其余散在四方，随其人贤愚，皆循循雅饰。其言谈举止，遇之不问可知为先生弟子。其学者相语称先生，不问可知为胡公也。

先生初以白衣见天子论乐，拜秘书校书郎，辟丹州军事推官，改密州观察推官。丁父忧去职。服除，除保宁军节度推官，逐居湖学。召为诸王官教授，以疾免。已而以太子中舍致仕，迁殿中丞于家。皇祐中，驿召至京师议乐，复以为大理评事兼太常寺主簿，又以疾辞。岁余，为光禄寺丞，国子监直讲，乃居太学。迁大理寺丞，赐绯衣银鱼。嘉祐元年，迁太子中允，充天章阁侍讲，仍居太学。已而病不能朝，天子数遣使者存问，又以太常博士致仕。东归之日，太学之诸生与朝廷贤士大夫送之东门，执弟子礼，路人嗟叹以为荣。以四年六月六日，卒于杭州，享年六十有七。以明年十月五日，葬于乌程何山之原，其世次官邑与其行事，莆阳蔡君谟具志于幽堂。

呜呼！先生之德在乎人，不待表而见于后世，然非此无以慰学者之思。乃揭于其墓之原。六年八月三日，庐陵欧阳修述。①

这段墓志简要记叙了北宋时期杰出的教师胡瑗的生平，其间关于教师的论述主要透露出了如下几个观点：其一，胡瑗既有杰出的

① （宋）欧阳修：《胡先生墓表》。转引自《古今图书集成·师弟部》，中华书局1934年版，第39814页。

教学才能，又能够做到身正为范。所谓“德才兼备”，也就是墓志中所提到的“先生为人师，言行而身化之，使诚明者达，昏愚者励，而顽傲者革”。其二，胡瑗身上最为吸引人的就是他的教学法，史书上曾经有过详细的记载。由于胡氏教学法名噪一时，从而为官方所采纳，并且胡瑗本人也由著名的私学教师成为官学教师，并且吸引了无数的生徒前来学习，可谓风光一时。其三，胡瑗本人之所以名声如此之大，备受后进所重视，除了具有上述两大因素之外，他的学生能够应试科举、中高第、成为大官更是为人们所看重的重要原因。

从上述三篇对教师（既有官学教师，又有私学教师）楷模的描述，即当时所尊的“师”的描述，我们可以发现在宋代的实际生活中对于教师的要求、看法和典籍中的文字论述有着很大的不同。从对胡瑗的记载来看，在实际生活中，宋代对教师的要求，仍然是德才兼备，这和魏晋、隋唐以来德的地位不断下降，独独倚重才相比，德才之间的关系在宋代似乎又开始走向平衡了。然而，这不过是一种“假象”。根据欧阳修的记载，在景祐、明道年间，尊师之道就已经废弃了，而胡瑗是当时备受尊敬的三大教师之一，是能够体现为师之道的。让我们来看看胡瑗所体现的“师道”是什么？总的来说是“德才兼备”，所谓的“德”就是能够身正为范，化人无形之中；所谓的“才”就是他的循循善诱教学法，能够更好地教育学生，更重要的是他所教出来的学生能够适应科举的要求，能够中高第、做大官，这才是吸引人们眼球的另外一个真正原因。也就是说，一方

→→

面在德才兼备的前提下，“德”的地位仍然不及“才”，这里的“才”既包括教学之才也包括了科举应试之才。另一方面，在实际生活中，人们仍然奉行着德才兼备、德不及才的标准。这种现象在私学教师的楷模——谢民师那里亦有所体现。对谢民师的称赞主要有两个方面：具有良好的敬业精神、一定的学术能力，但是并没有涉及谢民师的道德水准问题——是否遵守、传承了儒家的“道”。

由此可见，有宋一代，在实际生活中并没有能够扭转自汉末以来，历经魏晋、隋唐而愈演愈烈的“轻德重才”的教师观，宋代对于教师之才的理解亦有了转化，即才不仅仅是教学之才，还包括科举应试之才。

到了元明清时代，这种转化仍在延续。再看元代名师吴澄：

> 行省掾元明善以文学自负，尝问澄《易》《诗》《书》《春秋》奥义，叹曰：“与吴先生言，如探渊海。”遂执子弟礼终其身……至大元年，召为国子监丞……澄至，旦燃烛堂上，诸生以次受业，日昃，退燕居之室，执经问难者，接踵而至。澄各因其材质，反复训诱之，每至夜分，虽寒暑不易也。①

这段记载描写了元代名师吴澄的楷模化形象。其一，学问了得，熟知儒家经典。其二，敬业精神值得赞赏。其三，教学方法是循循善诱。然而，却丝毫没有提到吴澄的德行。

即使乡师，也是那些具有“文章之才”的更容易成为尊师风俗事迹中的主角：

---

① 《元史·吴澄传》。

村馆先生，惟乡中有德行者为上，文章次之，不得已则容子弟游学从师，求真实才学者，亦在德行为先也。浙西富豪之家，延馆宾皆不以德行，馆宾亦不以儒者自任，所以往往刁讦，有玷儒风。至于破馆主之家者有之，今日乱世犹有甚者。往年无锡华氏曾有此患。今年太仓徐氏寓庆元，为方氏职役，家豪于赀，忽馆宾讦其通好张兵，因此受害，家资一空。盖当时为主宾者皆不以礼，主者特欲改换士风，宾者乃是图口腹货利耳。初非若古之主待宾以诚敬，宾报主以学业者比也，恶可谓之宾主哉。然此可为后来之戒。①

作者认为，即使是村馆先生也应该“以德为先”，然后再考虑“文章之才”，但是由于对教师评价标准的变化，民间聘请老师往往只是重视所谓的“文章之才”，不顾老师的德行，尊了本不该尊的“师”，结果只有家破人亡。

到了明清时期，人们对教师任职标准的实际要求又转变为要求具有基本的“职业道德”和“职业技能”，反映了社会对教师要求的下降。让我们来看看明清时期尊师风俗事迹中的“师道”楷模：

松江教官魏骥：魏公骥为松江教官，汲汲成就人才。诸生在学居者，候一更尽，必携茶往视之，见有书声者供茶一瓯，至三更乃携粥以随，尚有诵者供粥一碗。如此者亦不频数，间一行之，士子感激。笃尚斯文，性好吟咏，臞然若不胜衣。中

① （元）孔齐：《至正直记》卷四。

官王振亦礼重之，呼为先生，贽见惟帕一方，振亦不较。①

这段记载表明，魏骥的“师道”主要体现在两个方面：其一，尽职尽责，履行好教官的本职工作，就是说他的职业道德还是不错的。其二，愿意帮助学生，关爱学生，为学生提供茶水食物。

再看李时勉：

正统十年乙丑会试，予中副榜，不就，与诸副榜并下第者九百余人，俱入太学。是时，古濂李先生时勉为祭酒，赵先生琬为司业。李先生教众正大，极意造就人才。初至令坐堂，一月后乃散处于厢房，列“格、致、诚、正”四号号房，中有家室者居外。晨入馔堂读书，俱朔望升堂。其于四号督励尤切，夜读务尽二更，时五更复令膳夫提铃，循号门催唤起读书。或自潜行以察勤惰，无灯者令人暗记，明示之责罚。自是灯光达旦，书声不绝，学者感激，竞相劝勉。先生多宿厢房，每隔三五夜，必召予同乡三二人侍坐谈讲。先生端坐俨然，或说乡曲旧事，或论诗文，言简而确，婉而有味，听者忘倦，每至更深乃已。别时必曰：“语久误工夫，自当退补。”且曰：“三更是阴阳交代时，读书宜二更即止，不可过此时，过则次早无精神。”其爱人多类此。待诸生恩义兼尽，有病者委医调治，死者助其棺衾为文祭之。②

---

① （明）何良俊：《四友斋丛说》卷三八。转引自尹德新主编《历代教育笔记资料》（明），中国劳动出版社 1991 年版，第 88 页。

② （明）李贤：《古穰杂录摘抄》。转引自尹德新主编《历代教育笔记资料》（明），中国劳动出版社 1991 年版，第 20 页。

这段记载表明，李时勉的师道更主要体现在他的“敬业精神”上，无论是督促学生读书，观察学生勤惰，还是与学生谈话，都体现了他关爱学生、做好教师本职工作的良好的“职业道德”。值得注意的是，对于李时勉的“才”，这段记载中并没有提及。

又如清代的陆琦：

康熙间，嘉兴陆太常琦任广西学政，深得士心，粤人至比之蜀有文翁、潮有韩公。桂林祠堂，至今享尝不替。谢侍御济世《梅庄杂著》，有祭陆太常文，略曰：“先生之督学吾粤也，问何糊口，曰有学租，朝粥暮饭，人曰穷宗师；其阅卷也，手定甲乙，废寝食，人曰劳宗师；征鞍初卸，请业请益纷来前，人曰老教书宗师。及其去也，十二郡士子无不黯然悲者。”①

无论是“穷宗师”“劳宗师”还是“老教书宗师”，所表现的都是陆琦所应尽的本职工作，体现的都是他热爱教育事业、关心爱护学生的“职业道德”水准。

此外，诸如王夫之提出的“必恒其教事”，认为教师对待教育工作，应该像园丁精心培育花卉，农夫辛勤耕耘土地一样，要孜孜不倦，坚持不懈。他说：“讲习君子，必恒教其事。”就是要求教师应该热爱教育工作，乐意精心培养人才，“正言”“正行”“正教”。他这样写道：“立教有本，躬行为起化之原；谨教有术，正道为渐摩之益。”王夫之非常重视教师自身的道德行为在教育活动中对学生产生

① （清）陈康祺：《郎潜纪闻·三笔》卷一。转引自尹德新主编《历代教育笔记资料》（清），中国劳动出版社1991年版，第172页。

→→

的潜移默化的影响，曾将此称为“起化之原”，这些都是对教师自身最为基本的职业道德素养的要求。

通过上面的分析，我们可以得出如下结论：在明清时期，在大部分人眼中，对于师道的楷模标准要求无非就是两个方面，即“德（道）”“才”。值得注意的是，在上面几段材料之中，更加注重教师的“德”而不再是“才”，难道这是对两汉时期“德才兼备，以德为先”师道观的回复吗？是对两宋时期“重才轻德”教师观的纠正吗？其实不然，原因在于这里所重视的“德”，基本上是教师所应当达到的道德水准，无论是尽职尽责地教训诸生还是拒绝接受馈赠，减轻学生负担，兼问学生疾苦，都是教师职业道德所应有的体现。这和明清之前，甚至明清时期的理论论述要求教师成为儒家伦常、道义的化身的这种“德（道）”是有着本质的不同的。这反映出在理论论述和现实生活中，人们对于教师的任职标准的观点再次出现了分化。更为确切地说，这种分化颇具讽刺意味。明清之前，虽然这种理论与实践的脱节一再出现，但是在实践中，至少还是要求教师具有一定的教学技能、学术素养（才）的，而明清时期，早已经顾不上什么“才”了。如前所述，对于教师来说，许多人都是“以糊口”，不务正业，在此情况下，无论是李时勉、魏骥，还是陆琦，只要是能够履行教师本职工作的便已经是“师道”楷模了。

综上所述，其实中国社会对于教师的任职标准、资格、能力要求一直都在变化，从以遵守、传承儒家的“道”为重要评价标准的“德才兼备，以德为先”到“德才兼备，重才轻德”，又转变为“德才兼备，德才分离”，再到最终要求最为基本的“职业道德”的“德”与“职业技能”的“才”，这种由高到低、由虚拟到实际的变化在每个时代的尊师风俗表现形式中，我们都可以从其中的“主角”——那些被尊敬的教师形象的变化中找到证据。也就是说，在尊师风俗表现形式上，“主角”的微妙变化正是中国古代社会对教师能力、资格、任职标准变化的一种反映。

第四节　尊师风俗与中国古代教育价值观的“双重性”

中国古代尊师风俗表现形式的流变反映出了中国古代教育价值观所具有的“双重性”：一方面，注重通过教育维护“三纲五常”，并以此维护封建统治；另一方面，随着时间的推移，中国古代教育逐渐成为了文人们谋取名利的“工具”。下面分别加以论述。

尊孔、祭师这两种尊师风俗的表现形式的尊崇对象都主要集中在先师孔子身上，这种尊师风俗表现形式的相对流行，体现出了中国古代教育在价值观上注重传承孔子所代表的儒家“三纲五常”的儒家道统，尤其是中国的教育文化专制（前文有分析）到了明清时期达到了前所未有的登峰造极的高度，在这种情势下，尊孔和祭师这两种尊师风俗表现形式的流行更体现出了中国古代儒学教育价值观的逐步变化，即以传承儒家“三纲五常”为主要教育目的和教育价值评判标准。此外，束脩和侍师这两种尊师风俗表现形式的流行，其实透露出了中国古代儒学教育由注重传授经义之学，注重道德的修养，向着注重功利，注重带来实际利益的价值趋向转化。

→→

从两汉开始，教育价值观的变化就已经开始出现端倪。两汉时期是中国尊师风俗表现形式奠定基础的时期。在两汉时期，值得注意的是侍师和束脩之风的较“快”流行。然而两汉时期，不同类别的尊师风俗表现形式相对来说还比较均衡，差距不大。到了魏晋时期，表现出了祭师风俗的异军突起，而侍师风俗仍然保持了一个较为“强势”的局面。这反映出魏晋时期教育价值观的双重性，即一方面官方期望通过祭祀先师维护儒学教育的道统地位；另一方面，承自两汉末期注重实际利益层面的教育价值观仍然存在。隋唐时期，这种教育价值观上的双重性愈发明显：一方面，尊孔、祭师这两种尊师风俗表现形式得到了官方的提倡，表明维护儒学教育传统的三纲五常的“牢固”。这种状况表明，从隋唐时期开始，教育正逐步成为维护封建统治的“工具”。另一方面，从隋唐时期开始，其后历代王朝，侍师、束脩、皇帝尊师（其中大都给予物质赏赐、加官晋爵）这三类尊师风俗表现形式就相对来说较为“稳定”。此外，诸如座师、举子之风、“一字师”之风的兴起，亦表明注重实际利益，教育功利性增强（隋唐以来科举制度建立与完善，为一重要因素，前文已有分析），社会教育价值观开始向着注重功利性转变，这种变化在许多记载尊师风俗事迹的史料中多有所见：

张后裔在并州，太宗就受《春秋左氏传》，后因召入赐宴，言及平昔，从容谓曰：“今日弟子何如?”后裔对曰：“昔孔子领徒三千，徒者无子男之位；臣翼赞一人，即为万乘主，计臣此功，愈于先圣。”太宗大悦，即赐马五匹，后为礼部尚书，陪葬献陵。①

这段记载把张后裔逢迎唐太宗的言行刻画得非常生动，“太宗大悦”，给予张后裔很高的尊崇和礼遇。然而更为重要的是这段话所透露出来的评价教师是否成功的标准，也就是教师被尊的“原因”。如前所述，魏晋南北朝之前，老师的主要任务就是要传授儒家经典所载之“道”，如果老师的门人出现了博学的大师级人物，便是老师的荣耀。如郑玄从马融处东归时，马融就感叹：“吾道东矣！”东晋时期的葛洪也曾经论述过：“必取寒素德行之士，以清苦自立，以不群见惮者。其经术如仲舒、桓荣者；强直若龚遂、王吉者，能朝夕讲论忠孝之至道，正色证存亡之轨迹，以洗濯垢涅，闭邪矫枉，宜必抑情遵宪法，入德训者矣。”② 然而，魏晋南北朝时期已经出现了变化，如北魏时期的常爽，他的弟子当中出了一批高官，并且得到了世人肯定。到了隋唐时期，这种评价标准的变化在张后裔口中得到了体现。张后裔自身为教师，从他口中所表露的观点具有代表性：能够成为太宗的老师，比之孔圣人更为荣耀，原因在于孔子的弟子没有一个成为高官，自己仅仅教了一个学生，就让他成为皇帝，这是非常骄傲的事情。由此可见，评判教师是否成功的标准转变为了能否让自己的学生做高官、取得厚禄，而不仅仅是传授儒家经典学说。也就是说，唐代所尊的“师”更多的是能够让自己的学生当大官、博取功名利禄的师，并且师也以此为荣耀。

① 《太平广记》卷一七四《俊辩二》。
② （晋）葛洪：《抱朴子·崇教篇》。

到了宋代，这种情况继续得到发展。我们发现在两宋时期尊师风俗表现形式上，担任主角的“师”，无论是“官师”还是“私学老师”，其中的很大一部分都是具有“举业之才”，即都具有帮助学生通过科举考试获得功名的能力，并且这样的老师颇受尊崇。这其实反映了自宋代开始，社会教育价值观的转变。请看当时宋人笔记中的一段记载：

> 唐元宗爱郑虔之才，以不事事，为置广文馆，以虔为博士，而无曹司。杜甫诗：“诸公衮衮登台省，广文先生官独冷。”非以学馆为冷，及以登台省为进用。盖言诸公日趋局，独广文无职掌耳。今以教导之职为冷官，意正相反。广文馆与四门、太学、国子并列，亦郡文学之职。①

这是宋人在借唐代的事情指明在宋代原本高贵的学官——博士却已经成为“冷官”，成为众人都不愿意去当的“冷官”，为何又会有如此的转变呢？在这段记载里面有一句话颇为引人注意，“非以学馆为冷，及以登台省为进用”，就是说，唐代博士仍然可以进一步升迁官职。但到了宋代，步入仕途的主要方式已经基本上转化为通过科举考试了。有宋一代一再扩大科举取士的人数，宋真宗甚至以“书中自有颜如玉，书中自有黄金屋”来鼓励读书人通过科举来获取名利。在这种情况下，绝大多数读书人的梦想都在于通过科举步入仕途，获得名利，学官自然就成为“冷职”，甚至许多学官本人，都

① （宋）戴埴撰：《鼠璞》卷下。转引自尹德新主编《历代教育笔记资料》（宋辽金元），中国劳动出版社 1991 年版，第 111 页。

以通过科举获得高官厚禄为最终目的。宋代史籍载：

师长勖其门人，相为浮艳之作，以追时好而取世资也。[①]

这表明在北宋时期，老师和学生在一起不是以学习儒家经典为自己的职责，而是为“浮艳之作”，为的是“以追时好而取世资”，就是为了参加科举考试，获取功名。司马光在《论贡举状》中也指出：

师长之人，自谓能立教者，不能谨其出入，节其游戏，教以钞节经史，剽窃时刻，以夜继昼，习赋诗论策，以取科名而已。[②]

这就表明，老师和学生在一起以参加科举为最终目的，所学习的都是科举考试的内容。这种情况到了南宋时期更加严重，著名理学家朱熹在《学校贡举私议》中曾经就北宋熙宁以来的学官衰废有过这样的陈述：

其学校必选实有道德之人，使为学官，以来实学之士……熙宁以来，此法浸坏。所谓太学者，但为声利之场，而掌其教事者，不过取其善为科举之文，而尝得隽于场屋者耳。[③]

这里“声利”与“场屋”所指的都是科举之事。由此可见，官学已经完全沦为了科举附庸，官学之中的教师和学生也已经完全被科举所“征服”了。

---

① 《王文公集》卷三二《取材》。
② 《司马温公文集》卷六。
③ 《文献通考》卷四十二《学校考第三》。

→→

此外，从师的目的则由学“尧舜之道”转化为“章句之学、场屋之术”。

请看下面两段宋人笔记小说资料：

或曰：“近世何师道之不立耶？”曰：“古者师道德，汉魏以来师经学，隋唐而降，所师者场屋之文而已，宜乎师道之不立也。讲学必立师。尊师，尊其道也，不尊其道，非贤师何如焉。”①

这是宋人对宋代以前从师、尊师目的的总结，即由从师（学）道德——经学——场屋（科举）之文，指出最为根本的从师目的在于学儒家的道德。但是宋代却成为以科举之技为从师、尊师之目的，这种从师目的观动摇了尊师的根基。再如：

前辈读书，往往师有所承，必务遵守其说，明有所据依也……故学者有所传授，而士风淳厚。时世日趋浮薄，学者观书不探本源，传注虽存，而未尝省览，即用己见立说，反谓先儒所不能到，甚可叹也！②

大抵今之学非古之学也，今之学不过为利而勤，为名而修尔……齐颜之推《家训》云：“有学艺者，触地而安，自荒乱以来，虽百世小人，知读《论语》《孝经》者，尚为人师；虽千载冠冕，不晓书记者，莫不耕田养马。以此观之，安可不自勉

① （宋）刘炎：《迩言》卷六。转引自《永乐大典》卷九二二。

② （宋）李如箎：《东园丛说》卷下。转引自尹德新主编《历代教育笔记资料》（宋辽金元），中国劳动出版社1991年版，第135页。

耶。若能常保数百卷书，千载终不为小人也。谚曰：‘积财千万，不如薄技在身。’则今人所谓良田千顷，不如薄艺随身者也。”①

这段文字是对当时不尊师风气的抱怨。这两段文字的作者认为，宋代前期，学者能够尊重先师的学说，发扬先师的学说，并且形成了一种淳厚的尊师之风。然而当时许多学者都不重视先师的学说，妄自尊大，一味鼓吹自己的学说，鄙视先师，学风日下。

那么问题又在哪里呢？文章接着分析指出，今天做学问的人是为了“名”“利”二字，早就不是为了追求真正的学问了，更借颜之推之口，以个人的自身利益为论据，鼓励人们从师受学。值得注意的是，在这两篇笔记的论述中，从师的目的早已不是为了学习“尧舜之道”这些在儒家眼里的真正学问了。从师只是为了学习薄技，为了能够谋生，为了得到名利。这反映出到了两宋时期，对于从师、尊师的目的其实出现了一个转变——不再关注国家兴亡，不再关注所谓的君子成材，而是直接下移到谋生之道、名利之需上来了。在这种情况下，教师更成为一种“工具”，一种谋生的工具，一种谋名、谋利的工具。教师自身的道德属性，身正为范、化民成俗已经不是人们所关注的对象了。

由此可见，两宋时期，我们发现尊师风俗表现形式当中的“主角”——老师形象的变化，其实是和两宋时期社会教育价值观念转

① （宋）李冶：《敬斋古今黈》卷五。尹德新主编《历代教育笔记资料》（宋辽金元），中国劳动出版社 1991 年版，第 431—432 页。

→→

变几乎保持了同步。尽管两宋时期的学者一再努力要求人们以学习儒家的“六经”“尧舜之道”为从师的根本目的，其从师目的的道德价值观非常明显，但是实际的情况是，两宋时期，大多数人们的从师目的还是为了学得“章句之学、场屋之术”。为了能够获取功名，做大官，教师已然成为人们谋取功名、步入仕途的阶梯、跳板，早已不再是为人师表的道德楷模了，这其实反映出两宋时期社会教育价值观的变化。

元明清时期步两宋的后尘，为了“利”而从师，甚至连教师自身也都是“以利招生”。

请看《元史》中元代学者对于当时从师目的的记载：

集曰：“下州小邑之士无所见闻，父兄所以导其子弟，初无必为学问之实意，师友之游从，亦莫辨其邪正，然则所谓贤才者，非自天降地出，安有可望之理哉！”①

这段记载实际上指出了元代对于从师目的的不明确和混淆，即“师友之游从，亦莫辨其邪正”，从师其实是为了求得“尧舜之道”，成为儒家的君子。然而元代实际情况却是从师、拜师根本不顾道德层次上的“邪”或“正”，其暗含的意思是当时“从师”只是为了参加科举考试，博取功名，只要是具有这方面才能的人便可成为“师”，对师自身道德层面的要求，早已经不为当时的人们所重视了。

尽管不能否认一部分经学大师及其弟子们尊师是为了追寻儒家的“伦常”“天理”，但是我们更为重视的是当时整个社会在从师目

① 《元史·虞集传》。

的上的一种风气。先请看明何景明在《师说》中对于当时人们从师的目的进行了论述，在指责已经没有“真正”老师的同时，按照何景明的设想，从师是为了学习儒家以“伦”“性”为代表的儒家之“道”，而不是为了获得“利”。于是何景明接着把矛头对准当时那些从师之人。在他看来，在科举制度的背景下，完全是以“利”来作为从师的取舍，以获取“利”来作为从师的目的。对于那些可以为自己的科举前途带来“利”的“师”，人们往往都是“虽千里从之”。对于那些没有官阶、科举功名的真正可以从师的人，人们却是“虽比舍弗从之”。这便是当时从师的流行风气。

与何景明同时代的王世贞，身为明朝高官，对此更是有着深刻的体会，他在《师说》一文中有着这样的感慨：

故曰：……天下有道而师者，有业而师者，有利而师者。道而师者，道成则君亲之，孔子是也，从一者也。孔子之不师其师，以无常也。业而师者，业成则长之，去君亲间矣。利而师者何居？呜呼，天下之不相师利者寡也。天下之利而师者，其说何也？今夫士之及髫而受书也，其为亲者曰：“师苟贵吾子足矣，无论道也。”其为师者曰：“自行束脩以上，未尝无诲焉。余以糊其口于四方，何道之授未也！”弟子得执其利权以进退。其师，庚而甲，辛而乙，曰：“业此而晦者，业彼而显者。”唯弟子之利而已。犹未也，其达而先者。得执其利权以招要其弟子，曰：“吾门士，吾能荣重之。”弟子亦唯曰：“吾利吾师而

→→

已。”朝而甲，暮而乙，阛阓其门墙而争赂焉……①

在他看来，从师的目的有很多种：或者从道而师，或者从业而师，或者从利而师。无论是从道而师，还是从业而师，都是可以接受的。然而，在当时的情况下，大多数人都是“从利而师”，甚至说出了“师苟贵吾子足矣，无论道也”这样的言语，意思是只要老师能让自己博得名利，管他是不是具有“道”。于是就造成了从师之“朝三暮四”，整天想着钻营，为了获取“利”而不停地更换老师。更为严重的是，不仅仅是学生如此，连教师自身都以能为学生带来“利”为权柄，招揽学生，这比前面何景明对此种风气的记载又更进了一步。可见当时这种“从利而师”的风气对读书人的侵蚀。

这种情况，到了清代，仍然未见好转，请看清人的一则笔记资料：

> 古之为师也，以道德，降而托之于经术。如田氏之授《易》，孟氏之授《礼》是也。降而托之于辞章，如韩子《答李翊书》、柳州《答韦中立书》是也。又降而托之于举业，假以为利禄之资，则师道衰而学术益替矣！有志世教者，当思所以救之。②

作者认为，最高级的老师显然当以道德为教，以此类推，以经术为教、以辞章为教，都是可以接受的。然而，在当时的情况下，

① （明）王世贞：《师说》。

② （清）陆以湉：《冷庐杂识》卷一。转引自尹德新主编《历代教育笔记资料》（清），中国劳动出版社1991年版，第168页。

许多老师都是“托之于举业，假以为利禄之资”，这在作者看来是值得深深忧虑的现象。这其实正是明代“从利而师”风气的延续。

在这种情况下，学官也日益苦恼，更有学官以此写了对联，以此抒发身为学官的郁闷之情，倒也独树一帜了：

学博向称冷官，以其位卑禄薄，不能自豪也。苏州教授李时庵恩沛自题大堂联云：“扫雪呼僮，莫认今朝点卯；轰雷请客，都知昨日逢丁。”堪发一噱。萧山傅芝堂学博笛作联自嘲云：“百无一事可言教，十有九分不像官。”语更谐妙。然事简责轻，形神安泰。仁和宋学博成勋有联云：“宦海风波，不到藻芹池上；皇朝雨露，微沾苜蓿盘中。”又孙学博学垣联云：“冷署当春暖，闲官对酒忙。”是均能道寒毡趣味者。至福清林译之“俸薄俭当足，官卑廉自尊”，则辞质旨深，直可作官箴读矣。①

其实早在明宣宗时期就已经出现了学官不力的情况：

洪熙元年十月，浙江布政司右参议戴同吉上言说：“近年以来，为师者多记诵之学。”②

到了嘉靖时期，更是严重：

嘉靖十年，工科给事中谢存儒上书说：“……近世师儒，仪范不立，开导无方，惟之勾校簿书，不复研精德业，考课业仍其抄录，计积分准其班资。”③

---

① （清）陆以湉：《冷庐杂识》卷七。转引自尹德新主编《历代教育笔记资料》（清），中国劳动出版社1991年版，第23页。

② 《明宣宗实录》卷十。

③ 《皇明太学志》卷九。

→→

我们可以很清楚地看到明代学官们热衷的是科举，梦想通过科举制度得到升迁，获取功名利禄。即使“不幸”成为学官，他们也是梦想着通过自己的“教绩”获得升迁。这种升迁的机会自明代中叶消失之后，学官们对于科举的热情越发高涨。对此，明末清初的顾炎武曾经有过深刻的评论：士风之薄，始于纳卷就试，师道之亡，始于赴部候选。① 而且“今天下文士务怪逞奇，不如是不足以投时好而取青紫，何可深罪。唯是少读《四书》及朱夫子《集注》，至解文义而悖判朱夫子”②。

科举考试的兴起、完善，科举之风的兴盛，通过科举获取功名利禄，升官发财，光宗耀祖，早已经成为天下读书人的“心愿”。在此情况下，仅仅为“从九品”而且还失去了晋升机会的学官，也就不为读书人所青睐了。科举之风的兴盛是造成读书人不愿意做学官、学官成为冷职的重要原因。

这段资料给我们透露了如下信息：学官本身已然成为一种“卑官”，并不是读书人愿意去“做”的官。就连那些国子监的高级学官也为此而感到没有“面子”，甚至有把自己称为“骗子”的：

是古之太学，诸侯进其选士、造士，最优最上者，贡之天子。而今之太学，郡邑以其被谤、被黜、无文无行者，纳之辟雍，良可叹也。郭去，刘幼安代之，余为司业，刘每叹曰：成

① （清）顾炎武：《日知录集释》卷一七。转引自尹德新主编《历代教育笔记资料》（清），中国劳动出版社1991年版，第21页。

② （明）李乐：《见闻杂纪》卷五。转引自尹德新主编《历代教育笔记资料》（明），中国劳动出版社1991年版，第215页。

甚国学，朝廷设此骗局，骗人几两银子，我为长，兄为付，亦可羞也。①

那些按照定制要成为学官的人，也是想出种种办法要脱离学官的“苦海”，这种现象从明英宗时期愈发严重。英宗正统十三年（1447），监察御史万节指出：

其每科所取副榜举人，因厌教官卑冷，告入国子监读书，有告两次、三次以上者，有年三十、四十以上者，皆不就职，务图进士、历事出身，以致天下教官缺数多，生徒无所楷范。②

天顺间，副榜举人不愿为师者众。③

为了不当学官，改任他官，无论时间再长、年龄多大，都可以再三进入国子监读书，从而造成了大量的学官缺额。于是到了嘉靖以后，学官们就成为“仪范不立，开导无方”，或者“取束脩以糊口耳”的代名词了。

随着明代社会经济的发展，民间富人依靠雄厚实力，通过自己的财力，获取功名、地位，已经不是什么难事。在这种情况下，对财富的追求，对社会地位的期望，更是为绝大多数读书人所向往，要达到这一目的，只能靠科举。由此也就不难理解为何学官们对于科举事务有着如此经久不衰的兴趣了。其实，不仅仅是学官，就连民间的私学老师都以教时文为业，至于教人品行的师道早已经抛到

---

① （明）朱国祯：《涌幢小品》卷十一。转引自尹德新主编《历代教育笔记资料》（明），中国劳动出版社1991年版，第20页。

② 《礼部志稿》卷七。

③ 《明英宗实录》卷二七三。

→→

脑后去了。值得指出的是在这种矛盾的背后，是社会教育价值观的转换：从追求获取“尧舜之道”、化民成俗向通过科举步入仕途、追求名利转化，所谓的“尧舜之道”在大部分人眼里，甚至在载“道”的学官眼里，都已经成了谋取功名的工具。

综上所述，中国的教育价值观自汉末以来就不断变化。总的来说，呈现出“双重性”，即一方面努力捍卫儒学教育的道统，传承王道三纲，这方面由于官方的提倡而得以“牢固”；另一方面，逐步转向功利化，注重获得实际的利益。尤其是隋唐以来，随着科举制度的完善，教育愈发成为文人们谋取功名的“工具”。

附表1：中国古代各层面尊师风俗表现形式汇总表

层面	尊师风俗表现形式	
生	束脩	
	侍师	身敬
		口敬
亡	丧师	无服衰绖
		心丧三年
		弟子会葬
		送葬回乡
祭	祭师	释奠
		释菜
生死之间	政治生活	皇帝尊师
		官员尊师
		不臣之礼
		推荐老师入仕
	学术文化	师法、家法
		宣传老师学说
		继承老师学说
		一字师
		座师之风
死而犹生	尊孔	给予封号
		封赠后代
		修葺孔庙
		不时祭拜

附表2：中国历史上较为流行的岁时尊师风俗汇总表

尊师节日	主要表现形式
元旦（正月）	祀先师，隆师友，贺尊长
二月初二	学生到塾馆里拜孔圣人，再拜先生，中午设酒饭招待塾师
清明（三月）	学生拜见老师，家长给老师节仪
四月初八	祀孔圣
端午（五月）	隆师放学，家长给老师送上各种节礼
六月初六	请孩子的老师到家里吃饭，烙些饼馍，做些菜合
七夕（七月）	童子各祀先师
中秋（八月）	馈赠师长
八月二十七	为至圣先师孔子诞日，是日禁止屠宰，人们到文庙作祭，各书房设供，师生瞻拜
重阳（九月）	农历九月九日，隆师，节仪同清明、端午、中秋
冬至（十一月）	行释菜先师礼，悬像或设主，师生以次肃拜。奠献毕，敬撤像、主，则跪焚之。弟子拜先生，窗友交拜，谓之“拜冬”
除夕（十二月）	隆师友

附录：中国各地具有代表性的尊师民俗

京津一带

其一，在日常生活中的侍师礼上，有严格的礼数。

《房山县志》载，凡弟子见师长：初见，通名帖，师长出见，免冠再鞠躬，师长答礼；及退，一鞠躬，师长答礼送于门外。若师长来见弟子，迎送于门外，如前仪。凡常见，免冠一鞠躬，师长答礼亦如之。

八月二十七日，孔子诞辰，尊孔。

其二，逢年过节，拜见老师，要给老师送上节仪，尤其是在冬至这天，要举行拜冬仪式，以示尊师。《北京礼俗》对此有这样的记载：

学生“谒见”礼，要给老师设宴，送礼品，破蒙前要点上一对红烛。朝孔子的画像和牌位叩头礼拜，再拜老师。逢年节和孔子生日，都要给老师送春桃、寿面、肉等，此外在冬至也要送礼，在这一日要举行“冬至拜师”，简称“拜冬”，为“冬至节”。还有冬天的煤钱，夏天的凉棚钱，各学生家长也要出资。（资料来源：崔金生《北京礼俗》，文物出版社2003年版）

华北一带

在山西主要是冬至尊师——在冬至日给老师送礼，请老师吃饭，

→→

拜贺老师。

《阳城县志》：十一月，“冬至”，各塾虔备脯醴祀先师。生徒诣馆师叩贺。作酒馔邀宴。

《虞乡县新志》：十一月，冬至即冬节。各村学校于是拜献先师。学生各备豆腐来献，献毕群饮。俗呼为“豆腐节”。

除去冬至这一重大尊师节日之外，元旦、端午、中秋、孔子诞辰亦是尊师的节日。

《武安县志》：“冬至节，释菜先师，学校儿童醵金祭礼，午聚餐校内。”师生互相宴请。

《怀安县志》：“冬至前一日，馆徒为师具馔，宴衎尽欢。次日，衣冠拜师，师亦命酒。”

在山东，聘请先生来教书，有严格的尊师礼俗：

聘请先生的礼仪很正规。请先生必登门送聘书。聘书格式，第一折为封面，写“聘书”二字；第二折为正文，“谨具聘礼八色；束脩某某，敬请清廪生某翁某老先生设帐一载”；第三折具名，“世愚弟某某率男受业门生某某顿首拜”；第四折落款，“某某年岁次某某腊月谷旦”。城里官绅家庭请先生，通常先“加敬”若干京钱，再议年俸束脩。乡下富裕之家请先生，则是先奉束脩，还要做冬夏衣服，遇节送礼，家中有客请先生作陪，平日则请先生兼做家政文书工作。

每年开学的日子，学生也要严格地遵守尊师礼俗：

每年正月十六日是私塾开学的日子，统称“号书”，也就是开学典礼。这天，散馆是在教师家书房里，家馆是在东家书房里，设立孔子的牌位，上写“至圣先师孔子之神位”。以学东为首的各个学生的家长和所有的学生，聚集在一起。老师先在孔子的牌位前焚香行跪拜礼，然后，学生按年龄依次对着孔子牌位向老师行跪拜礼。最后，学生家长也要给老师行礼，但这时老师要起身拦住——这就是拜师仪式。（资料来源：山曼《孔孟之乡民俗》，济南出版社2002年版）

中南一带

六月初六尊师风俗的来历，来自于河南南阳地区的一则传说：

传说古时候，南阳有一位穷秀才，在白河滩的果林里盖了个家馆。南阳知府的两个儿子游手好闲，不务正业。知府将他俩送到秀才那里，请秀才帮助调教。秀才不仅教他们读书，还教他们独立生活。大比之年，弟兄俩双双中榜，衣锦还乡，在六月初六秀才六十大寿那天，给秀才送来了装有饼馍、菜合的食盒。后来，每逢六月初六，弟子们都来给秀才拜寿，秀才也摘些桃李等瓜果赠给弟子。渐渐地就形成了六月初六师生之间来往的风俗。现在，在豫南的一些地方，每逢六月初六这天，人们都要请孩子的老师到家里吃饭，家长们也像古人那样烙些饼馍，做些菜合，而老师们呢，也买些桃果分给学生。（资料来源：魏敏《中州大地的民俗与旅游·河南卷》，旅游教育出版社1995年版）

东南各省

其一，学生入学的拜师礼俗。

南通：入学在二月初二，取龙抬头之意。家长领着孩子，携香

→→

贽敬（用红纸包的钱）送入塾中，装香点烛后，孩子首先叩拜孔子，次对塾师行跪拜礼，再对同学长揖，父母毕恭毕敬地将贽敬给老师，拜托其教育孩子。塾师飨新生点心，为糕、粽各一盘，取“高中”的吉兆。在苏北，每年塾馆开学，东家要用轿子或车马，再艰难也要用毛驴将老师请来开学授课；腊月二十八放年假，要用同样的规格，并备好年货，送老师回家过年。

其二，尊师节日繁多，给予老师各种节仪：付给老师束脩；照顾老师的日常生活，包括接送老师，安排老师的伙食。

苏州：报酬、束脩，按学生修习的程度而分多寡，每年按六个节期致送。这六个节是清明、夏至、七月半、重阳、冬至、年夜。初一、月半，学生送香烛拜孔子，清明送青团子、熟藕，立夏送咸鸭蛋、酒酿，端午送粽子，夏至送西瓜、百合，中秋送月饼，重阳送重阳糕，冬至送团子，年夜送年糕。无论贫富均送，家境好的，轮流请老师吃饭，塾师有时也与学生共享，节仪一定要送，以免受老师歧视。

渔民办船学，一般十二至十六个孩子为限，师长吃饭由学童家长轮流负担，看谁办得好。船主陪先生上一次街，理个发，洗次澡，到酒肆喝壶酒。端午、立夏、七月半、中秋、重阳、冬至，逢值船上岸采购请师生吃节酒。

学生家长除按约向老师交足脩金和免费供膳外，一年四大节要向老师送礼，俗称“节敬”，盛暑要有“瓜敬”，严冬要有“炭敬”。

其三，身敬和口敬。

在世人心目中，老师是一方小圣人，庄中街坊若有喜庆，必请老师。老师到场，必尊为上席。平时老师家遇有困难，尤其是耕种收割等农事，街坊邻里均乐意主动帮忙，就连土匪小贼抢劫偷盗，也不打扰老师。

民间有谚："一日为师，终身为父。"这在师生之间体现得最为明显。前清时学生平时称老师为"夫子大人"，自称为"受业门生"。清末民初时分别改为"先生"和"学生"。每年正月初一，先生无论家住远近，学生第一件事就是带些小礼品到老师家叩头拜年，尤其要向先生的妻子叩头，感谢她操持家务，支持老师教书。按俗，凡到老师家叩头拜年的学生，老师一定要招待吃糕茶，以讨吉祥之兆，同时借此加深师生感情。学生对于授业老师终身不忘教诲之恩，这在江苏历史上美谈很多。学生如果得了功名或者做了高官，即便在千里之外，都要回来拜谢启蒙老师。有些塾师晚年生活穷困或无依靠，则由学生主动凑钱赡养，或轮流照料生活。

其四，祭祀层面的尊师。

江苏民间向有尊师传统，把教师与天地神祇、国君帝王和父母亲人一起加以敬奉。民间许多人家建房，通行在主屋主门的左首墙上留一个长方形小洞，饰成庙宇状，称"天香庙"，在里面供奉着"天地君亲师神位"，过年过节在神位前点烛、烧香、叩头礼拜。有的人家虽无天香庙，过年时在供神祭祖的台上，仍专设纸或木制的"天地君亲师之神位"，摆一份贡品。（资料来源：蔡利民《苏州民俗》，苏州大学出版社 2003 年版；江苏省地方志编纂委员会《江苏

→→

省志·民俗志》，江苏古籍出版社 2002 年版；南通市地方志编纂委员会《南通市志》，上海社会科学出版社 2000 年版）

西北一带

清嘉庆年间，西宁府一私塾教师朱向若所教学生甚多，成材者也大有人在，群众对他非常尊敬。有天他上街躬身背手行走，忽见一武官（学生）骑马从他身边走过，未向老师问候，朱回头直呼其名，该武官即跳下马来行礼，口称："学生在。"朱并未谈什么，照直走去，该武官将马交予侍者，垂手跟在老师身后，老师在一个小铺中买了两块"粪块"（煤砖），递与武官说："请送我回家去。"武官即亲手拿煤砖送于老师家中。老师尊严自持，学生善能补过，一时传为佳话。（资料来源：朱世奎《青海风俗简志》，青海人民出版社 1994 年版）

在甘肃西部的张掖地区形成了和南方基本类似的聘师礼俗。

由中介人或父亲直接提出请求，并呈上礼品，一般为肉、酒、糖、茶四种，甚至有送银元的。若收下，则定日子。该日，家人穿戴整齐在堂屋等候，由父亲或祖父去教师门前迎接。进门后，为上座，敬烟、茶，然后女眷退出，拜师者叩头三次，"师傅在上，敬拜为礼"，其父或祖父则谓"犬子不孝，情愿师傅随时鞭笞"，理由是"一日为师，终身为父"。随后敬六杯茶，敬天、敬地（洒在师脚下）、敬祖先，敬师傅三杯。而后上酒桌设宴，教席获得红绸包裹的贺师礼一份，提出几条师训，说定受业时间、地点、方法，老师依其名取字。最后将师傅送出家门。（资料来源：王国华《金张掖风

俗》，兰州大学出版社 1998 年版）

西南一带

在岁时尊师风俗的表现形式上，四川的尊师节日颇多，有正月、中秋、端午、丁祭、冬至等。除去岁时尊师风俗之外，在日常生活中，四川也有多种尊师风俗，比如拜师礼等。

到了上学日期，家长必须自备香蜡和“礼封”（用红纸包封小钱几百文不等），名曰“贽敬”，这是送给老师的见面礼。家长带领入学儿童焚香，先向孔子牌位行三跪九叩礼，再向塾师行跪拜礼。塾师受礼，勉励学童几句。家长送上礼封，辞别而去。（资料来源：四川省文联组织编写《四川民俗大典》，四川人民出版社 1999 年版）

东北一带

不仅仅是祭祀孔子，就是日常生活中见到老师，学生亦要一跪三叩，尊师之礼俗颇重。在大连民间有“一日为师，终身为父”的说法，对老师颇为尊重。（资料来源：王佩平主编，王万涛册主编，大连市史志办公室编《大连市志 · 民俗志》，方志出版社 2004 年版；东北各地方《地方志》）

参考文献

古籍

1. 《十三经注疏》，北京：中华书局 1980 年版。

2. 《二十四史》，北京：中华书局 1997 年版。

3. 《逸周书》，沈阳：辽宁教育出版社 1997 年版。

4. 郭璞注：《山海经》，上海：上海古籍出版社 1989 年版。

5. 郭璞注：《穆天子传》，上海：上海古籍出版社 1990 年版。

6. 梁运华校点：《管子》，沈阳：辽宁教育出版社 1997 年版。

7. 吕不韦：《吕氏春秋》，上海：上海古籍出版社 1989 年版。

8. 扬雄：《方言》，上海：上海商务印书馆民国十四年（1925）版。

9. 刘向：《说苑》，北京：北京图书馆出版社 2003 年版。

10. 应劭著，王利器校注：《风俗通义》，北京：中华书局 1981 年版。

11. 许慎：《说文解字》，北京：北京图书馆出版社 2004 年版。

12. 王充：《论衡》，上海：上海古籍出版社 1990 年版。

13. 常璩：《华阳国志》，成都：巴蜀书社 1984 年版。

14. 刘安：《淮南子》，上海：上海古籍出版社 1989 年版。

15. 杨衒之：《洛阳伽蓝记》，济南：山东友谊出版社 2001 年版。

16. 郦道元著，陈桥驿校点：《水经注》，上海：上海古籍出版社1990年版。

17. 刘义庆著，张艳云校点：《世说新语》，沈阳：辽宁教育出版社1997年版。

18. 宗懔著，姜彦稚辑校：《荆楚岁时记》，长沙：岳麓书社1986年版。

19. 萧统编，李善注：《文选》，北京：中华书局1977年版。

20. 上海古籍出版社编：《汉魏六朝笔记小说大观》，上海：上海古籍出版社1999年版。

21. 杜佑：《通典》，杭州：浙江古籍出版社2000年版。

22. 欧阳询著：《艺文类聚》，上海：上海古籍出版社1999年版。

23. 段成式著，金桑选译：《酉阳杂俎》，杭州：浙江古籍出版社1987年版。

24. 封演著，赵贞信校：《封氏见闻录》，北京：中华书局1958年版。

25. 王定保著，姜汉椿校：《唐摭言》，上海：上海社会科学院出版社2003年版。

26. 上海古籍出版社编：《唐五代笔记小说大观》，上海：上海古籍出版社2000年版。

27. 司马光：《资治通鉴》，北京：华龄出版社2000年版。

28. 孟元老：《东京梦华录》，济南：山东友谊出版社2001年版。

→→

29. 吴自牧著，符均、张社国校：《梦粱录》，西安：三秦出版社 2004 年版。

30. 李昉：《太平广记》，北京：大众文艺出版社 1999 年版。

31. 宋敏求：《长安志》，北京：中华书局 1991 年版。

32. 上海古籍出版社编：《宋元笔记小说大观》，上海：上海古籍出版社 2001 年版。

33. 陈元靓：《岁时广记》，上海：上海古籍出版社 1993 年版。

34. 马端临：《文献通考》，杭州：浙江古籍出版社 2000 年版。

35. 周光培编：《明代笔记小说》，石家庄：河北教育出版社 1995 年版。

36. 辛文房著，李立朴译：《唐才子传》，贵阳：贵州人民出版社 1995 年版。

37. 熊梦祥：《析津志》，北京：北京古籍出版社 1983 年版。

38. 《马可・波罗游记》，北京：外语教学与研究出版社 1998 年版。

39. 刘侗：《帝京景物略》，上海：上海远东出版社 1996 年版。

40. 屈大均：《广东新语》，北京：中华书局 1985 年版。

41. 顾炎武：《日知录》，长沙：岳麓书社 1994 年版。

42. 王阳明：《传习录》，南京：江苏古籍出版社 2001 年版。

43. 上海古籍出版社编：《明代笔记小说大观》，上海：上海古籍出版社 2005 年版。

44. 胡应麟：《少室山房笔丛》，上海：上海书店出版社 2001

年版。

45. 佘盈：《熙朝新语》，上海：上海古籍出版社 1983 年版。

46. 钱泳：《履园丛话》，北京：中华书局 1979 年版。

47. 昭琏：《啸亭杂录》，北京：中华书局 1980 年版。

48. 福格：《听雨丛谈》，北京：中华书局 1984 年版。

49. 于敏中编纂：《日下旧闻考》，北京：北京古籍出版社 1983 年版。

50. 富察敦崇：《燕京岁时记》，北京：北京古籍出版社 1981 年版。

51. 袁景澜：《吴郡岁华纪丽》，南京：江苏古籍出版社 1998 年版。

52. 李心衡：《金川琐记》，阿坝州地方志编纂委员会 1998 年版。

53. 潘荣陛：《帝京岁时纪胜》，北京：北京古籍出版社 1981 年版。

54. 梁章钜著，王释非、许振轩校点：《称谓录》，福州：福建人民出版社 2003 年版。

55. 沈复：《浮生六记》，青岛：青岛出版社 2005 年版。

56. 纪晓岚：《阅微草堂笔记》，上海：上海古籍出版社 2001 年版。

57. 王永彬：《围炉夜话》，西安：陕西旅游出版社 2001 年版。

58. 吴振棫：《养吉斋丛录》，杭州：浙江古籍出版社 1985

→→

年版。

59. 王庆余：《石渠余记》，北京：北京古籍出版社 1985 年版。

60. 龚炜：《巢林笔谈》，北京：中华书局 1981 年版。

61. 顾镇卿：《清嘉话》，南京：江苏古籍出版社 1986 年版。

62.《续资治通鉴》，北京：古籍出版社 1957 年版。

丛书

1.《古今图书集成》，北京：中华书局 1987 年版。

2.《丛书集成初编》，北京：中华书局 1983 年版。

3.《丛书集成续编》，上海：上海书店出版社 1994 年版。

4.《中国丛书综录》，上海：上海古籍出版社 1982 年版。

5.《续修四库全书》，上海：上海古籍出版社 2003 年版。

各地省、府、州、县志

当代著作

1. 杜文澜辑：《古谣谚》，北京：中华书局 1958 年版。

2. 杨宽：《古史新探》，北京：中华书局 1965 年版。

3. 顾颉刚等：《秦汉的方士与儒生》，上海：上海古籍出版社 1978 年版。

4. 吴树平：《风俗通议校释》，天津：天津人民出版社 1980 年版。

5. 王利器：《风俗通义校注·叙例》，北京：中华书局 1981 年版。

6. 顾颉刚等：《孟姜女故事论文选》，北京：中国民间文艺出版社1983年版。

7. 顾颉刚编著：《孟姜女故事研究集》，上海：上海古籍出版社1984年版。

8. ［日］后藤兴善：《民俗学入门》，北京：中国民间文艺出版社1984年版。

9. ［英］马林诺夫斯基著，费孝通等译：《文化论》，北京：中国民间文艺出版社1987年版。

10. 韩养民、张来斌：《秦汉风俗》，台北：博远出版有限公司1989年版。

11. 李德润、张志立主编：《古民俗研究》，长春：吉林文史出版社1990年版。

12. 尹德新主编：《历代教育笔记资料选》（四册），北京：中国劳动出版社1991年版。

13. 文史知识编辑部编：《古代礼制风俗漫谈》，北京：中华书局1992年版。

14. 徐杰舜、陈顺宣编著：《中国的风俗》，北京：人民出版社1993年版。

15. 杨存田：《中国风俗概观》，北京：北京大学出版社1994年版。

16. 钟敬文主编：《中国礼仪全书》，合肥：安徽科学技术出版社1995年版。

17. 钟敬文著，董晓萍编：《民俗文化学：梗概与兴起》，北京：

→→

中华书局 1996 年版。

18. 顾颉刚著，钱小柏编：《史迹俗辨》，上海：上海文艺出版社 1997 年版。

19. 贺锡翔：《中国吉祥语》，上海：上海书店出版社 1997 年版。

20. 钟敏文：《俗谚大全》，北京：大众文化出版社 1997 年版。

21. 钟敬文：《钟敬文民俗学论》，上海：上海文艺出版社 1998 年版。

22. 钱小柏编：《顾颉刚民俗学论集》，上海：上海文艺出版社 1998 年版。

23. 罗杰. E. 阿克斯特尔编著，吕佩英译：《礼仪与禁忌》，上海：上海译文出版社 1998 年版。

24. 梁景和：《近代中国陋俗文化嬗变研究》，北京：首都师范大学出版社 1998 年版。

25. 陈江风：《古俗遗风》，上海：上海文艺出版社 1998 年版。

26. 韩盈、王土然：《节令风俗》，上海：上海古籍出版社 1998 年版。

27. 顾颉刚：《吴歌 · 吴歌小史》，南京：江苏古籍出版社 1999 年版。

28. 梁景时、梁景和编著：《中国陋俗批判》，北京：团结出版社 1999 年版。

29. 秦永洲：《中国社会风俗史》，济南：山东人民出版社 2000

年版。

30. ［英］吉伯特·威尔士、［英］亨利·诺曼著，刘一君、邓海平译：《龙旗下的臣民：近代中国社会与礼俗》，北京：光明日报出版社 2000 年版。

31. 萧放：《荆楚岁时记研究：兼论传统中国民众生活中的时间观念》，北京：北京师范大学出版社 2000 年版。

32. 王跃年、孙青编著：《百年风俗变迁》，南京：江苏美术出版社 2000 年版。

33. 顾希佳：《礼仪与中国文化》，北京：人民出版社 2001 年版。

34. 陈高华、徐吉军主编：《中国风俗通史》，上海：上海文艺出版社 2001 年版。

35. 晁福林：《先秦民俗史》，上海：上海人民出版社 2001 年版。

36. 徐杰舜、周耀明：《汉族风俗文化史纲》，南宁：广西人民出版社 2001 年版。

37. 李洪权编著：《魏晋生活掠影》，沈阳：沈阳出版社 2002 年版。

38. 韩养民、韩小晶：《中国风俗文化导论》，西安：陕西人民出版社 2002 年版。

39. 毕宝魁编著：《隋唐生活掠影》，沈阳：沈阳出版社 2002 年版。

→→

40. 完颜绍元编著：《中国风俗之谜》，上海：上海辞书出版社 2002 年版。

41. 赵东玉：《中华传统节庆文化研究》，北京：人民出版社 2002 年版。

42. 张春生、张雪杉：《中国传统礼俗》，天津：百花文艺出版社 2002 年版。

43. 蒯大申、祁红：《中国民俗》，合肥：安徽教育出版社 2002 年版。

44. 乌尔沁编著：《中华民俗》，北京：中国致公出版社 2002 年版。

45. 葛承雍：《中国传统风俗与现代化》，西安：陕西人民出版社 2002 年版。

46. 周思源主编：《中国民俗》，北京：北京语言文化大学出版社 2002 年版。

47. 林言椒：《中国民俗之旅》，石家庄：河北教育出版社 2002 年版。

48. 萧放：《岁时：传统中国民众的时间生活》，北京：中华书局 2002 年版。

49. 韩养民、郭兴文：《中国古代节日风俗》，西安：陕西人民出版社 2002 年版。

50. 张智主编：《中国风土志丛刊 1—61》，扬州：广陵书社 2003 年版。

51. 毕宝魁编著：《中国历代士人生活掠影》，沈阳：沈阳出版社 2003 年版。

52. 徐杰舜主编：《汉族风俗史》，上海：学林出版社 2004 年版。

53. 王静悦、张玉主编：《中国古代民俗》，哈尔滨：黑龙江人民出版社 2004 年版。

54. 张亮采：《中国风俗史》，北京：团结出版社 2005 年版。

55. 郭立诚：《中国民俗史话》，天津：百花文艺出版社 2005 年版。

工具书

1. 陈师曾：《北京风俗画》，北京：北京古籍出版社 1986 年版。

2. 胡朴安编著：《中华全国风俗志》，石家庄：河北人民出版社 1986 年版。

3. 郑传寅：《中国民俗辞典》，武汉：湖北辞书出版社 1987 年版。

4. 唐祈、彭维金：《中华民族风俗辞典》，南昌：江西教育出版社 1988 年版。

5. 丁世良、赵放主编：《中国地方志民俗资料汇编：东北卷》，北京：书目文献出版社 1989 年版。

6. 丁世良、赵放主编：《中国地方志民俗资料汇编：西北卷》，北京：书目文献出版社 1989 年版。

7. 叶大兵、乌丙安主编：《中国风俗辞典》，上海：上海辞书出

→→

版社 1990 年版。

8. 丁世良、赵放主编:《中国地方志民俗资料汇编：西南卷》，北京：书目文献出版社 1991 年版。

9. 林新乃编:《中华风俗大观》，上海：上海文艺出版社 1991 年版。

10. 张殿英主编:《东方风俗文化辞典》，合肥：黄山书社 1991 年版。

11. 丁世良、赵放主编：《中国地方志民俗资料汇编：中南卷(上)》，北京：书目文献出版社 1991 年版。

12. 胡申生主编:《社会风俗三百题》，上海：上海古籍出版社 1992 年版。

13. 王曙:《唐诗故事集》，海口：南海出版公司 1992 年版。

14. 傅美琳:《中国风俗大辞典》，北京：中国和平出版社 1994 年版。

15. 丁世良、赵放主编:《中国地方志民俗资料汇编：华东卷》，北京：书目文献出版社 1995 年版。

16. 张紫晨主编:《中国民俗风情揽胜》，石家庄：河北人民出版社 1995 年版。

17. 王景琳等主编:《中国民间信仰风俗辞典》，北京：中国文联出版公司 1997 年版。

18. 乔继堂、朱瑞平主编:《中国岁时节令辞典》，北京：中国社会科学出版社 1998 年版。

19. 中华文化通志编委会：《中华文化通志》第9典，《宗教与民俗》，上海：上海人民出版社1998年版。

20. 钱来忠主编：《四川民俗大典》，成都：四川人民出版社1999年版。

21. 鉴晔、华琪、穆昭天主编：《中国古代诗词分类大典》，北京：华文出版社2004年版。

22. 于石编：《中国传统节日诗词三百首》，广州：广东人民出版社2004年版。

→→

后　记

本书的初稿为我的博士学位论文《知识、传承与教化——对中国古代尊师风俗的解读》，在此基础上进行了一定的修改。对于中国传统尊师风俗，目前尚未有对其演化过程进行系统的、综合性的论述著作。因此，本书在“引言”中曾经表示力图构建一个反映中国传统尊师风俗的演化、发展及其与中国古代教育之间进行互动的整体性研究框架。虽然目前以中国古代历史朝代作为时间参考系统，完成了六个时间段的中国传统尊师风俗演化、发展的研究，并探讨了中国古代尊师风俗与中国古代教育之间的互动问题，在此基础上揭示了中国古代教育的发展特色，尤其是中国古代教师阶层的发展、演化与生存状态，但是显然还没有完全“挖掘”出中国传统尊师风俗所蕴涵的巨大价值。这是让作者颇感遗憾的一点。然而，倘若本书的研究能够引起人们对中国教育发展的关注，为人们研究中国古代教育、当代教育的发展提供一个“新”的研究视角，并从中探讨中国教育的实质内涵，便也是一件好事情。

本书稿的写成，首先要感谢我的导师杜成宪先生。多年来，先生对我的学习、生活和工作，一直给予无微不至的关怀，非一言片语所能概括。无论是在做人还是治学方面，先生都给我以谆谆教导，给我以莫大的帮助。本书从选题、研究思路、研究框架的构建及其文字表述的推敲，先生都给予了我具体的指导意见，花费了先生大量的精力。先生这种认真严谨、一丝不苟的治学精神，是我今后人生道路上的楷模和努力方向。

本书稿的完成也倾注了许多专家、学者的心血，霍益萍、金林祥、黄书光诸先生对原写作计划提出了诸多中肯的建议，让我受益颇多。在此谨向他们致以真挚的谢意。

本书稿的完成也得到了山西教育出版社郭志强编辑的大力支持和帮助，谨此并致谢忱。

→→